I0420836

www.ingramcontent.com/pod-product-compliance
Lightning Source LLC
Chambersburg PA
CBHW071335280526
45787CB00001B/106
9781519390332

تـــأ ريـِـخْ جـــــــــمَـــــــعْ

و

تَـــدْ ويـِـن الـــقُــرْ آنْ

دِراسَـــــةَ تَحْلِيلِـيـةَ

تأليف

نـــــوزاد ئاميـــــدي

تآليف :   نــوزاد ئاميــدي

الكتـاب فـي الأصـل هـي رسـالة غـير منشـورة حصـل
بموجبها المؤلف على درجة الماجستـير في التاريـخ

الاهداء

اهدي بحثي هـــــذا

الى كل باحث يبحث عن الحقيقة ...
الى كل قلم لا يكتب إلا الحقيقة ...
الى كل من يساهم في إظهار الحقيقة ...

والى كل محبي ومخلصي علم التأريخ ...

نـوزاد رشيد ئاميدي

المقدمة

إن البحث في مثل هذه المواضيع شيء صعب مليء بالمخاطر العلمية لشحة المعلومات المتوفرة عن ذلك الوقت و خاصة فيما يخص تأريخ القرآن. فليس هناك مؤرخون كثيرون أستطاعوا او أرادوا تدوين ما سمعوه أو رأوه فيما يخص تأريخ القرآن، و خاصة إذا ما كان فيه شيئاً لم يكن في مصلحة المسلمين و كتابهم المقدس. و لكن رغم هذا **فقد كانت هناك أسباب كثيرة قد دفعتني لاختيار هذا الموضوع، ومن أهم هذه ألأسباب هي:**

أولاُ: هو تعلقي الكبير بالمواضيع المتعلقة بالدين ألأسلامي و تأريخه وخاصة القرآن.

ثانياُ: قناعتي المتواضعة بعدم وجود دراسات أكاديمية كافية توفي هذا الموضوع حقه، و خاصة من قبلنا نحن أبناء هذا الدين.

ثالثاُ: محاولة الكثير من الكتاب و الباحثين الذين تناولوا هذا الموضوع، بتشويه الحقائق سواء عن قصد أو مصلحة شخصية او خوف أو جميعها معا.

رابعاُ: إمتلاكي لخلفية علمية لا بأس بها عن هذا الموضوع و الكتب المتعلقة بها، مما سهل علي الدراسة و التحري في هذا الموضوع.

خامسا: قناعتي بأن التأريخ الأسلامي بشكل عام و القرآن و الحديث بشكل خاص تحتاجان لإعادة الكتابة و بأقلام باحثين جدد محايدين، همهم ألأول و ألأخير الحقيقة العلمية التاريخية البحتة لا شيئاُ آخر.

أما أهمية هذه الدراسة، فهي تظهر أولاُ من خلال ألأسباب التي ذكرناها أعلاه. فضلاُ عن إن هذه الدراسة تتعلق بشكل أو بآخر بكل شخص فينا و تشاركنا حياتنا اليومية وكل صغيرة وكبيرة منها . كما أصبح هذا الموضوع حديث كل يوم على شاشات التلفزيون و الشبكة الالكترونية، والتي تفرض علينا نحن أبناء هذا الدين أن نكون أكثر إطلاعاَ و جرأة في

مناقشة القضايا التي تخصنا و تخص ديننا. وأن نعمل على تنقية تأريخنا من كل الشوائب التي علقت بها على مر التأريخ[1]. **لذا هذا هو الهدف** الذي يجب أن نعمل من أجله، ألا وهي الحقيقة التاريخية مهما كانت العقبات و مهما كانت النتائج. فيكفينا انتظار ألآخرين كي يقولوا لنا من أنتم؟ و كيف يجب أن تفكروا؟ و ما هي حقيقتكم.

على أية حال فقد حاولت بكل جهدي أن أُقدم شيئاً جديداً من خلال ألأستفادة من المصادر و المراجع المتنوعة و التي أستطعت الحصول عليها. و لم يكن هناك مصدر أو مرجع محظور في بحثي هذا. فقد حاولت ألأستفادة من كل من كتب في هذا الموضوع. **و حاولت قدر الإمكان أن أكون حيادياً و منهجياً و علمياً في التحليل و الاستنتاج. كما أتبعت منهجاً جديداً في دراستي هذه، أختلف عن الباحثين ألآخرين، حيث قمت بجمع المعلومات و الروايات من المصادر و المراجع و التي هي أساس هذه الدراسة**، و قد تمت دراستها بشكل متأني، **و من ثم خرجت منها بألأستنتاجات و التحليلات العلمية القائمة على الأدلة. كما حاولت أن أُكُونَ منهجياُ و أميناُ في بحثي هذا، حيث أشرت إلى كل مصدر أو مرجع أخذت منه معلومة أو فكرة لم أكن أعلمها. فالامانة العلمية كانت شعاري الاول في كتابة رسالتي هذه، و أرجو أن اكون قد وفقت في ذلك.**

و بالنسبة للصعوبات فقد واجهتني الكثير منها، و لكن أهم تلك الصعوبات، كانت عدم وجود المصادر و الكتب هنا قي النرويج حيث ان المكتبة النرويجية فقيرة جداُ بهذا النوع من المصادر مما اضطرتني أن احضر ما يقارب من أل 95% من المصادر خارج النرويج. ثانياُ: عدم وجود مشرف

([1]) على سبيل المثال لا الحصر، فقد وضع ألإمام البخاري (ت206 هـ) صحيحة في (7275) حديثاً صحيحاً، أخرجه من بين ستمائة ألف حديث، و كان مقياسه في ذلك سلسلة الرواة (ألأسانيد) نقلاً عن: أدهم،إسماعيل أحمد (الدكتور)، من مصادر التأريخ ألإسلامي، فصل من كتاب محمد ونشأة الإسلام، مطبعة صلاح الدين الكبرى، الإسكندرية، 1936م، ص 19-20.

دائمي على الرسالة في جميع مراحله، أرهقني و زاد من حملي و جعلني اعتمد على نفسي و خبرتي المتواضعة في كثير من الامور المهمة و بسببها خسرت الكثير من الوقت و الجهد. ثالثاُ: عدم وجود شخص قريب مني هنا في النرويج، يستطيع كتابة البحوث بشكل علمي على الكومبيوتر، اضطرتني للجوء إلى أخي الاكبر في هولندا و الذي ساعدني منذ اللحظة الاولى. و لكن البعد الجغرافي بيننا جعلنا نتواصل بالهاتف و الرسائل الالكترونية مما كلفنا نحن الاثنين اضعاف الوقت الذي كنا نحتاجه لو كان هناك شخص آخر قريب مني مكانياً يستطيع كتابة البحوث على الكومبيوتر.

اما الرسالة فقد قسمت لخمسة فصول، حسب الخطة التي اتبعتها و بشكل يسهل علي السيطرة على الموضوع. و قد حاولت في الفصل الاول التحدث عن ماهية القرآن و ما يتعلق به من الموضوعات المهمة كمدخل لابد منه. و من ثم التحدث عن عمليات الجمع و التدوين في الفصلين الثاني و الثالث منذ عهد الرسول مروراُ بعهد الخليفة الراشدي الاول أبو بكر الصديق و الخليفة الراشدي الثالث عثمان بن عفان. و من ثم تحدثنا عن تشكيل المصاحف في الفصل الرابع. و في الفصل الخامس تحدثنا بشيء من التفصيل عن المصاحف التي وجدت بأسم الصحابة و التابعين في المصادر التأريخية.

وفي ختام مقدمتي هذه أرجوا ان اكون قد استطعت تقديم شيء و لو بسيط للمكتبة التاريخية، يمكن الاستفادة منه مستقبلاً، و أكون من بين هؤلاء الذين استطاعوا أن يظهروا بعض الحقيقة التأريخية التي كانت و ما زال الكثير منها مفقود بين طيات المصادر وخزائن عقولنا.

المؤلف

الفصل الاول

ماهية القرآن

.

المبحث الاول

القرآن و الوحـــــــى

اولا`- القرآن

وهو الكتاب الذي يعتبره المسلمون منزلا من الله على النبي محمد [1]. يقول الدكتور صالح احمد العلى :" انه الكتاب المنزل باللفظ و المعنى على الرسول (ص)"[2]. وهو بهذا لا يكون كالحديث النبوي الذي هو لفظه من محمد (ص) نفسه. يقول الشيخ محمد متولي الشعراوي بهذا الخصوص: "ان القرآن و السنة يلتقيان في كونهما أخبار من الله، ولكن القرآن أخبار بنص ملتزم و السنة (اى الحديث) اخبار بنص غير ملتزم"[3].

اننا ومن خلال دراساتنا السابقة لهذه المواضيع ظهر لنا أن الكثيرين من العلماء المسلمين يهتمون بالحديث النبوي

---

(1) Lunde، paul، Islam، oversatt k. Hoffog Rune R. Moen، Dorling Kinders bok، 20 pplag، London/ 2004، p.24;Bergen Horn، Mats ogandre، 99 Spørsmål om Islam، Redigering avjan Hjarpe، oversatte av å kåre A.Lie، Humanist Forlag، Oslo،2005، p.28;

ـــ يعرف المتكلمون كالمعتزلة والاشاعرة القرآن بأنه (تلك الكلمات الحكيمة الازلية المترتبة فى غير تعاقب المجردة عن الحروف اللفظية والذهنية و الروحية). و عند الاصوليين والفقهاء و علماء العربية أمثال عبدالقاهر البغدادي و الفراء و.. " الكلام المعجز المنزل على النبي (ص) المكتوب في المصاحف، المنقول بالتواتر المتعبد بتلاوته". نقلا عن: عبدالاخر، ابو الوفاء احمد (الدكتور)، المختار من علوم القرآن الكريم، المكتب المصري الحديث، مصر، 1413هـ، 1993م، ص 11.

(2) محاضرات في تأريخ العرب، ج1، دار الكتب، الموصل، 1981، ص241.

(3) اسئلة حرجة و أجوبة صريحة، دار النمير ،دمشق/2001،ص85،للأستزادة راجع: دراز، د.محمد عبدالله ، النبأ العظيم، دار الثقافة، الدوحة،1405هـ- 1985م، ص15-16؛ ويضيف لاشين: ان الفرق بين القرآن و الحديث القدسي هو ان الاثنان من الله لفظا و معنى الا ان الحديث القدسي لم يقصد بلفظة الأعجاز. لاشين، د.موسى شاهين، اللألىء الحسان في علوم القرآن، دار الشروق، القاهرة، 1423هـ- 2002م، ص11.

ويعطونه احيانا قوة اكبر من قوة القرآن نفسه، لذا نرى بأن الكثيرين يذهبون الى نسخ القرآن بالسنة، وعلى سبيل المثال لا الحصر، ما يذكره الامام ابو الحسن الاشعري(ت330هـ) بقوله : " ان السنة تنسخ القرآن و تقضي عليه، وان القرآن لا ينسخ السنة و لا يقضي عليه"[(1)].

عن يحيى بن ابي كثير (ت 129) قال :"السنة قاضية على الكتاب، وليس الكتاب بقاض على السنة" [(2)] كما يقول فخر الرازي بخصوص الآية6 من سورة المائدة حول الوضوء. قال تعالى: ﴿ **يَا أَيُّهَا الَّذِينَ آمَنُواْ إِذَا قُمْتُمْ إِلَى الصَّلاةِ فاغْسِلُواْ وُجُوهَكُمْ وَأَيْدِيَكُمْ إِلَى الْمَرَافِقِ وَامْسَحُواْ بِرُؤُوسِكُمْ وَأَرْجُلَكُمْ...** ﴾ يقول بغض النظر عن قراءة النصب و الجر في "أرجلكم" والتي هي موضع الخلاف، يوجب المسح في القرائتين. وفي نفس الوقت يقول: ولكن السنة جائت بالغسل ناسخة القرآن[(3)] وعن انس بن مالك."جاء القرأن بالمسح على القدمين وجرت السنة بالغسل" وعن عبدالله بن عمر:" نزل جبريل بالمسح وسن رسول الله غسل القدمين" [(4)]. كما اخرج الخطيب البغدادى (ت 463هـ) في

---

(1) ابي الحسن علي بن اسماعيل، مقالات الاسلاميين واختلاف المصلين، حققه محمد محي الدين عبدالحميد،ج2، مطبعة السعادة، مكتبة النهضة المصرية، القاهرة، 1373هـ - 1954م، ص251.

(2) نقلا عن: الدارمي، ابو محمد عبدالله ابن عبدالرحمن بن الفضل بن بهرام بن عبدالصمد التميمي، سنن الدارمي، مطبعة النظام، بلا.م، 1293هـ، ص28؛ ابو حزم الاندلسي، ابو محمد بن احمد بن سعيد، المحلي، ج1، دار الفكر، بلا.م، بلا.ت، ص54.

(3) محمد فخرالدين ضياء الدين عمر، التفسير الكبير، ج11، ط1، دار الفكر، بيروت،1401هـ - 1981م، ص 165-166؛ راجع ايضا: شيخ زاده، محمد بن مصلح الدين مصطفى القوجوي محي الدين الحنفي، حاشية شيخ زاده على تفسير القاضي البيضاوي، ج2، طبعة جديدة ، مكتبة الحقيقة، استانبول، 1419هـ - 1998م، ص197-198.

(4) نقلا عن: الهمذاني، ابوبكر محمد بن موسى،الاعتبار في بيان الناسخ والمنسوخ من القرأن،ط2،مطبعة دائرة المعارف العثمانية، حيدر اباد، 1356ه، ص16؛ ولكن الشافعي يؤكد على غسل الارجل في تفسير الاية. الشافعي، محمد بن أدريس، الام، ج7، دار المعرفة، بيروت، 1393هـ، ص27.

تأريخـه: " ذكـر فـي مجلس الخليفـة هـارون الرشيد (170هـ/193هـ) حـديث لابـي هريـرة: ان موسـى لقـي آدم فقـال لـه : انـت آدم الـذي اخرجتنـا مـن الجنـة ، فقـال رجـل قرشـي كـان فـي المجلـس فقـال : أيـن لقـي آدم موسـى؟! فغضـب الرشـيد و قـال: النطـع و السـيف، زنـديق يطعـن فـي حـديث رسـول الله (ص)"[1]. ولكـــن و قبـل ان نوضـح ماهـية الكتـاب الـذي يسمى القـرآن لا بـد مـن معرفـة معنـــى هـذه الكلمـة و الاسـماء الاخـرى التـى تسمـــي بهـا هـــذا الكتـــاب و بشكل مختصر.

يقـول الجـاحظ " سـمى الله كتابـه أسـماءا لمـا سـمى العـرب كلامهـم علـى الجملـة والتفصـيل، سـمى جملتـه قرآنـا` كمـا سـموا ديوانـا` و بعضـه سـورة كقصـيدة و بعضـها آيـة كالبيـت و أخرهـا فاصـلة كقافيـة"[2]. يـذكر الـدكتور صـبحي الصـالح: "أختلـف العلمـاء فـي لفـظ القـرآن أمهمـوز أم غيـر مهمـوز، فيـرى الشـافعي والفـراء و ألاشـعري أنـه غيـر مهمـوز، أمـا الفريـق الاخـر مـنهم الزجـاج و اللحيـاني بأنـه مهمـوز. ويـرى الـدكتور صـبحي بأنـه مهمـوز مشـتق مـن قـرأ بمعنـى تـلا سمـــي بـه المقـروء تسـمية للمفعـول بالمصدر"[3] .

---

(1) أحمـد بـن علـي أبـو بكـر، تـاريخ بغـداد، ج14، دار الكتـب العلميـة، بيـروت، بـلا.ت، ص7؛ للمزيـد راجـع: البغـدادي، أبـو منصـور عبـدالقاهر بـن طـاهربن محمـد، الناسـخ والمنسـوخ،حققه د.حلمـي كامـل أسـعد عبـدالهادي، دار العـدوي، عمـان، بـلا.ت، ص47-49؛ السـماوي، د.محمـد تيجـاني، الشـيعة هـم اهـل السـنة، مؤسسـة الفجـر، لنـدن، بـلا.ت، ص248 و251 و 282.

(2) نقـلا عن:السـيوطي، جـلال الـدين عبـدالرحمن، الاتقـان فـى علـوم القـرآن، تحقيـق سـعيد مندوب،ج1، دار الفكر، بيروت،1996م، ص141.

(3) نقـلا عـن: المـر، اليـاس، الاسـلام بدعـة نصرانيـة، (كتـاب مستنسـخ)، بـلام، بـلا ت، ص295؛ سـال، جـرجس، أسـرار عـن القـرآن، مقالـة فـي الاسـلام، تعريـب و تـذييل هاشـم العربـي، ج3، نـور الحيـاة، النمسـا، بـلا ت، ص5؛ وللمزيـد راجـع: الحـاكم النيسـابوري، محمـد بـن عبـدالله، المسـتدرك علـى الصـحيحين، تحقيـق مصـطفى عبـدالقادر عطـا، ج2،دار الكتب العلمية،بيروت، 147هـ- 1990م، ص250.

اما معنى القران على قول عبدالله بن عباس (ت 67هـ) فهي من القراءة والتلاوة، اما قتادة (ت118هـ) فقد ذهب الى انه جاء من جمع الشي وقرانه ببعضه البعض اي ضمه[1]. وقد ذهب الشافعي (ت204هـ) بانه اسم علم غير مشتق خاص بكلام الله غير مهموز. اما الاشعري (ت330هـ)فقد ذهب الا انه مشتق من قرنت الشئ بالشئ اذا ضممت احداهما الى الاخر وسمي به لقران السور والايات والحروف فيه. اما الفراء (ت207هـ) فذهب الى انه مشتق من القرائن لان اياته تصدق بعضها بعضا[2]. ويقول المستعرب نولدكه، انها كلمة دخيلة من الارامية " قريانا" اي بمعنى القراءة[3] اما بالنسبة لأسماء القرآن الأخرى الواردة في القرآن نفسه، فيذكره العلماء أمثال الطبري (310هـ) والماوردي (450هـ) وابن جزي (ت741هـ) بأربعة أسماء، الى ان أبو المعلي عزيزي بن عبدالملك المعروف بـ ثينلة يذكر ان القرآن سمي بخمسة وخمسين أسما`[4]. أما الاسماء الأربعة المتفقة عليها فهي:

1-القرآن كما جاء في سورة يوسف: آية 3 و سورة الاسراء: 9.

2-الفرقان كما جاء في سورة الفرقان: آية 1.

---

[1] الطبري، ابو جعفر محمد بن جرير بن يزيد بن كثير بن غالب الاملي، جامع البيان في تاويل القران، حققه احمد محمد شاكر، ج1، مؤسسة الرسالة، بلا م، 1420هـ- 2000م، ص94- 95.

[2] نقلا عن: السيوطي ، المصدر السابق، ج1،ص 144.

[3] ثيودور، تأريخ القرآن، تعديل فريدريش شيفالي، ترجمة د.جورج ثامر و أخرون، ج1، ط2، دار جورج المز لايبستغ، 1938م، ص237.

[4] السيوطي، المصدر السابق، ج1، ص141؛ كما يصلها بعضهم الى نيف و تسعين اسما`،أعتمادا على اطلاقات و صفات وردت في بعض الأيات، راجع: موسى شاهين لاشين (الدكتور) ،المرجع السابق، ص12.

3-الكتاب كما جاء في سورة الكهـف :آيـــة 1.

4-الذكر كما جاء في سورة الحجــــر: آيــة9.[1]

أمـــا بالنســبة لماهيـــة او صـــفة القــرآن فــى الفكــر الاســلامي، فهــو يعتبــر بـــأن لـــيس كمثلــــــه شـــــيء، ولـــيس ككـــل الكتـــب المنزلـــة الاخـــرى كـــالتوراة و الانجيـــل. بـــل هـــو كتـــاب أنـــزل ووعـــد منزلـــه وهـــو الله بحفظـــه للمســلمين مـــن أي نقـــص أو زيـــادة، كمـــا أنـــه فضـــلاً عـــن هـــــذا، محفـــوظ عنـــد الله فـــي مـــا يســمى بــــ (اللـــوح المحفـــوظ). كمـــا يعتبـــره المســـلمون بديــــلاً عـــن الكتـــابين السابقيـــــن (التـــوراة و الانجيـــل)، وهـــو يختلـــف عنهما أختلافا جوهرياً[2].

فـــالقرآن فيـــه آيـــات تـــذكر الحـــوادث التـــي تعـــرض لهـــا الرســـول والمســـلمون، و عـــرض فـــي الـــبعض الاخـــر الافكـــار والحجـــج و البـــراهين، كمـــا رد علـــى إنتقـــادات المعارضـــين لـــه و حـــاول تفنيـــد آرائهـــم بـــــإختلاف الظـــروف والاحـــوال و الاشـــخاص، كمـــا عـــرض الازمـــات التـــي كـــان المســـلمون يواجهونهـــا وقـــدم الاجابـــات والحلـــول لهـــا ســـواء كانـــت حلـــولا طويلـــة الأمـــد أم

---

[1] الطبـــري، المصـــدر الســـابق، ج1،ص94؛ حقي،محمـــد صـــفاء شـــيخ إبـــراهيم (الـــدكتور)، علـــوم القـــرآن مـــن خـــلال مقـدمات التفاسـير، م2، مؤسســة الرســالة، بيـروت، 2004م، ص155 ؛ و يضـيف عبدالاخرأســم (التنزيـل)، ابـو الوفـاء احمـد (الـدكتور)، المختـار مـن علـوم القـران، المكتب المصري الحديث، مصر،1993م، ص13.

-Lunde، op، cit.24.

[2] ومـن هـذه الاختلافـات الجوهريـة هـي قضـية خلـق القـرآن، ولـن نستطيـــع التحـدث عنهـا هنـا، لانهـا قضـية. شـائكة و طويلـة تحتـاج لبحـث خـاص، لـذا أحيـل القـاريء الـى أحسـن مـا كتـب فيـه حسب رأينـا: الكتـاني، أبـو الحسـن عبـدالعزيز يحيـى بـن عبـدالعزيز أبـن مسـلم بـن ميمـون المـكي، الحيـرة والاعتـذار فـي الـرد علـى مـن قـال بخلـق القرآن،حققـه وعلـق عليـه د.علـي بـن محمـدبن ناصـر الفقهـي، سلسـلة عقائـد السـلف (9) ، مكتبـة العلـوم، المدينـة المنـورة، 1191هـ؛ كمـا يمكـن مراجعـة: الاشعري،المصـدر السـابق، ج2،ص231ومـا بعـده؛ أبـن الجـوزي، أبـو الفـرج عبدالرحمـن، فنـون الافنـان فـي عيـون علـوم القـران، حققـه و اخـرج أحاديثـه و أكمـل فوائـده د.حسـن ضـياءالدين عتـر، دار البشـائر الاسـلامية، بيـروت،1987، ص149-195.

قصيرة و ذلك حسب الحاجة إليها. كما أن فيها قصص الامم التي كانت قبلهم. ولكن الفكرة المركزية و الجوهرية في القرآن تعتمد على وحدانية الله و الأيمان به و إعتبار القرآن الفرصة الاخيرة للبشرية في الخلاص[1].

كما يعتبر المسلمون بأن القرآن الكريم هو المعجزة الالهية للنبي محمد ، أو بالأحرى أكبر معجزاته. يقول السيوطي: (المعجزة أمر خارق للعادة مقرون بالتحدي سالم عن المعارضة. و تكون اما حسية أو عقلية، فمعجزات بني إسرائيل كانت حسية لبلادتهم و لقلة بصيرتهم أما معجزات هذه الأمة أي ألإسلام فهي عقلية لفرط ذكائهم وكمال افهامهم و هي باقية على صفحات الدهر ليراها ذو البصائر، باعتبارها باقية الى يوم القيامة. فلا يمر عصر من الاعصار إلاو يظهر فيه شيء مما أخبر به أنه سيكون يدل على صحة دعواه. أما معجزات ألانبياء الاخرين أنقرضت بأنقراض عصورهم)[2] .

هناك نقطة مهمة جدا نريد التطرق اليها تتعلق مباشرة بهذا الموضوع أو يعتبره أغلب علماء المسلمين من أهم ما يدل على هذا الإعجاز، وهي أميّة الرسول (أي عدم معرفته القراءة و الكتابة بالمصطلح الحديث). نبدأها بالايات القرانية المعنية بهذا الموضوع

---

[1] صالح احمد العلي(الدكتور)،المرجع السابق، ج1،ص241، بيرك،جاك، إعادة قرأة القرآن، ترجمة و تعليق د. منذر عياشي، ط2، مركز الأنماء الحضاري، حلب، 2005، ص32، جورج سال، المرجع السابق، ص16؛

-Lunde.op.cit.28; Githus، Ingvild Salid and Mikalssen، Lisbeth، verdend Levend Religioner، Valderes trykkeri، Norway، 2007.p28 .

[2] السيوطي، المصدر السابق، ج2، ص311؛ للاستزادة راجع: حوية، محمد عمر (الدكتور)، بحث عن نزول القرآن الكريم و تأريخه و مايتعلق به، مركز الملك فهد لطباعة المصحف الشريف، المدينة المنورة، 1421هـ، ص9.

مثل قوله تعالى: ﴿ **وَمِنْهُمْ أُمِّيُّونَ لاَ يَعْلَمُونَ الْكِتَابَ إِلاَّ أَمَانِيَّ ...** ﴾ البقرة:78، وقوله تعالى: ﴿**... ذَلِكَ بِأَنَّهُمْ قَالُواْ لَيْسَ عَلَيْنَا فِي الأُمِّيِّينَ سَبِيلٌ ...**﴾ ال عمران:75، وقوله تعالى: ﴿ **هُوَ الَّذِي بَعَثَ فِي الْأُمِّيِّينَ رَسُولاً مِّنْهُمْ يَتْلُو عَلَيْهِمْ آيَاتِهِ وَيُزَكِّيهِمْ وَيُعَلِّمُهُمُ الْكِتَابَ وَالْحِكْمَةَ ...** ﴾ الجمعة:2، و ايات أخرى تورد فيها لفظة الامي و الاميين. لذا فإذا ما أمعنا النظر في هذه الايات و بدون الرجوع الى التفسيرات والمعاجم اللغوية، نرى بأنه من الصعب أن يعطي هذه الكلمة مدلول الذين لايعرفون الكتابة و القراءة. وذلك للاسباب التالية : اولا: ليس من المعقول أن كل الذين كانوا في ذلك الوقت أميين. ثانيا: وجود شواهد كثيرة تؤيد و تدل على وجود كثير من المشركين و في قريش نفسها كانوا يعرفون القراءة و الكتابة لكونهم من التجار. ثالثا: أن جميع الشواهد و التفسيرات تدل على أنه لم يرسل النبي محمد فقط لشعب او امة محددة و أنما لكل البشر بدليل قوله تعالى: ﴿ **وَمَا أَرْسَلْنَاكَ إِلَّا كَافَّةً لِّلنَّاسِ بَشِيرًا وَنَذِيرًا وَلَكِنَّ أَكْثَرَ النَّاسِ لَا يَعْلَمُونَ** ﴾ سبأ:28، وهي من النقاط القليلة جدا` والتي يتفق عليها العلماء و المفسرون المسلمون. لذا فليس هناك امكانية إطلاق تسمية الاميين بمعنى من لا يعرف القراة والكتابة على هؤلاء الذين بعث الرسول محمد اليهم. رابعا`- ان عدم معرفة القراة والكتابة لا يكون سببا في ارسال الانبياء ، ولكن الله يرسل الانبياء والرسل للذين يكفرون به ولا يعرفونه، ولا يمكن ان يكون هناك علاقة بين الاثنين . هذا بالنسبة الى الادلة العقلية البحتة من خلال فقط النظر الى الايات. أما إذا مانظرنا الى المصادر المتعلقة بهذا الموضوع فإنه هناك أكثر من رأي، الاول: لقد سبق الاشارة اليه، اي الذي لا يعرف القراءة و الكتابة و هو رأي اغلبية العلماء المسلمين، ظنا منهم بانهم يضيفون شيئا` آخر الى النبي محمد و معجزاته و ينفون عنه بذلك تهمة الاطلاع على الكتب الدينية للاقوام الاخرى . أما الرأي الثاني: فقد ذهب اليه باحثون عديدون، ورأوا ان المعنى هو: من لم يؤمن بكتاب منزل من الله. و قد اعتمد هؤلاء على أدلة كثيرة سنورد بعضا` منها فيما بعد. الراي الثالث: هو، من قالوا أنها نسبة الى أم القرى (مكة).

وفي اعتقادنا بأن الرأي الثاني يتطابق أكثر مع مفهوم الامية والايات .اما الادلة على هذا الراي فهي اولا: وكما قلنا المفهوم العام لشكل الايات وعدم امكانية قبول الرأي الاول. ثانيا: الروايات و الاحاديث التي تدل على أن الرسول كان يعرف القراءة و الكتابة ولو الى حد قليل، مثل ما حدث فى رواية صلح الحديبية. وكذلك عندما أراد ان يكتب للمسلمين كتابا قبل وفاته كي لا يظلو بعده. و حديثه مع معاوية بن ابي سفيان (ت60هـ) في كيفية تحسين خطة ووصفه الدقيق لتفاصيله، و حديثه في نفس المعنى مع زيد بن ثابت (ت45هـ). و أخيرا` الاخبار الواردة عن فصاحته و بلاغته بأعتباره مشرع الفصاحة و معدن البلاغة.. فيقول الجاحظ: " أبلغ البلغاء، إذا احتاج الى الخطابة كان اخطب الخطباء، وانسب من كل ناسب...وما كان ذلك بمانع من وجوب تصديقه، ولزوم طاعته و الانقياد لأمره ..."[1]. و أظن بأن هذا هو لب الكلام فلا يعني معرفته القراءة والكتابة سبباً في عدم تصديقه و الايمان به و بالقرآن.

يذكر السيوطي نقلا عن القاضي أبو بكر الباقلاني: "وجه الاعجازما فيه من النظم والتأليف والترصيف وأنه خارج عن جميع وجوه النظم المعتاد في كلام العرب و مباين لاساليب خطاباتهم و لهذا لم يمكنهم معارضته..."[2] . و

---

[1] ويقول الرسول (ص): "أنا أفصح العرب بيد اني من قريش ونشأت في بني سعد بن أبي بكر". الجاحظ، عمرو بن بحر، كتاب البلدان، نشره وعلق عليه د. صالح أحمد العلي، مطبعة الحكومة، بغداد،1970،ص469؛ وللمزيد راجع: سيرة ابن اسحاق،محمد، سيرة رسول الله،تحرير الملك بن هشام، نشره د.فرديناند ويستفلد، ج2،مطبعة زويتر، كوتينكن، 1860م، ص32؛ شيرازي،صدر الدين محمد بن ابراهيم، شرح اصول الكافي، صححه محمد خواجوي، م 2، ط2، طهران، 1383هـ، ح 185، ص 337 وص398؛ صالح، فرحات، المادية التأريخية والوعي القومي عند العرب، بيروت، 1979م، ص 137-150؛ كما تحدث فيه بأسلوب علمي جميل: الجابري، د.محمد عابد مدخل الى القران الكريم، ج1، بيروت، 2006م، ص77-98.

[2] السيوطي، المصدر السابق،ج2، ص315؛ القاضي أبو بكر الباقلاني، محمد بن الطيب، أعجاز القرأن،حققه صلاح محمد عويضة، ط2، دار الكتب العلمية، بيروت، 2008م، ص28-32؛ راجع ايضا: شيرازي، المصدر السابق، م2، ص398. يبدوا لي دائما ان من يكتبون هذا الشيء ينسون دائما او يحاولون نسيان ان القرآن جاء لكل البشر وليس فقط للعرب او لقوم دون اخر و الاعجاز كذلك يجب ان يكون لكل البشر وليس فقط ـ لمن يتقن-

قال مثله كثيرون، أكدوا على فصاحته و بلاغته و نظمه، و الذي تحدى به فصاحة العرب. و في نفس السياق قال القاضي عياض ذاكرا ان للقرآن وجوه من الاعجاز، نوردها في أربعة:

1- نظمه العجيب و اسلوبه الغريب المخالف لاساليب كلام العرب.

2- حسن تاليفه و فصاحته و بلاغته.

3- ما انطوى عليه من الاخبار بالمغيبات.

4- ما أنبأ به من اخبار القرون السالفة و الامم البائدة و الشرائع الدائرة مماكان لا يعلم من القصة الواحدة الا الفذ من احبار اهل الكتاب[1].

اما فصاحته، فقد اختلف العلماء المسلمون حتى في درجة فصاحة القرأن، فذهب القاضي عياض (544هـ) على ان:"كل كلمة فيه موصوفة بالذروة العليا"[2] . أما أبو نصر

- العربية فما هو وجه الاعجاز اللغوي فيه لمسلم لا يتقن العربية او لا يعرفه (المؤلف). يقول الرازي في معرض كلامه عن نظم القران و تاليفه: " أنكم تدعون ان المعجزة قائمة موجودة – وهي القران"- وتقولون: " من انكر ذلك فليات بمثله". إن اردتم بمثله في الوجوه التي يتفاضل بها الكلام فعلينا ان نأتيكم بألف مثله من كلام البلغاء و الفصحاء و الشعراء و ماهو اطلق منه لفظا، و اشد اختصارا في المعاني، و أبلغ اداءا` و عبارة` واشكل سجعا`، فان لم ترضوا بذلك فإنا نطالبكم بالمثل الذي تطالبونا به"، كما أنه يهاجم إعجاز القران و ماشابه، و الكتاب مليء بمثله على لسان اخرين كأبن الراوندي و ابن حيان وابن المقفع... للاستزادة راجع: بدوي، عبدالرحمن(الدكتور)، من تأريخ الالحاد في الاسلام، ط2، سينا للنشر، القاهرة، 1993م، ص250؛ ومثل هذه الفصاحة ادت بالعلماء المسلمين بالوقوف في وجه -- ترجمات القرآن. يقول الدكتور ج.أ. و ليمز بأن:"اللغة العربية هو الشكل الانقى لنزول القرآن و هي اللغة التي استعملها الله في التكلم بواسطة جبريل(كما يقول المسلمون). لذلك فهم ينظرون الى آية ترجمة للقرآن، مجرد تقليل من شان القران، وخسارة في النقاوة. بأعتبار (ان تترجم هو دائما ان تخون)، لذلك استنكروه ومنعوترجمته احيانا`الى اللغات الاخرى".راجع: بحث الجنس البشري عن الله، منشورات برج المراقبة، بنسلفانيا،1990م، ص291.

(1) السيوطي، المصدر السابق، ج2، ص322-323.

(2) المصدر نفسه، ج2، ص325.

القشيري فقد اختار التفاوت. وقال: "لا ندعي ان كل ما في القران ارفع الدرجات في الفصاحة ففيه الافصح و الفصيح"[1].

وفي نفس السياق هذا، جاء تحدي القرآن للانس والجن بأن يأتوا بمثله بسورة واحدة.. أو حديث مثله و ذلك في سور القرآن (البقرة:23 و يونس:38 و هود:13 و الطور 33-34 و الاسراء:88)[2]. أما المفاضلة في كل القرآن كان مكان اختلاف بأعتبار هل يوجد في القرآن مثلا اية أفضل من اية او كلام افضل من كلام. فذهب الامام أبو الحسن الاشعري و القاضي أبو بكر الباقلاني وأبن حبان وآخرون الى أن الجميع كلام الله وليس هناك اية افضل من اية . أما اخرون ومنهم إسحاق بن راهوية و أبو بكر العربي والغزالي ذهبوا الى تفضيل اية على اية وذلك بسبب ظواهر الاحاديث[3].يقول الغزالي (ت505هـ) بهذا الشان: "... أعلم ان نور البصيرة ان كان لايرشدك الى الفرق بين اية الكرسي و آية المداينة (سورة البقرة اية 282) وبين سورة الاخلاص و تبت يدا ابي لهب ... فقلد صاحب الرسالة فهو الذي انزل عليه القران و قال أليس قلب القرآن و فاتحة الكتاب افضل سور القران و آية الكرسي سيد أي القرآن و قل هو الله احد تعدل ثلث القرآن والاخبار الواردة في فضائل القرآن ... لا تحصى"[4].

---

(1) نفس المصدر، ج2، ص325 .

(2) موسوعة الاديان في العالم (الاسلام)، مجموعة من الباحثين،، بيروت، 2000، ص49؛ محمد عمر حوية(الدكتور)، المصدر السابق، ص9.

(3) السيوطي، المصدر السابق، ج2،ص417.

(4) أبو حامد محمد بن محمد، جواهر القرأن ودرره، ط2، دار الكتب العلمية، بيروت، 2005م، ص47؛للمزيد راجع: مالك بن أنس، أبو عبدالله الاصبحي، موطأ الامام مالك، ج1،حققه محمد ف}اد عبدالباقي، دار أحياء التراث العربي، مصر، بلا ت،ح 485و 487، ص208؛ المتقي الهندي، علاءالدين علي بن حسام الدين، كنز العمال في سنن -

و الظاهر هو ماذهب اليه الفريق الثاني حسب راينا. فإذا ما اخذنا الروايات و الاحاديث بنظر الاعتبار، فأن من المعلوم بأن الكثير الكثير مما نملكه اليوم عن القرآن و الدين هي من نتاج هذه الاحاديث والروايات. لذا فأنه لمن الغريب ان يدافع الشخص عن الروايات و الاحاديث من جهة، و من جهة اخرى يقوم بمهاجمة فكرة التفضيل في أيات القران الكريم و التي تدل عليها تلك الروايات و الاحاديث. والمشكلة هنا بأننا سنواجه الكثير من اراء هؤلاء العلماء الذين يحاولون دائما إما تشويه الحقيقة او اخفائها قدر الامكان عن انظار واهتمام الباحثين ظنا منهم بأنهم يخدمون القرآن بهذا المنظور.

النقطة الاخرى التي نود توضيحها هي قضية تفسير القرآن، و التي لم تسلم أيضا من الاختلاف بين مفسر و آخر، حتى اصبح لايمكن للانسان العادي او حتى المتعلم و الجامعي ان يفهم القرآن دون اللجوء الى التفاسير لفهم مغزى الايات. يقول الشيخ محمد متولي الشعراوي في هذا الاطار: بأن الراي ينقسم في هذا المجال الى فريقين، "فريق يقول: ان التفسير في عهد النبي و الصحابة هو تفسير نهائي غير قابل لاية اضافة، والاضافة هنا هو نوع من تحميل القران الكريم أكثر مما يحتمل، و تعريض الكتاب الى نظريات علمية يمكن ان تثبت عدم صحتها بعد فترة من الزمن. اما الفريق الاخر فيقول: ان للقرآن عطاءان، عطاء الفروض و الاحكام و هذا ثابت لالبس فيه، وعطاء المعجزات و هو عطاء متجدد لا ينتهي أبدا حتى قيام الساعة"(1). وحقا` ان الفريق الثاني عرض القرآن لانتقادات كثيرة و خاصة في ايامنا هذه وذلك من ناحيتين: اولهما، فتحوا الباب لنقد القران من خلال تفسيراتهم الجديدة

- الاقوال والافعال، ضبطه بكري الحياني، صححه صفوة السقا، ج1، ط5، مؤسسة الرسالة،بيروت،1405هـ- 1985م،ح2490 - ح 2747، ص555- ص602.

(1) المرجع السابق، ص9.

للايات. ثانيهما،ان النظريات العلمية ليست ثابتة دائما فهي معرضة للنقد والتحقيق والتقصي والتغيير، وما هي حقيقة ثابتة اليوم يمكن ان يظهر عكسه غدا، وبالتالي فانهم يعرضون القران لمثل هذه التفسيرات والتي يمكن ان تتغير في اية لحظة. وقد اصبح لمثل هذه التفاسير ابطالها اليوم مثل الدكتور مصطفى محمود و الدكتور زغلول النجار و اخرون والذين غيروا تفسير الكثير من الايات حسب اهوائهم دون احترام لعقول المسلمين. والجدير بالقول هو كيف يمكنهم ان يغيروا تفسير الرسول (ص) و الصحابة الاوائل؟ آليس الرسول هو من جاء فيه قول الله تعالى: قال تعالى: ﴿ **وَمَا يَنطِقُ عَنِ الْهَوَى ﴿3﴾ إِنْ هُوَ إِلَّا وَحْيٌ يُوحَى ﴿4﴾** ﴾ النجم: ٣ – ٤ ؟ أليس الرسول (ص) والصحابة أعرف منا اليوم سواء في مجال الدين او اللغة؟ فلا شك ان المعاجم و اللغة قد تغير فيها ما تغير، فهل يمكن ان نستخدم المفاهيم الجديدة اليوم و تطبيقها على ما قبل أكثر من 1400 عام، أليس هذا شك في الامانة العلمية؟ وان تحمل الكلمة أكثر مما تحتمل؟ و لكن المشكلة هنا تكمن في انهم لم يكونوا يعرفون في ذلك الوقت بكل هذه الاكتشافات العلمية، حتى يتحدثوا عنها و انما تركوها للمستقبل. لا نعرف أين هو الاعجاز العلمي في هذا؟! فالاعجاز كما قال السيوطي: امر خارق للعادة و مقرون بالتحدي! وهذا هو الاعجاز الذي يجب ان نتحدث عنه، أي ان التحدي، هو القول و التفسير بوجود او بحدوث هذا الشيء قبل حدوثه و إكتشافه ولكن عندما ينكشف فليس فيه أية إعجاز ، لانه قد تجرد من عناصره. وهذا يؤدي بدوره لتغير التفسيرات السابقة لتلك الايات حتى تتناسب والوضع الجديد. فكل نظرية علمية لها مكان في القرآن (حسب رأيهم)، كأن القرآن ليس كتابا سماويا و إنما كتاب علمي، وكانت التفاسير السابقة فقط لالهاء المسلمين حتى الان. و المصيبة الكبرى أن هؤلاء العلماء لم يتمكنوا حتى الان من إكتشاف هذه الاسرار العلمية في القرآن قبل ان يكتشفها الغرب ، بل أنهم

ينتظرون تلك الاكتشافات، وما عليهم الا ان يجدوا أية قرينة لفظية قريبة من الموضوع حتى يبدأوا في اعداد صياغة جديدة لتفسير الاية دون الاهتمام الكبير بما ورد في المعاجم القديمة والتفاسير [1].

لذا اصبحت هناك دائما شروحات وتفسيرات جديدة للقرآن، فكل اكتشاف جديد يقتضي شرحا جديدا و تفسيراً مختلفاً [2].

تأريخ نزول القرآن :

لقد كان نزول القرآن في سنة 610م،اما اليوم الذي نزل فيه فهو باجماع العلماء كان يوم الاثنين، اما الشهر فقد أختلفوا فيه بين رمضان و رجب و ربيع الاول. والراجح هنا هو رمضان [3]. بدليل ما ورد في القران نفسه: قال تعالى:

([1]) لقد تحدث كثيرون عن هذا الموضوع و كتبوا فيه و اشبعوه بحثا، لذا يستطيع القاريء الكريم الاستعانة بهذه المواضيع سواء أكانت كتبا اوعلى صفحات الجرائد أوعلى الشبكة الالكترونية، ومنها كتابات (بنت الشاطيء، د.سيد محمود القمني)أوالدكتور عاطف أحمد في معرض رده على الدكتور مصطفى محمود، ومن جملة هذه الردود قضية التطور و أصل الانسان. قضية يحاول د.مصطفى محمود تفسيرها بما يتوافق و خلق الانسان (قصة آدم) ونظرية التطور المعروفة (بنظرية داروين)، مع محاولة تغيير بعض ما ينص عليه تلك النظرية، فمثلا يحاول اثبات النظرية من خلال تغيير البقاء للاصلح الى قانون آخر هو البقاء للاجمل (ص53) ولكن الدكتور عاطف أحمد يرد عليه بعلمية كبيرة و يفند كل هذه التناقضات. كما ان هناك نظرية البناء الكوني و... ومواضيع لا يتسنى لنا هنا المجال لذكرها. ينظر: أحمد، عاطف (الدكتور)، نقد الفهم العصري للقرآن، دار الطليعة، بيروت، 1972م ؛ كذلك: محمد عابد الجابري(الدكتور)، المرجع السابق، ص 181 و ما بعده.

Jensen‹ Tim and Rothstein‹ Mikael and søremsen‹ Jørgen‹ Glydendats Religions (2) historie‹ Nordisk bogprudktion AB‹ Danmark‹ 1997‹P.313.

([3]) أبو خيثمة ، ابو بكر احمد بن ابي خيثمة زهير بن حرب، التاريخ الكبير، ج1، دار الفاروق، القاهرة، بلا. ت، ص155-162؛ ابن كثير، ابو الفداء اسماعيل، السيرة النبوية، حققه مصطفى عبدالواحد، ج1 ، بلا.م، 1396هـ -1976م ، ص392؛ الكليني، ابو جعفر محمد بن يعقوب بن أسحاق الرازي، أصول الكافي، ترجمة وشرح سيد هاشم رسولي،ج4، انتشارات علمية اسلامية، شيراز، بلا.ت، ح3560، ص437؛ الواحدي، ابو الحسن علي بن احمد النيسابوري، اسباب النزول، وبهامشها الناسخ و المنسوخ لابي القاسم، عالم الكتب، بيروت، بلا.ت، ص10؛ السهيلي، ابو القاسم عبدالرحمن بن عبدالله بن احمد الروض الانف في شرح السيرة النبوية لابن هشام، حققه عمر عبدالسلام السلامي، ج2، دار احياء التراث العربي، بيروت، 1421هـ -2000م، ص256و -

﴿ **شَهْرُ رَمَضَانَ الَّذِيَ أُنزِلَ فِيهِ الْقُرْآنُ...** ﴾ البقرة: ١٨٥، و قال تعالى: ﴿**إِنَّا أَنزَلْنَاهُ فِي لَيْلَةِ الْقَدْرِ ﴿1﴾** القدر:1 وفيما يخص كيفية نزول القران، فلم يسلم من الاختلاف. و فيه ثلاثة آراء: **أولها** و أشهرها، أنه نزل الى السماء الدنيا ليلة القدر جملّة واحدة، ثم نزل بعده منجماً (اي نزل مفرقا ومتباعداً) في عشرين او ثلاث و عشرين سنة. القول **الثاني** إنه نزل الى السماء الدنيا في عشرين ليلة قدر(اي عشرين سنة أنما نزول القران كان فقط في ليلة واحدة وهي ليلة القدر)، او ثلاث و عشرين ليلة او خمس و عشرين ليلة، في كل ليلة ما يقدر الله انزاله في كل سنة، ثم نزل بعد ذلك منجما`. القول **الثالث** أبتدأ نزوله في ليلة القدر ثم نزل بعد ذلك منجما` في اوقات مختلفة[1].

نريد هنا بيان رأي بعض العلماء الذين لا يتفقون مع الرأي الاول و الذي هو اشهر الاراء عند العلماء المسلمين، و اصحاب هذا الرأي هم الشيخ محمد عبدة و الشيخ محمد بن ابراهيم (مفتي الديار السعودية سابقاً) و الدكتور صبحي الصالح و آخرون. و هم يرون بأن الله يتكلم بالقرآن عند حدوثه، وليس قبله، مثال ذلك في قوله تعالى: ﴿ **قَدْ سَمِعَ اللَّهُ قَوْلَ الَّتِي تُجَادِلُكَ فِي زَوْجِهَا...**﴾ المجادلة:1. وهذا يدل على ان الله تكلم بهذه الاية بعد ان تكلمت المرأة التي تجادل النبي (لان السماع يكون بعد الكلام). و مثال اخر قوله تعالى ﴿ **لَّقَدْ سَمِعَ اللّهُ قَوْلَ الَّذِينَ قَالُواْ إِنَّ اللّهَ فَقِيرٌ وَنَحْنُ**

ـ ص227؛ الحمد، غانم قدوري (الدكتور)، محاضرات في علوم القرآن، دار عمار، عمان، 2003م، ص19؛ صالح احمد العلي(الدكتور) ،المرجع السابق، ج1،ص272 -273.

(1) أبن أسحاق، المصدر السابق، ج2، ص50؛ الزركشي، بدرالدين محمد بن عبدالله بن بهادر، البرهان في علوم القرآن، حققه محمد ابو الفضل ابراهيم، ج1، دار المعرفة، بيروت ، بلا.ت، ص228؛ ابن الجوزي، زاد المسير في علم التفسير، ط2، ج1، المكتب الاسلامي، بيروت، 1404هـ، ص5؛ الشايع، محمد بن عبدالرحمن (الدكتور)، بحث عن نزول القران الكريم و العناية به في عهد الرسول (ص)، المدينة المنورة، بلا.ت، ص 14-23.

أَغْنِيَاء... ﴾ آل عمران: 181، فحرف اللام مؤكدة واداة التحقيق قد مؤكدة والقسم المحذوف مؤكد، انه سمع القول فتكون الاية نزلت بعد قولهم[1].

يبدو لنا بعد دراسة كل هذه الاراء ومن خلال اطلاعنا على الروايات الواردة فيه، ظهر لنا رايا لم نرى ان احدهم قد ذهب اليه، الا وهو، نزول الايات التي تذكر فيها الاحكام و قصص الماضيين والاخبار الاخرى جملة واحدة الى السماء الدنيا، و نزوله بعد ذلك منجما`. و من ثم نزول الايات الاخرى عند حدوث المستجدات. و ظهر لنا صواب هذا الرأي من خلال: **أولا-** إشارة الروايات بصورة صريحة الى نزول القران في شهررمضان، و بما انه نزل منجما و الاراء متفقة على هذا، فيعني هذا ان له نزولان لامحالة. **ثانيا-** النقد الذي اوردناه اعلاه لبعض العلماء، حيال الرأي الاول وفيه من التحليل الذي يمكن الوقوف عنده. انه هناك طريقة اخرى نزلت بها هذه الايات. **ثالثا-** زيادة على هذا النقد و ما ذهب اليه هذا الفريق، نضيف بان نزول القرآن جملة واحدة او حتى نزوله حسب الرأي الثاني و الثالث، فيه قدرية كبيرة (تسيير للاحداث و البشر)، ليس فيه مجال لحرية الاختيار. و على سبيل المثال لا الحصر، إذا ما اخذنا (المجادلة او ابو لهب ..) والذي نزلت فيها ايات قرأنية، هل كان بأمكان هؤلاء، القيام بعكس ما قاموا به؟ الجواب: كلا؛ إذا ما كانت تلك الايات مكتوبة منذ الازل (بغض النظر عن قولنا في علم الله للغيب)، ومحالة ان يستطيعوا ان يغيروا شيئا طالما هي مدونة منذ الازل وينعدم مفهوم الحرية هنا والذي يؤكد عليه الله في كتابه؛ لذا يجب ان تكون الاية تنزل من هذا النوع بعد حدوث مستجد، وفيه الحرية الكافية وتحقيق لكلام الله ﴿...**وَمَا رَبُّكَ بِظَلَّامٍ لِّلْعَبِيدِ**﴾ فصلت: 46.

بعد أن عرفنا كيفية نزوله، لا بد لنا من معرفة مدة نزوله على النبي محمد . و كالعادة لم يتفق فيه العلماء المسلمون على قول واحد، و اختلفوا فيه على ثلاثة اقوال:

---

(1) القحطاني، محمد بن عبدالله، علوم القرآن عند ابن عبدالبر، رسالة ماجستير مقدمة كلية اصول الدين قسم القران وعلومه، الرياض، 1419هـ ، ص146-147.

1-أنــــــــه نزل في ثماني عشر سنـــة.

2-نزل في عشرين سنـــــــــــة.

3-نزل في ثلاث و عشرين سنــــــــــة.

ويذهب ابن جزي الكلبي (ت741هـ) ان سبب الخلاف هذا يعود الى الخلاف في سنة و فاة الرسول (ص) هل كان ابن 60 ام 63 سنـة[1]، بأعتبار انه كان ابن 40 سنـة عندما جاءه الوحي للمرة الاولى[2].

و الــرأي الارجــح حســب اكثريـــة الاراء هـــو 23 سنــــة، لانــه تـــوفي ولـــه 63 ســنة[3].ونضـيف هنــا امكانيــة تــرجيح الــرأي الثـــاني مــع الــرأي الاخيــر، وذلــك بســبب فتــور الــوحي لــثلاث ســنوات فــي بدايــة الــدعوة، لــذا نســتطيع القــول بأنــه، نــزل اجمـــالا في ثلاث وعشرين سنة وتحديدا في عشرين سنة.

و ينقســم نــزول القــرآن هــذا الـــى اقســام هـــي:" المكيـــة و المدينـــة، و الحضـــري و الســـفري، و النهـــاري والليلـــي، و

([1]) محمد صفاء حقي(الدكتور)، المرجع السابق، م2، ص55-56؛محمد الشايع (الدكتور)، المرجع السابق، ص40.

([2]) ابن كثير، المصدر السابق، ج1، ص388 و مابعده. و يورد هنا رواية مفادها انه كان اسرافيل هومن يعلم الرسول في الثلاث سنوات الاولى (فترة فتور الوحي) و من ثم جاء جبريل؛أبن أسحاق، المصدر السابق، ج2،ص50؛ محمد صفاء حقي(الدكتور)، المرجع السابق، م2، ص57.

- Ingvild Sælid Gilhus،op، cit.281; Tim Jensen، op، cit. 314.

([3]) أبــن هشـــام، عبـــدالملك، الســـيرة النبويـــة، حققـــه وضـــبطه مصـــطفى الســـقا وأخـــرون، ج1وج3، ط2، القـــاهرة، بـــلا،ت، ص234و ص625؛ هـــارون، عبدالســـلام، تهـــذيب ســـيرة ابـــن هشـــام، ط14، مؤسســـة الرســـالة، دار البحـــوث العلميـــة، الكويـــت، 1406هــــ- 1985م، ص49 وص330-336؛ بـــن حنبـــل، احمـــد بـــن حنبـــل ابـــو عبـــدالله الشـــيباني، مســـند الامـــام احمـــد بـــن حنبـــل، حققـــه شـــعيب الارنـــؤوط، ج1، مؤسســـة القرطبـــة، القـــاهرة، بـــلا.ت، ص249و 295؛ ابـــن كثيـــر، المصـــدر الســـابق، ج4، ص510 و مـــا بعـــده؛ المبـــاركفوري، صـــفي الـــدين، الرحيـــق المختـــوم، ط17، دار الوفـــاء للطباعـــة والنشـــر، مصـــر،- - 1426هــــ- 2005م، ص74؛ و جـــاء فـــي هـــذا للبخـــاري عـــن ابـــن عبـــاس قولـــه: " بعـــث رســـول الله (ص) لاربعـــين ســـنة، فمكـــث بمكـــة ثـــلاث عشـــر ســـنة يوصـــي اليـــه، ثـــم امـــر بـــالهجرة، فهـــاجر عشـــر ســـنين، و مـــات وهـــو ابـــن ثلاث و ستين" راجع:غانم قدوري الحمد(الدكتور)، المرجع السابق، ص28.

الصيفي والشتائي، الفراشي والنومي" (1). و في كل فترات وفصول النزول هذه، يهتم العلماء بالمكي منه و المدني، و ذلك بسبب الفترة الزمنية الطويلة الى حد ما بين اول اية نزولا واخر اية نزولا، وهذا ما يؤثر بالتالي على قضية مهمة جدا الا وهي معرفة الناسخ و المنسوخ من القرآن، لانه كما هو ظاهر بأن المنسوخ يأتي قبل الناسخ، لذا فمعرفة ايهما نزل اولا` لها اهمية كبيرة هنا . ولكن رغم كل هذا فلم يؤثر هذا الشيء في ترتيب سور القرآن الحالي او حتى أياته(2).وهذا ما سناتي اليه فيما بعد بشيء من التفصيل.

يقول القاضي ابو بكر الباقلاني: " .. إنما يرجع في معرفة المكي و المدني لحفظ الصحابة والتابعين ولم يرد على النبي (ص) في قول لانه لم يؤمر به... وإن وجب ذلك على اهل العلم معرفة تأريخ الناسخ و المنسوخ.."(3).

وقد اختلف اغلبية العلماء ايضا في تعاقب نزول الآيات اختلافاً كبيراً (اي تسلسلها)، و دراساتهم كانت غير كافية لان الآية الواحدة لم تنزل مرة واحدة بل تجدها في سور مكية وأخرى مدنية او انها مكية خالصة نزلت اياتها في

---

(1) السيوطي، المصدر السابق، ج1، ص21. -

-Eggen، Noras، Koranen، Solum Forlag، Oslo، 2007، S. 75; 99 spørsmal om islam، S.28.

(2) ولغرض التعرف على التسلسل الزمني للسور يراجع: الزركشي، المصدر السابق، ج1، ص193 وما بعده؛ ثيودور نولدكة، المرجع السابق، ج1، ص37؛ أو، سعادة انطوان، انطوان سعادة في مغتربة القسري. 1940-1942م، الاثار الكاملة، ج9(جنون الخلود)، يسيرون، بلا.ت، ملحق رقم2، ص305-306.

(3) الزركشي، المصدر السابق، ج1، ص191.

فتـرات متباعـدة و جمعـت فـي سـور واحـدة، أو ان آياتهـا مكيـة موجودة في سور مدنية و بالعكس[1].

ويقـول ابـو الحسـن بـن الحصـار فـي كتابـه الناسـخ والمنسـوخ: "المـدني بأتفـاق عشـرون سـورة، والمختلـف فيهـا إثنتـا عشـر سـورة، و مـا عـداها مكـي بأتفـاق" وقـد نظـم ترتيـب تلـك السـور مـن خـلال ابيـات مـن الشـعر[2].امـا عـدد سـور القـرآن فهـو 114 سـورة فـي القـران الموجـود اليـوم بـين ايـدينا، وهـي موزعـة حسـب الطـول مـا عـدا الفاتحـة فـي بدايـة القـران. و تتكـون السـور بالتـالي مـن ايـات تختلـف فيمـا بينهـا مـن حيـث الطـول والقصر و قسم القرآن الى 30 جزءاً و 60حزبا[3].

ولكن كان هناك من يعد السور بمئة وثلاثة عشرة سورة يجعل الانفال و البراءة سورة واحدة لعدم وجود (بسم الله الرحمن الرحيم) بينهما. اما مصحف عبدالله بن مسعود (ت32هـ)، عد بمئة واثنا عشرة سورة لانه لم يحتسب المعوذتين و في بعض الروايات مئة واحدى عشرة سورة لانه لم يحتسب الفاتحة ايضا من القرآن. اما مصحف أبي بن كعب (ت30هـ) كـان مئة وسـتة عشرة سـورة لانه كان يضـيف سورتـين لاخـره هما الحفـد والخلع[4]، و اخرج الطبـراني في رواية ان

([1]) صالح احمد العلي(الدكتور)، المرجع السابق، ج1، ص241-242.

([2]) السيوطي، المصدر السابق، ج1 ص40.

([3]) لغـرض مراجعـة تفاصـيل تلـك التقسـيمات يراجـع: ابـن الجـوزي، فنـون الافنـان... ، ص133 ص251-277، يقـول لاشـين بـان السـور غيـر مرتبـة علـى الترتيـب الـذي ذكـر اي الزمن و الطول او القصر راجع: شاهين لاشين، المرجع السابق، ص41؛

- Mats Bergenhorn، op، cit.28; Paul Lunde، op، cit.28.

([4]) سورة الخلع:"بسم الله الرحمن الرحيم، اللهم انا نستعينك ونستغفرك.ونثني عليك ولا نكفرك.ونخلع ونترك من يفجرك" سورة الحفد"بسم الله الرحمن الرحيم.اللهم اياك نعبد.ولك نصلي ونسجد.واليك نسعى ونحفد. نرجو رحمتك. ونخشى عذابك ان عذابك بالكفار لملحق".راجع: ثيودور نولدكه، المرجع السابق، م2، ص 266- 267.

السورتين كانتا موجودتين في مصحف علي بن ابي طالب ايضا[1]. وقد اخرجت هذه الرواية بطرق اخرى عديدة.

الشيء الاخر المتعلق بالسور هي اسماؤها، فكل سورة لها اسمها الخاص بها او اكثر من اسم واحد يدل عليه. ويبدو ان الاسم هومن اجتهاد وراي النبي و الصحابة اوجامعي ومدوني القران، كما سناتي اليه فيما بعد عند التحدث عن عملية الجمع.

يقول السيوطي في هذا الشان: " ينبغي النظر في اختصاص كل سورة بما سميت به، و لاشك ان العرب تراعي في كثير من المسميات اخذ اسمائها من نادر او مستغرب... و يسمون الجملة من الكلام او القصيدة الطويلة بما هو اشهر ما فيها و على ذلك جرت اسماء السور كتسمية سورة البقرة بهذا الاسم لقرينه قصة البقرة.. و مع هذا لم تفرد لموسى سورة تسمى به مع كثرة ذكره في القرآن حتى قال بعضهم كاد القران ان يكون كله لموسى..."[2]. هذا بالنسبة للسور، اما أي (ايات) القران فالبطبع هي الاخرى لم تسلم من عملية الاختلاف التي لم يسلم منه موضوع من مثل هذا المواضيع.

لقداختلف السلف في عدد آيات القران وسبب ذلك يرجع الا ان النبي كان يقف على رؤوس الآي للتوفيق فإذا علم محلها وصل للتمام، ولكن السامع لم يكن يحسبها أنها فاصلة[3].لقد اجمع المحصون لآي القرآن على انه ستة الاف آية، ثم اختلفوا في الزيادة على ذلك[4]) و الاختلافات هي:

([1]) ابن الجوزي، فنون الافنان... ، ص235؛ السيوطي، المصدر السابق،ج1، ص177-178.

([2]) السيوطي،المصدر نفسه، ج1، ص156-157؛ يقول لاشين بان التحقيق لم يثبت ان جميع اسماء السور هي من الرسول، و انما الثابت هو بعضه، و بعضها عن الصحابة او التابعين(وقد ناقشنا هذه النقطة في الفصل الثاني المبحث الاول.المؤلف).موسى شاهين لاشين(الدكتور)، المرجع السابق، ص37.

([3]) السيوطي، المصدر السابق ، ج1، ص182.

([4]) المصدر نفسه، ج1،ص182 ؛محمد صفاء حقي(الدكتور)، المرجع السابق،م 2، ص144؛ لقد جاء في احدى الروايات: " ان القران الذي جاء به جبريل الى محمد (ص) سبعة عشر الف آية". الكليني، المصدر السابق، ج4، ص446؛ ابن قرناس، الحديث و القران؛ منشورات الجمل، بغداد، 2008، ص508؛ يبدو لي ان هذا الكلام

- العد المدني الاول، في قول محمد بن عيسى: ستة آلاف آية[1].اما العد المدني الاخير في قول اسماعيل بن جعفر(6214 اية).

- العد المكي في قول الفضل بن شاذان (6214 اية).

- العد الكوفي في قول محمد بن عيسى (6236 آية)، وهو ما رواه سليم بن عيسى الكوفي و الكسائي و حمزة، واسنده الكسائي لعلي بن أبي طالب (ع).

- العد البصري، في قول محمد بن عيسى (6204 آية).

- العد الشامي، في قول يحيى بن حارث الذماري (6226 آية)، و في رواية تذكر نقص آية (6225 آية). قال ابن ذكوان: فظننت ان يحيى لم يعد ﴿ **بِسْمِ اللهِ الرَّحْمَنِ الرَّحِيمِ** ﴾[2].

له ما يؤيده في مكان اخر (سناتي اليه عند عد الحروف) باعتبار انه اذا ما نظرنا الى هذه الرواية نجد بان عدد الايات في الروايات الاخرى تبلغ ثلث ما هو وارد هنا. فاذا ما قارناه بالرواية الاخرى و الذي اخرجه الطبراني على لسان عمر بن الخطاب "القران الف الف حرف و سبعة و عشرون الف حرف فمن قراه صابرا محتسبا كان له بكل حرف زوجة من حور العين" (المصدر. راجع هامش 1 ص34 من الكتاب). ويظهر هنا ايضا اِن ماهو مذكور في الرواية يقارب الثلث ايضا (المؤلف).

[1] لقد ظهر لنا عند مراجعتنا لقسم من المصادر بان هناك اختلاف في هذا العدد، فهناك من يقول بان الآيات هي (6000) ثم اختلفوا في الكسر الزائد، و اخرون يقولون انها(6200) آية ثم اختلفوا في الكسر الزائد. و بعد التمعن ظهر لي بأن اغلب المراجع اعتمدت على السيوطي و غيره و هم اعتمدوا بدورهم على الداني(ت444هـ). لذا عند مراجعتي للداني رأيت بأنه يذكر (6217)في العد المدني الاول وليس (6000) كما يذكره السيوطي في الاتقان ج1 ص 182، اما ابن الجوزي فيذكره بـ(6200) في كتاب فنون الافنان ص 241. فلم نتوصل الى سبب هذا المغالطة التي يمكن لمن لديه المخطوطات او النسخ القديمة مقارنتها حتى يظهر الصحيح خوفا من ان يكون هناك خطأ في الطبعات الجديدة؛ ولمزيد من التحليل للروايات و الارقام يراجع: الداني، ابو عمر عثمان بن - - سعيد الاموي، البيان في عد آي القران، حققه غانم قدوري الحمد، مركز المخطوطات او التراث الكويت، 1414هـ-1994م، ص79.

[2] القرطبي، ابو عبدالله محمد بن احمد بن ابي بكر بن فرج الخزرجي شمس الدين، الجامع الاحكام القران، حققه هشام سمير البخاري،ج1، دار عالم الكتب، الرياض، -

عند مطالعة القران نجد بان ﴿ بِسْمِ اللهِ الرَّحْمَنِ الرَّحِيمِ ﴾ تتصدر كل سور القران ما عدا التوبة؛ و عند النظر للرواية اعلاه يظهر ان عدم ذكر ﴿ بِسْمِ اللهِ الرَّحْمَنِ الرَّحِيمِ ﴾ ينقص العدد اية واحدة و هو ما يفهم من الرواية، و كان يجب نقص 113 اية و ليست اية واحدة. لهذا يستنتج انه ﴿ بِسْمِ اللهِ الرَّحْمَنِ الرَّحِيمِ ﴾ كانت موجودة فقط في الفاتحة حسب ما ورد في بعض الروايات. فقد جاء عن ابن العباس: " اية من كتاب الله أغفلها الناس ﴿ بِسْمِ اللهِ الرَّحْمَنِ الرَّحِيمِ ﴾ "(1).

أما كلمات القرآن فقد اختلف في عددها أيضا بين الامصار الاسلامية مثل البصرة والكوفة والشام. و يقول السيوطي في هذا الاختلاف و سببه، ان الكلمة لها حقيقة و مجاز و لفظ و رسم و إعتبار، كل منها جائز و كل من العلماء اعتبر احد الجوائز. و يذكر ان العدد في رواية هي (77934) كلمة و في اخرى (77437) كلمة وفي اخرى (77277) كلمة و قيل غير ذلك(2).و في قول عطاء بن يسار هي (77437) كلمة، و في قول اخر له هو (79277) كلمة، اي فرق الفي كلمة مابين القولين وهو فرق شاسع(3).ويذكر الداني على

- 1423هـ-2003م، ص64-65؛ السيوطي، المصدر السابق، ج1، ص182؛ محمد صفاء حقي(الدكتور)، المصدر السابق، م2، ص144-146.

(1) و عن هذا الموضوع وهل تعتبر اية ام لا؟ اهي من الفاتحة او من كل السور؟ يراجع: الداني، المصدر السابق، ص 50- 57؛ الرازي، احمد بن علي ابو بكر الجصاص الحنفي، احكام القران، حققه عبدالسلام محمد علي شاهين، ج2، دار الكتب العلمية، بيروت، 1415هـ -1994م، ص7-19؛ ابن الجوزي، زاد المسير...، ج1،ص7-8؛ ابن الجوزي، فنون الافنان... ،ص278-327؛ ثيودور نولدكة، المرجع السابق، ج2،ص309-311.

(2) السيوطي، المصدر السابق، ج1،ص190.

(3) محمد صفاء حقي(الدكتور)، المرجع السابق، م2، ص149.

قـــول عطـــاء بـــن يســـار هـــي (77439)، وعـــن محمـــد بـــن عمـــرو الرومي قال بأنه (76641) كلمـة[1].

وسيكون التعداد الاخير في بحثنا هذا من نصيب الحروف، التي لم تسلم هي ايضا من الاختلافات بين العلماء و المصادر التي تناولت هذا الموضوع.

وروي عن سلام ابو محمد الحماني ان الحجاج بن يوسف جمع القراء و الحفاظ و الكتاب" فقال: اخبروني عن القرآن كله، كم حرف هو؟ قال: وكنت فيهم فحسبنا فاجمعنا على ان القرآن ثلاثة مئة الف حرف واربعون الف حرفا[2]، (340740حرفا)". اما في قول العطاء بن يسار (323015)حرفا و على قول ابن جريج حيث اكد على هذا القول سعيد بن جبير و مجاهد بعد عرضه عليهما، هو (323671 حرفا)، و عن يحيى بن حارث الذماري هو (321533حرفا)، وعن حمزة الزيات انه(321250 حرفا)، وعن محمد بن عمروا الرومي (363023حرفا) و عن ابن عباس (323671 حرفا) [3].

جاء عند الداني ان سبب الاختلافات بين العلماء يرجع الى: "قلت سبب اختلافها و اضطرابها واقع عندنا من جهة مرسوم الكلم في المصاحف الموجه بها الى الامصار من عثمان رضي الله عنه اذ كن يختلفن فيه بالزيادة و النقصان و الحذف و الاتمام و القطع و الوصل كثيرا الا ترى ان (كلما...و اينما...و ان لا... ولكيلا) و شبه ذلك قد جاء في بعضها مقطوعا و في بعضها موصولا فمن قطعه، عده كلمتين و من وصله عده كلمة واحدة و هكذا و سموه في بعضها في سورة البقرة ابراهيم جميع ما فيها بغير ياء و رسموا في بعضها بالياء ... فلهذا وقع الاختلاف و تفاوت العدد في جملة الكلم والحروف والله اعلم ...فلم اختلفوا في كلم فاتحة الكتاب و حروفها و المصاحف متفقة على مرسومها قلت ذلك فيها من قبل المرسوم

---

(1) الداني، المصدر السابق، ص73-74؛ القرطبي، المصدر السابق، ج1،ص65.

(2) الداني، المصدر السابق، ص74؛ محمد صفاء حقي(الدكتور)، المرجع السابق، م2، ص151.

(3) الداني، المصدر السابق، ص73-75.

بل من قبل اختلافهم في التسمية في اولها هل هي منها ام ليست منها فمن قال منهم هي منها و عدها اية فاصلة لذلك عد كلمها تسعا و عشرين و حروفها مئة و واحد و اربعين و من قال ليست منها ولم يعدها اية عد كلمها خمسا و عشرين و حروفها مئة و اثنتين و عشرين ..."[1].

يبدو لنا و حسب المصادر التي اطلعنا عليها و الحجج التي يحاول الكتاب دائما ايجادها لتبرير اي اختلاف، بأن الداني كان من استطاع ان يظهر اكثر الاسباب الحقيقية وراء تلك الاختلافات. وان ما قرأتموه اعلاه لهو من تلك الاسباب الرئيسية للاختلافات في تعداد الكلمات و الحروف بين المصاحف. ولكن ليست كل الاسباب، فيبدو بانه هناك اسباب اخرى تقف وراء تلك الاختلافات التي هي من الصعب علينا اوعلى الباحثين الاخرين إيجاد الاسباب دون الحصول على المخطوطات القرآنية الاولى او على مصدر جديد يعود لتلك الفترة لم يصل اليه يد المتلاعبين بالاخبار التاريخية. و نقول هذا و نحن متأكدين بأن ما ذهبنا اليه من رأي بسبب الفروق الشاسعة بين الاعداد المختلفة ما يصل في بعض المرات الى عدة الاف، وهذاماينم على ان هناك شيء اخر لم يذكره او يعرفه الداني (كوجود ايات او حذف ايات اخرى او ما شابه)[2]. فقد اخرج الطبراني عن عمر

([1]) الداني، المصدر نفسه، ص77-78؛ يورد سال في مقالته عن الاسلام (ص8-9) بأن عدد الايات اختلفت في المصادر او المصاحف ولكن الكلمات و الحروف كانت متشابهة في كل المصاحف. (وهذا كلام غريب لم نجده في اي مصدر ولاتؤيده الروايات، كما ان الاختلاف في عدد الايات يوجب الاختلاف في عدد الكلمات والحروف لا محال، المؤلف).

([2]) لقد قمنا بمقارنة بسيطة بين اكثر الروايات عددا و اقلها، فظهر لنا إن الفرق شاسع. فالفرق بين الروايات في عد ايات القران هي: اقله هو (6000 اية) المدني الاول، و اكثره ـــ 6236 العد الكوفي اي بفرق 236 اية (هذا اذا لم نأخذ الرواية التي جاءت في الاتقان عن ابي عبدالله بان القران هو سبعة عشر الف اية اي ما يقارب الثلاثة اضعاف. راجع هامش1، ص30). اما الكلمات فكانت الفرق بينها: اقله (76641 كلمة) على قول محمد بن عمرو الرومي، و اكثره (79277 كلمة) على قول عطاء بن يسار حسب ماذكره ابن الجوزي، اي بفرق (2636 كلمة)- راجع ص32- اما الحروف فكان الفرق هو: اقله(321250 حرفا) على قول حمزة الزيات و اكثره (363023 حرفا) على قول محمد بن عمر الرومي، اي فرق (41773 حرفا). هذا ان لم نحسب رواية الطبراني عن عمر بن الخطاب و التي يعدهابـ/1027000 الرواية اعلاه.

بن الخطاب مرفوعا القرآن الف الف حرف و سبعة و عشرون الف حرف فمن قرأه صابرا محتسبا كان له بكل حرف زوجة من حور العين[1].

الشيء الاخير الذي لابد من الاشارة اليه قبل الانتقال من هذا الموضوع، هو الحروف او فواتح السور او اسماء السور او الحروف المبهمة في اوائل السور مسميات تقرأها و تسمعها دائما من اصحاب هذه الدراسات والاراء. و هي تعتبر من اجزاء النص الاصلي للقران و تلك الحروف هي:

1-[الم] موجودة في سورة البقرة، ال عمران، العنكبوت، الروم، لقمان، السجدة.

2-[المص] في سورة الاعراف.

3-[الر] في سورة يونس، هود، يوسف، ابراهيم، الحجر.

4-[المر] في سورة الرعد.

5-[كهيعص] في سورة مريم.

6-[طه] في سورة طه.

7-[طس] في سورة النمل.

8-[يس] في سورة يس .

9-[ص] في سورة ص.

([1]) المتقي الهندي، المصدر السابق،ج1، ح2308 وح2426،، ص517؛ السيوطي، المصدر السابق، ج1، ص190. و عن الرواية يقول السيوطي رجاله ثقات الا محمد بن عبيد بن ادم ابي اياس، حيث تكلم فيه الذهبي بسبب هذا الحديث، و قد حمل ذلك على ما نسخ رسمه من القران الكريم ايضا اذ الموجود الان لايبلغ هذا العدد.

10-[صم]في سورة غافر، فصلت، الزخرف، الدخان، الجاشية، الاحقاف.

11-[حم،عسق] في سورة الشورى.

12-[ق] في سورة ق.

13-[ن] في سورة القلم.[1]

وقد حاول العلماء المسلمون و مفسروهم و المستعربون من بعدهم الكشف او تفسير او حل لغز و سر هذه الاحرف او الفواتح، دون الوصول الى نتيجة مرضية او مقنعة. و قد خلقت كثير من هذه الروايات و الاحاديث لتبرير تفسيراتهم و ما ذهبوا اليه.ونستطيع ان نوجز أهم هذه التفسيرات في :

1- تعتبر اسماءا للسور. 2- هي من اعجاز القران الكريم. 3- استخدمت للايقاظ والتنبيه.[2]

و قد قسم المستعرب الالماني نولدكه التفسيرات الاسلامية لمجموعتين و التي رأى بأنها جديرة بالاعتبار: الاولى مختصرات لكلمات او جمل مثل:

[الر] انا الله ارى او الرحمن .... مثال اخر [كهيعص] ففسروه ب (كاف، هاد، امين، عزيز، صادق) او (كريم، هاد، حكيم، عليم، صادق)[3]... اي ان كل اسم يستعاض بحرف يدل عليه وبذلك يظهر الكثير من الاراء باعتبار ان

([1]) القران الكريم.

([2]) شيخ زاده،المصدر السابق،ج1،ص69؛ للمزيد راجع: ابن قتيبة الدينوري، أبو محمد عبدالله بن مسلم، تأويل مشكل القرأن، حققه ابراهيم شمس الدين، دار الكتب العلمية، بيروت،2007م، ص183.

([3]) الزركشي، المصدر السابق، ج1، ص173؛ ثيودور نولدكه، المرجع السابق، ج2، ص300.

هذه التفسيرات تتحرك في مجال الامكانيات الغير المحدودة، ما عدا الحرف(ن) و الذي يعني الحوت[1].

المجموعة الثانية: تتفق على ان الحروف ليست اختصارات و تختلف و وجهات النظر في التقسيم:

أ- هي اسماء للنبي لايمكن تفسيرها.

ب- إشارات الى ارقام.

ج- وسائل تنبيه، لتوجيه النبي لصوت جبريل.

د- دليل على ان الوحي دون الابجدية العربية، فهي تشكل نصف الحروف (14) وتتضمن من كل انواع الاصوات.

هـ- فواصل بين السور[2].

والمتأمل في كل هذا يرى بأنها لا تأتي على اساس راسخ و علمي شأنها شأن المجموعة الاولى وهي لا تستند على دليل ثابت من القران او الحديث[3].

([1]) ثيودور نولدكه، المرجع نفسه، ج2،ص 301.

([2]) المرجع نفسه، ج2، ص302؛ للاستزادة راجع ايضا: الزركشي، المصدر السابق، ج1، ص164 و مابعده.

([3]) ثيودور نولدكه، المرجع السابق، ج2،ص303؛ لقد ورد في كتاب: الياس المر،المرجع السابق، ص217-218. تفسير لهذه الفواتح على اساس انها اشارات الى ارقام. و يقول بان [الم] مثلا - - عبارة عن (امر لي مريو) اي (امر لي الرب) وهي من فواتح النبوئات عند الانبياء السابقين و التي كانت تبدأ بعبارة: امر لي مريو الارامية: اي قال لي الرب. المثال الاخر هو:(كهيعص)، فيورد بانها كانت وسيلة للتعارف بين المسيحين الاوائل بعد ان كانوا ملاحقين و معذوبين ومتشردين...و ذلك نقلا عن المستشرقين القدماء (بدون ذكر اسماء هؤلاء المستشرقين). و يقول بانها اي (كهيعص) تمثل عدديا كلمتي (المسيح الهي). و ذلك باستعمال الاعداد بدلا من الاحرف مثل: أ=1 ،ب=2، ك=20، ص=90، غ=1000 وهكذا دواليك؛ عندما قمنا بمقارنة الارقام مع المثالين عدة مرات ظهرلنا صحة حساباته. ولكن مع هذا لا يبدو أن الامر صحيحا او منطقيا من هذا المنظور و ذلك بسبب اولا- لكان الياس المر قد اظهر لنا بقية الفواتح و مصادرها ولم يكن ليكتفي بالمثالين.(وقد حاولنا تطبيقها على ماجاء من مصطلحات واسماء في الكتاب المقدس ولكن دون الوصول الي اي نتيجة). ثانيا- لايعقل ان الرسول محمد استخدم هذه المصطلحات في القران وهو يعرف ان مصدرها هي اليهودية او المسيحية. اذا ما اخذنا جدلا ما ذهب اليه الكاتب، وذلك باعتبار ان هذه الحروف كانت ستكون -

و يرى نولدكه بأنها (الفواتح) علامات ملكية و ضعها اصحاب النسخ التي استخدمت في اول جمع قام به زيد بن ثابت، و صارت فيما بعد جزءا` من شكل القرآن النهائي بسبب الاهمال لا غير، و خاصة عندما نرى بأن هذه الاحرف لا تاتي الا على رأس السور. ثم تخلى نولدكه عن رايه هذا بعد حين الى راي اخر بأن النبي محمد كتب تلك الحروف كي يشير بصورة سرية الى الاصل السماوي للقرآن. فحروف كهذه هي بالتأكيد ذات وقع مهم في آذن رجل لا يعرف الكتابة بقدر[1].

ولا نرى بان نولدكه قد وفق فيما ذهب اليه من رأي لانه قد وقع في نفس ما وقع فيه الاخرون من خطأ وسوء فهم. والذي حاول ثيودور نولدكه ان ينتقدهم ويعتبر ان ارائهم اعتباطية ولا تستند الى ادلة من القران او الحديث.

ويذكر الداني بأنه وحسب الروايات التي جاءت عن علي بن ابي طالب، بأنه كان يعدها آيات واورد روايات كثيرة تؤيد الرواية هذه. ثم يذكر بأنه اختلف اهل الامصار في بعضها ولم يعدوها من الايات[2].

اولا – ما ياتي بعده، اخبار عن شيء يخص اما الكتاب (القران) او الله و صفاته.

ثانيا – يعطيك قراءة الايات الاولى بأنه عبارة عن احرف استخدمت أما لتأكيد شيء ما او كقسم ، او الاثنين معا. (المؤلف).

([2]) الداني، المصدر السابق، ص58-60 وما بعدها للمزيد من الروايات والتفاصيل المتعلقة به.

ثانياً: الوحي

لا يمكن فهم ماهية القران دون فهم الوحي و ماهيته. بإعتباره الطريق الذي من خلاله يتصل به الله بانبيائه و رسله. ويعد من اهم الموضوعات القرانية لما له من ارتباط رئيسي و مباشر مع القران.

اما معنى الوحي في لسان الشرع،هو ان يعلم ويبلغ الله من أصطفاه من عباده كل ما اراد اطلاعه عليه من الوان الهداية والعلم، بطريقة خفية غير معتادة للبشر[1].وللوحي انواع شتى:

1- أن يكون مكالمة بين العبد و ربه، كما كلم الله موسى.

2- او هو الهام يقذفه الله في قلب مصطفاه.كما جاء في قوله تعالى: ﴿ **وَأَوْحَيْنَا إِلَى أُمِّ مُوسَى أَنْ أَرْضِعِيهِ فَإِذَا خِفْتِ عَلَيْهِ فَأَلْقِيهِ فِي الْيَمِّ وَلَا تَخَافِي وَلَا تَحْزَنِي** ﴾ القصص: ٧ .

3- منها ما يكون رؤيا صادقة. كما جاء في الحديث" اول ما بدء به رسول الله من الوحي الرؤيا الصادقة في النوم وكان لا يرى رؤيا الا جاءت مثل فلق الصبح".

---

(1) احمد عبدالاخر(الدكتور)، المرجع السابق، ج1، ص29-30؛ و يورد: القطان، مناع، مباحث في علوم القران، ط35، مؤسسة الرسالة، بيروت، 1418هـ-1998م، ص29. بأن المعنى اللغوي للوحي هو: 1-الالهام الفطري للانسان، كالوحي الى ام موسى. 2-الالهام الغريزي للحيوان، كالوحي للنحل (النحل:68). 3-الاشارة السريعة على سبيل الرمز و الايحاء، كالايحاء لزكريا فيما حكاه القران عنه (مريم:11). 4-وسوسة الشيطان و تزينه الشر في نفس الانسان (الانعام:112و121). 5-وما يلقيه الله لملائكته من امر ليفعلوه (الانفال:12).

4-منــــه مـا يكون بواسطة جبريــل (أمـين الـوحي)، وهـو اشهر الانواع و أكثرها ووحي القران كله من هذا القبيل[1].

و بما اننا بصدد الحديث عن الوحي القراني، لذا نورد هنا كيفية نزول الوحي على الرسول و اشكاله، و هي:

1- يأتيه الملك مثل صلصلة الجرس .

2- وحي جبريل في روع النبي.

3- يأتيه الملك في النوم (الرؤيا الصادقة).

4- جبريــل فـي صـورتـه الحقيقيـة و التـي ظهـر فيهـا مـرتين فقط.

5- جبريــل فـي صـورة الرجل،كمـا جـاء فـي الروايـة (يتمثـل لي الملك رجلا فيكلمني فأعي ما اقول).

6- يكلمـه الله أمـا فـي اليقظـة كمـا فـي ليلـة الاسـراء والمعـراج او في النوم[2].

يقـول السـيوطي بـان الجـزء الاكبـر مـن القـران نـزل نهاراً[1]. امـا ثيـودور نولدكـه يـرى حسـب المرويـات التـي جـاءت عـن الوحي بان معظم الوحي كان يحدث ليلا[2].

---

(1) الزرقاني، محمـد عبدالعظيم، مناهـل العرفـان فـي علـوم القـران، ط2، دار الكتـب العلميـة، بيـروت، 2004م، ص41؛ احمـد عبدالاخر(الـدكتور)، المرجـع السـابق، ج1،ص30؛ صـالح احمد العلي(الدكتور)، المرجع السابق، ج1، ص278.

(2) مالـك بن انس،المصدر السـابق، ج1، ح475، ص202؛ السـيوطي، المصدر السـابق، ج1، ص127-128؛ ثيـودور نولدكـه، المرجع السـابق، ج1، ص21-22؛ السهيلي،المصدر السـابق،ج2، ص257-259؛ صفي الديـن المباكفوري، المرجـع السـابق، ص78-79؛ محمد عمر حوية(الدكتور) ،المرجـع السـابق، ص28؛ منـاع القطـان، المرجـع السـابق، ص32-35؛ غانـم فدورى الحمد، المرجع السـابق، ص22-26؛ محمد عبدالله القحطاني، المرجـع السـابق، ص112-120؛ والذي تدل عليه الروايات في هذا الموضوع ان القران كله نزل على الرسول في الحالة التـي يكون فيه الوحي على شكل صلصلة الجرس، ويقول في هذا ابن عبد البر بانه لم يقف على روايـة تفيـد بنـزول القـران عـن طريـق اخرغيـر هـذا الطريـق. نقـلا عـن: محمدعبدالله القحطاني(الـدكتور)،المرجـع السـابق،ص129.

وبعد أطلاعنا على انواع الوحي وكيفية نزوله، لا بد من معرفة نقطة مهمة اخرى الا وهو كيفية تلقي جبريل نفسه للوحي اولا؟ هل كان من الله مباشرة او بواسطة؟ وهناك ثلاثة اقوال ومذاهب :

1- ان جبريل تلقفه سماعا` من الله بلفظه المخصوص.

2- ان جبريل حفظه من اللوح المحفوظ، وهو كتاب كتب فيه الله مقادير الخلق قبل أن يخلقهم وهو مستودع مشيئاته. و تقدير عام لكل ما هو كائن إلى يوم القيامة ، والقران هو من جملة ما هو محفوظ فيه.

3- القي المعنى لجبريل اي بواسطة، والالفاظ لجبريل و لمحمد[3].

و الرأي الاول هو الرأي الذي يتفق عليه اكثرية العلماء. اما الاخير، فاننا نرى بانه كلام خطير و يعرض القران و مصداقيته للنقد. باعتبار ان القران وباتفاق المذاهب و العلماء، هو الذي انزله الله تعالى معناً ولفظاً على الرسول محمد عن طريق الوحي، لذلك فلا نراه و المبدأ الذي يقوم عليه نزول القرآن بتاتا كما اننا لم نرى دليلا على هذا الكلام من اي مصدراخر وعلى هذا الوجه. وهو رأي غريب.

أول واخر مانزل من الوحي:

فبالنسبة لاول مانزل على محمد من الوحي، فيه اختلاف على أربعة اقوال مشهورة وهي:

آ- سورة العلق: قال تعالى: ﴿ **اقْرَأْ بِاسْمِ ...**﴾[1]. وهو من اشهر الاقوال واكثرها قبولا بين العلماء المسلمين و

([1]) السيوطي. المصدر السابق.ج1، ص65.

([2]) ثيودورنولدكه، المرجع السابق، ج1، ص25.

([3]) مناع القطان، المرجع السابق، ص31.

الدارسين لهذا الموضوع، و تؤيده اكثر الاحاديث و الروايات الواردة في كتب الحديث.

ب-سورة المدثر: قال تعالى: ﴿ **يَا أَيُّهَا الْمُدَّثِّرُ** ﴿1﴾﴾ [2]

ج-الفاتحة: قال تعالى ﴿ **الْحَمْدُ لِلَّهِ رَبِّ الْعَالَمِينَ** ﴿2﴾﴾. وبعضهم يرى بأنها الآية الاولى منه أي قوله تعالى ﴿ **بِسْمِ اللَّهِ الرَّحْمَنِ الرَّحِيمِ**﴾[3].

يبدو لنا ايضا من خلال الروايات والاحاديث بأنه لاشك في ان الرأي الاول هو الأرجح و الاصح من بين كل الاقوال. و

([1]) ابن الجوزي، زاد المسير، ج1، ص5؛ السهيلي، المصدر السابق، ج2، ص259-260؛ الواحدي، المصدر السابق، ص5-6؛ ابن كثير، المصدر السابق، ص386و 392و 403و 405و407و 412؛ الذهبي، شمس الدين محمد بن احمد بن عثمان، تأريخ الاسلام و وفيات المشاهير والاعلام، تحقيق د.عمر عبدالسلام التدمري، ج1، دار الكتب العربي، بيروت، - - 1407هـ-1987م، ص117؛ السيوطي،المصدر السابق، ج1، ص74؛ صفي الدين المباركفوري، المرجع السابق، ص75 محمود، د.عبدالحليم، القران و النبي، ط3، دار المعارف، القاهرة، 1990م، ص140و 240؛ احمد عبدالعظيم الزرقاني، المرجع السابق، ص57؛

- Noras Eggen، op، cit.58; Ingvild Sælid Gilhus، op، cit.281.

([2]) الواحدي، المصدر السابق، ص6-7؛ الزركشي، المصدر السابق، ج1، ص206-207؛ ابن كثير؛ المصدر السابق، ج1، ص409 و 413؛ السيوطي،المصدر السابق، ج1،ص75 ؛ الذهبي، المصدرالسابق، ج1، ص125؛ ابن الجوزي، زاد المسير..، ج1، ص5؛ محمد صفاء حقي(الدكتور)، المرجع السابق، م2، ص57؛ موسى شاهين لاشين(الدكتور)، المرجع السابق، ص31؛ مناع القطان، المرجع السابق، ص60؛ احمد عبدالعظيم الزرقاني، المرجع السابق، ص57.

([3]) الطبري، المصدر السابق،ج1،ص113-115؛ الزركشي، المصدر السابق، خ1، ص208-209؛ ابن كثير، المصدر السابق، ج1، ص399؛ ابن الجوزي، زاد المسير، ج1، ص5؛ محمد صفاء حقي (الدكتور)، المرجع السابق، م2، ص57؛ مناع القطان، المرجع السابق، ص60، احمد عبدالعظيم الزرقاني، المرجع السابق، ص58-59؛ وللاستزادة في مراجعة الروايات و الاحاديث راجع: السيوطي، المصدر السابق، ج1، ص74-77؛ محمد عمر حوية (الدكتور)، المرجع السابق، ص59-62.

اذا ما حسبنا ﴿بِسْمِ اللهِ الرَّحْمَنِ الرَّحِيمِ﴾ آية من القرآن في بداية كل سورة فهذا يعني انه لا فرق بين الرأيان الاول و بسم الله الرحمن الرحيم باعتباره جزءأ` من كل سورة في القران، فهو قول يبدأ به عند قراءة أيةِ آيةٍ من القران. ولذا عند هذه الحالة نرجح الراي الاول و الاخير ﴿بِسْمِ اللهِ الرَّحْمَنِ الرَّحِيمِ﴾ كرأي واحد، وليس رأيان.

اما اخر مانزل من القرآن الكريم على الرسول، اختلف فيه على ستة اقوال مشهورة:

1-آية الربا البقرة:.278

2-سورة البقرة: آية .281

3-سورة البقرة: آية .282

4-آية الكلالة النساء: .176

5-سورة التوبة .128،129

6-سورة آل عمران: آية 195.[1]

نرجح هنا رأي السيوطي القائل بأن الآيات الاخيرة من البقرة قد نزلت دفعة واحدة. ويبدو لنا ان هذا هو السبب الذي ادى الى وجود هذه الروايات التي تتعلق بالايات الاخيرة من سورة البقرة: الايات 278و281و282 ، وقد اعتبر صاحب كل قول من هذه الاقوال بان الاية التي ذكرها

([1]) الواحدي، المصدر السابق، ص8؛ الزركشي، المصدر السابق، ج209،1-210؛ ابن الجوزي، زاد المسير ...، ص6؛ السيوطي، المصدر السابق، ج1، ص82-86،محمد صفاء حقي(الدكتور)، المرجع السابق، م2،ص55-56؛ مناع القطان، المرجع السابق، ص63-64 ؛ احمد عبالعظيم الزرقاني، المرجع السابق، ص59-60؛ ويضيف الذهبي ان اخر مانزل من القران في رواية انه سورة النصر {اذا جاء نصر الله...}. المصدر السابق، ج1، ص409.

هي الايـــة الاخيـــرة. وبمفهــوم اخــر اي ان روايـاتهم كانــت مبتـورة ، كـل قـال بايـة واحـدة ولـم يكمـل، فلـذا نـرجح هنـا ان الاقــوال الثلاثـة الاولـــى هـي اقــوال تكمــل بعضــها البـعض وتكون رأيا وقولا واحدا.

مواضيع ذات صلة:

هناك عده مواضيع نعتقد بأنها من الضروري الالمام بها قليلا قبل الانتهاء من موضوع الوحي، واول هذه المواضيع هي قضية التواتر في الوحي القرآني. والقول المتفق عليه والذي لا خلاف فيه بين العلماء المسلمين، أن كل ما هو من القران يجب ان يكون متواترا في اصله و اجزائه. فما نقل احادا اي عن طريق ورواية واحدة ولم يتواتر، لايعتبر من الوحي القراني. و قد ذهب كثير من الاصوليين الى ان التواتر شرط في ثبوت السور والايات القرانية، ولكن هذا التواتر ليس شرطاً في محله ووضعه وترتيبه في القران، وعلى هذا الاساس ذهب الامام الشافعي في اثبات البسملة في كل سور القران. اما المالكية و غيرهم ممن أنكروا البسملة قد بنوا رأيهم على هذا الاصل (اي التواتر في محله ووضعه وترتيبه)، وذلك بأعتبار انها اي البسملة لم تتواتر في اوائل السور و مالم يتواتر فهو ليس بقران. اما السيوطي فقد ذهب الا انها متواترة، ويكفي في تواتر البسملة وجودها وثبوتها في مصاحف الصحابة، والذين كانوا حريصين على ان لا يكتب في مصاحفهم الا ما هو قران مثل اسماء السور، ويزيد على هذا انه اذا ما قيل ان البسملة كتبت للفصل بين السور، يرد ويقول: حين ذلك نقول: لكتبت بين سورتي الانفال و براءة[1].

الموضـوع الاخـر المتعلـق بالوحـي، هـو مـا يسمونه بنـزول الـوحي علـى لسـان الصحابة. ولكـن السيوطي يـرى بانـه فـي حقيقـة الامـر نـوع مـن اسبـاب النـزول و الاصـل فـي هـذه التسـمية هـي موافقـات عمـر بـن الخطـاب للـوحي[2].فقدجـاء عـن

---

[1] السيوطي، المصدر السابق، ج1، ص209-210؛ راجع ايضا:شيرازي ، المصدر السابق، م1، ص128 وما بعده.

[2] السيوطي، المصدر السابق، ج1،ص101.

انس بن مالك قال " قال عمر: وافقت ربي في ثلاث قلت: يا رسول الله لو اتخذنا من مقام ابراهيم مصلى و قلت : يا رسول الله ان نساءك يدخلن عليهم البر و الفاجر فلو امرتهن ان يتحجبن فنزلت آية الحجاب و اجتمع على رسول الله نساؤه في الغيرة فقلت لهن لعل ربه ان يبدله ازواجا خيرا منكن فنزلت كذلك"(1) و اخرج مسلم عن ابن عمر عن عمر قال: " وافقت ربي في ثلاث في الحجاب و اساري بدر و في مقام ابراهيم"(2). كما اخرج ابن ابي حاتم عن انس قال: قال عمر: "وافقت ربي او وافقني ربي في اربع... نزلت هذه الاية ولقد خلقنا الانسان من سلالة من طين الاية فلما نزلت قلت أنا: تبارك الله احسن الخالقين فنزلت كذلك"(3). و اخرج عن عبدالرحمن بن ابي ليلى ان يهوديا لقي بن الخطاب "فقال: ان جبريل الذي يذكره صاحبكم عدو لنا فقال عمر من كان عدو الله و ملائكته ورسله وجبريل و ميكائيل فان الله عدو للكافرين فنزلت علي لسان عمر"(4). و اخرج سنيد المصيصي المحتسب (ت226هـ) في تفسيره عن سعيد بن جبير ان سعد بن معاذ لما سمع ما قيل في امر عائشة قال سبحانك هذا بهتان عظيم فنزلت كذلك (5).وقد ورد بنفس المعنى ولكن بطرق مختلفة و اختلاف قائلها.

---

(1) الذهبي، المصدر السابق، ج3، ص261؛ بن حنبل، المصدر السابق، ج1، ص25، السيوطي، جلالالدين عبدالرحمن بن أبي بكر، تأريخ الخلفاء، أتنى به وأخرج أحاديثه ياسر رمضان ومحمد يوسف، دار أبن الهيثم، عمان،1427هـ- 2006م، ص78.

(2) السيوطي،الاتقان...، ج1، ص101؛ السيوطي، تأريخ الخلفاء، ص79.

(3) الاتقان...، ج1، ص101-102؛ تأريخ الخلفاء، ص79. ويورد رواية تصل فيها تلك الموافقات الى 21 حالة. ص79.

(4) الاتقان...، ج1،ص102.

(5) الاتقان...، ج1، ص102؛ المحروفي، محمد احمد، المنتخب المستطاب من مناقب عمر بن الخطاب، كتاب مخطوط ومصور، بلا. م، 1228هـ، ص8-10، و لايذكر الكاتب سوى مثالين الاول في اسرى بدر و الثاني في الصلاة على عبدالله بن ابي.

وجاء ايضا في هذا الباب انه لما مات (عبدالله بن أبي) دعي الرسول للصلاة عليه فقام عمر يريده ان لايصلي على عدو الله ولكن الرسول أبى. و يقول عجبت لجرأتي على رسول الله فوالله ما كان يسيرا حتى انزلت الاية:84 من سورة التوبة قال تعالى: ﴿**وَلاَ تُصَلِّ عَلَى أَحَدٍ مِّنْهُم مَّاتَ أَبَدًا وَلاَ تَقُمْ عَلَىَ قَبْرِهِ ...**﴾، فما صلى بعده الرسول على منافق [1]. و يذكر صاحب الاتقان في علوم القران ايضا ماجاء على لسان غير الله كالنبي و جبريل والملائكة. مثل قوله تعالى ﴿ **قَدْ جَاءكُم بَصَآئِرُ مِن رَّبِّكُمْ ... وَمَا أَنَاْ عَلَيْكُم بِحَفِيظٍ﴿104﴾**﴾ الأنعام: ١٠٤ (على لسان الرسول). و: قوله تعالى ﴿ **وَمَا نَتَنَزَّلُ إِلَّا بِأَمْرِ رَبِّكَ... ﴿64﴾**﴾ مريم: ٦٤ (على لسان جبريل). و:قوله تعالى ﴿ **وَمَا مِنَّا إِلَّا لَهُ مَقَامٌ مَّعْلُومٌ ﴿164﴾ وَإِنَّا لَنَحْنُ الصَّافُّونَ ﴿165﴾ وَإِنَّا لَنَحْنُ الْمُسَبِّحُونَ﴿166﴾**﴾ الصافات: ١٦٤ - ١٦٦ (على لسان الملائكة) [2].

اما اخر هذه المواضيع الذي نريد الاشارة اليه قبل الخروج من هذا الموضوع هو ما يسمى بمراجعة جبريل للقرآن كل سنة مع النبي، و في السنة الاخيرة تقول الروايات بانه عرضه عليه مرتين[3]، و القصد هو اعادة ما نزل من

---

(1) أبن هشام، سيرة إبن هشام، ج3، ص553؛ المحروفي، المصدر السابق،ص10؛ محمد عبدالله دراز، المرجع السابق، ص27؛ خالد. خالد محمد، خلفاء الرسول، دار المقطم، القاهرة، 1970م، ص100؛ عند مراجعتنا للروايات التي قيلت في عمر بن الخطاب رأينا، ان الموافقات وصلت الى اربع حالات و آيتين، رغم انه يقول وافقني ربي في ثلاث أو أربع دائما(المؤلف).

(2) راجع للمزيد: السيوطي، الاتقان...، ج1، ص102-103.

(3) الزركشي، المصدر السابق، ج1،ص232؛ صفي الدين المباركفوري؛ المرجع السابق، ص399؛ محمد عمر حويه(الدكتور)، المرجع السابق، ص4؛ بوكاي، موريس، التوراة و الانجيل و القران و العلم، ترجمة نخبة من الدعاة، بيروت، 1978م، ص121؛

-Noras Eggen، op، cit.78;

يورد جرجس سال، المرجع السابق، ص20. بان جبريل كان يعرض على محمد في كل سنة مرة بمصحف مجلد بالحرير محلى بالذهب و جواهر الجنة و قد تكرم عليه في اخر -

القـــران مـــع الرســـول تاكيـــدا علـــى عـــدم نســـيانه وضـــياعه و اعلامـــه بناســـخه و منســـوخه وترتيـــب اياتـــه. ويـــرى اغلـــب العلمـــاء المســـلمين بـــأن القـــرآن الـــذي بـــين ايـــدينا اليـــوم هـــو نتـــاج تلـــك العرضـــة الاخيـــرة. وســـنأتي الـــى هـــذا الموضـــوع مجـــددا عنـــد الحديث عن جمع القران لذا نكتفي بهذا القدر.

- سـنة مـن عمـره بـأن متعـه بـالنظر اليـه مـرتين. (وهـو حـديث غريـب فـي تفاصـيله لـم نـراه فـي اي كتـاب او مصـدر، ولـم تـورد مثـل هـذه التفاصـيل فـي ايـة روايـة فـي هـذا الموضـوع. وللاسف لم يشير الى مصدر معلومته هذا للتاكد و الرجوع اليه. المؤلف).

المبحث الثاني

الاحرف السبعـــــــــــــة

ان موضوع الحروف السبعة التي جائت في الروايات و الاحاديث، تعد من الموضوعات المعقدة جدا و الذي يؤدي بالباحث الى متاهات كثيرة، ان لم يستطيع اختيار الطريقة المناسبة لدراستها. وذلك بسبب كثرة الاراء التي قيل فيها بدون او بوجود دليل عليها. وهو بالمقابل من الموضوعات المهمة التي لا يمكن لباحث في علوم القرآن الا ان يتناولها ويلم بها حتى يستطيع فهم القرآن بشكل صحيح او بالاحرى تاريخه. و المشكلة انه رغم الكم الهائل من الكتب والرسائل و المقالات في هذا الموضوع الا انه ما زال على حاله و ليس الا ترديدا لم يسبقه من اراء. و انا لا نرى السبب الا الخوف من الدخول في مثل هذه المواضيع و ابداء الرأي فيها، وخاصة عندما يكون هذا الرأي خارج المنظومة الفكرية للعلماء المسلمين. لذا نرى ان المستعربين اصبحوا ضليعين اكثر من المسلمين في ايجاد كل جديد فيما يخص كتابهم المقدس، لما لديهم من حرية التفكير و الاستنتاج.

هناك كم هائل من الاحاديث والروايات عن هذا الموضوع، و لايخلوا منه كتاب من الكتب المتعلقة بمثل هذه المواضيع مثل كتب الحديث. ولكثرتها و تكرار مضامينها رأينا بان نورد اكثر هذه الروايات تداولا بين الكتاب و اخترت من كل اشكال الروايات الموجودة، محاولين عدم التكرار عندما يكون المضمون متشابها. المهم هنا اننا رأينا من المصلحة ايراد هذه الروايات و الاحاديث حتى يسهل مقارنتها او الخروج باستنتاج جديد او تبني رأي ما. و الروايات هي:

1-عن ابي هريرة قال: قال رسول الله (ص): انزل القرآن على سبعة احرف، عليم حكيم، غفور رحيم[1].

---

(1) الطبري، المصدر السابق، ج1، ص22.

2- عن ابي هريرة، ان رسول الله (ص) قال: انزل القرآن على سبعة احرف، فالمراء في القرآن كفر ثلاث مرات ... فيما عرفتم منه فاعلموا به، و ماجهلتم منه فردوه الى عالمه[1].

3- عن عبدالله بن مسعود قال: قال رسول الله (ص) انزل القرآن على سبعة احرف، لكل حرف ظهر وبطن، ولكل حرف حد، ولكل حد مطلع[2].

4- عن عبدالله بن مسعود قال: اختلف رجلان في سورة، فقال هذا: اقرانى النبي (ص). وقال هذا: اقراني النبي (ص). فاتى النبي (ص) فاخبر بذلك، قال فتغير وجهه، و عنده رجل فقال: اقرأوا كما علمتم – فلا ادري ابشيء أمر ام شيء ابتدعه من قبل نفسه .. فانما اهلك من كان قبلكم اختلافهم على انبيائهم قال: فقام كل رجل منا وهو لا يقرأ على قراءة صاحبه. نحو هذا و معناه[3].

5- عن عبدالله بن مسعود: تمارينا في سورة من القران، فقلنا: خمس و ثلاثون او ست وثلاثون اية. قال: فانطلقنا الى رسول الله (ص) فوجدنا علي (ع) يناجيه قال: فقلنا: انا اختلفنا في القراءة. قال: فاحمر وجه رسول الله (ص) و قال: انما هلك من كان قبلكم باختلافهم بينهم قال: ثم اسر الي علي (ع) شيئا فقال لنا علي (ع): ان رسول الله (ص) يأمركم ان تقرؤا كما علمتم[4].

---

(1) المصدر نفسه، ج1، ص22؛ المتقي الهندي، المصدر السابق، ج2، ح3086، ص530؛ احمد عبدالعظيم الزرقاني، المرجع السابق، ص85.

(2) الطبري، المصدر السابق، ج1، ص22؛ السيوطي، جلال الدين عبدالرحمن بن ابي بكر، الفتح الكبير في ضم الزيادة الى الجامع الصغير، حققه يوسف النبهاني، ج1، دار الفكر، بيروت، 1423هـ-2003م، ص261؛ اليسابوري، نظام الدين الحسن بن محمد بن حسين القمي، غرائب القرآن ورغائب الفرقان، حققه زكريا عميران، ج1، دار الكتب العلمية، بيروت، 1416هـ-1996م، ص23.

(3) الطبري، المصدر السابق، ج1، ص23.

(4) الطبري، المصدر السابق، ج1، ص23-24.

6- عن عروة بن الزبير: ان المسور بن مخرمة و عبدالرحمن بن عبدالقارئ اخبراه: انهما سمعا عمر بن الخطاب (رض) يقول: سمعت هشام بن حكيم يقرأ سورة الفرقان في حياة رسول الله (ص) فاستمعت لقراءته فإذا هو يقرأها على حروف كثيرة لم يقرئينها رسول الله (ص) فكدت اساوره في الصلاة، فتصبرت حتى سلم، فلما سلم لبثته بردائه فقلت: من اقرأك هذه السورة التي سمعتك تقرأها؟ قال: اقرأنيها رسول الله (ص): فقلت كذبت، فوالله ان رسول الله (ص) لهو اقرأني هذه السورة التي سمعتك تقرأها: فأنطلقت به اقوده الى رسول الله (ص) فقلت يا رسول الله، اني سمعت هذا يقرأ سورة الفرقان على حروف لم تقرأنيها، و أنت اقرأتني سورة الفرقان: قال: فقال رسول الله (ص): ارسله يا عمر، اقرأ يا هشام فقرأ عليه القراءة التي سمعته يقرؤها. فقال رسول الله (ص): هكذا انزلت. ثم قال رسول الله (ص): اقرأ يا عمر فقراءت القراءة التي اقرأني رسول الله (ص). فقال رسول الله (ص): هكذا انزلت. ثم قال رسول الله (ص): ان هذا القرآن انزل على سبعة احرف، فأقرءوا ماتيسر منها[1].

([1]) الطبري، المصدر السابق، ج1، ص24-25؛ البخاري، محمد بن اسماعيل بن ابراهيم بن المغيرة، الجامع المسند الصحيح المختصر من امور رسول الله صلى الله عليه و سلم وسننه و ايامه، حققه محمد زهير بن ناصر الناصر، ج3، دار طوق النجاة، بلا. م، 1422هـ، ص122،ح2419؛ مسلم ، بن حجاج ابو الحسين القشيري النيسابوري، صحيح مسلم، حققه محمد فؤاد عبدالباقي، ج1، دار احياء التراث العربي، بيروت، بلا. ت، ح818، ص559، باب ان القران نزل على سبعة احرف؛ ابن الاثير، محمدالدين ابو العادات المبارك بن محمد الجزري، جامع الاصول في احاديث الرسول، حققه عبدالقادر الارنؤوط، ج2، الناشرون: مكتبة الحلواني، مطبعة الملاح. مكتبة دار البيان، بلا.م، تم طبع كل اجزائه ما بين عام 1969 و حتى 1972م ، ص477؛ النيسابوري، المصدر السابق، ج1، ص9؛ ابن حجر العسقلاني، ابو الفضل احمد بن - - علي بن محمد بن احمد ، فتح الباري في شرح صحيح البخاري، حققه عبدالعزيز بن عبدالله بن بازو محب الدين الخطيب، ج9، دار الفكر، مصور عن الطبعة السلفية، بلا. م، بلا. ت، ح4992، ص24؛ بن حنبل، المصدر السابق، ص41؛ القرطبي، المصدر السابق، ج1،ص48؛ تعليقات على القرآن، سلسلة الهداية، العدد الرابع، نور الحياة، النمسا، بلا. ت، ص52.

7- عـن اسـحاق بـن عبـدالله بـن ابـي طلحـة، عـن ابيـه عـن جـده، قـال: قـرأ رجـل عنـد عمـربن الخطـاب (رض) فغيـر عليـه، فقـال: لقـد قـرأت علـى رسـول الله (ص) فلـم يغيـر علـي: قـال: فاختصـما عنـد النبـي (ص) فقـال: يارسـول الله، الـم تقرأنـي ايـة كـذا وكـذا؟ قـال: بلـى: قـال فوقـع فـي صـدر عمـر شـيء، فعـرف النبـي (ص) ذلـك فـي وجهـه، قـال: فضـرب صـدره وقـال: أبعـد شـيطانا- قالهـا ثـلاث- ثـم قـال: يـا عمـر، ان القـرآن كلـه صـواب، مالم تجعل رحمة عذابا او عذابا رحمة[1].

8- عـن ابـن عمـر، قـال: سـمع عمـر بـن الخطـاب (رض) رجـلا يقـرأ القـرآن، فسـمع آيـة علـى غيـر مـا سـمع النبـي (ص) فـأتى بـه عمـر الـى النبـي (ص) فقـال: يارسـول الله، ان هـذا قـرأ آيـة كـذا و كـذا. فقـال رسـول الله (ص): انـزل القـرآن علـى سـبعة احرف كلها شاف كاف[2].

9- عـن علقمـة النخعـي ، قـال: لمـا أُخـرج عبـدالله بـن مسـعود مـن الكوفـة اجتمـع اليـه اصـحابه فـودعهم، ثـم قـال: لا تنـازعوا فـي القـرآن، فأنـه لا يختلـف و لا يتلاشـى، و لايتغيـر لكثـرة الـرد، و ان شـريعة الاسـلام وحـدوده وفرائضـه فيـه واحـدة، ولـو كـان شـيء مـن الحـرفين ينهـي عـن شـيء يـأمر بـه الأخـر، كـان ذلـك الأخـتلاف. ولكـن جـامع ذلـك كلـه، لاتختلـف فيـه الحـدود ولا الفـرائض، و لاشـيء مـن شـرائع الاسـلام. ولقـد رأينـا نتنـازع فيـه عنـد رسـول الله (ص)، فيأمرنـا فنقـرأ عليـه، فيخبرنـا إن كلنـا محسـن .... فمـن قـرأ علـى قراءتـي فـلا يـدعنها رغبـة عنهـا، و مـن قـرأ علـى شـيء مـن هـذه الحـروف فـلا يدعنه رغبة عنه، فأنه من جحد بأية جحد به كله[3].

([1]) الطبري، المصدر السابق، ج1، ص25-26؛ مناع القطان، المرجع السابق، ص144.

([2]) الطبري، المصدر السابق، ج1، ص26.

([3]) الطبري، المصدر السابق، ج1،ص28.

10- عن ابن عباس قال:ان رسول الله (ص) قال: اقرأني جبريل على حرف، فراجعته، فلم ازل استزيده فيزيدني حتى انتهى الى سبعة احرف[1]. قال ابن شهاب: بلغني إن تلك السبعة احرف انما هي في الامر الذي يكون واحداً، لا يختلف في حلال ولاحرام[2].

11- عن سفيان بن عينة عن عبيدالله عن ابيه قال: ان ام ايوب اخبرته ان النبي (ص) قال: انزل القرآن على سبعة احرف ايها قرأت أصبت[3].

12- عن سليمان بن صرد الخزاعي، قال: اتاني ملكان فقال احدهما: اقرأ قال: على كم قال: على حرف، قال: زده. حتى انتهى به الى سبعة احرف[4].

13- عن أبي بن كعب قال: رحت الى المسجد. فسمعت رجلا يقرا فقلت: من اقرأك؟ فقال: رسول الله (ص) فانطلقت به الى رسول الله (ص)، فقلت: استقرئني هذا قال: فقرأ، فقال: احسنت. قال فقلت: انك اقرأتني كذا و كذا: فقال: و انت قد احسنت. قال فقلت: قد احسنت: قد احسنت: قال: فضرب بيده على صدري ثم قال: الهم اذهب عن ابي الشك.

([1]) المصدر نفسه، ج1، ص29و31؛ السيوطي، الفتح الكبير..، ج1، ص205؛ السيوطي، الاتقان..، ج1، ص130؛ ابن حجر العسقلاني، المصدر السابق، ج9، ح4991و 2491 و 4992و 5041و 6939و 561، 819، ص24؛ الاندلسي، ابي عبيدالله محمد بن شريح الرعيني، الكافي في القراءات السبع، حققه احمد محمود عبدالسميع الشافعي، دار الكتب العلمية، بيروت، 1421هـ- 2000م، ص13؛ محمد عابد الجابري(الدكتور)، المرجع السابق، ص173؛محمد عمر حويه(الدكتور)، المرجع السابق، ص41؛ احمد عبالعظيم الزرقاني، المرجع السابق، ص83؛ مناع القطان، المرجع السابق، ص139؛ محمد صفاء حقي(الدكتور)، المرجع السابق، م2، ص316.

([2]) الطبري، المصدر السابق، ج1، ص29؛ الزركشي، المصدر السابق، ص211؛ ابن الاثير، المصدر السابق، ج2، ص483.

([3]) الطبري، المصدر السابق، ص30و 31و 32.

([4]) المصدر نفسه، ج1، ص30.

قال: ففضت عرقا، و امتلاء جوفي فرقا، ثم قال: ان الملكين اتياني، فقال احدهما أقرأ القرأن على حرف. وقال الاخر: زده. قال: فقلت زدني. قال: اقرأه على حرفين. حتى بلغ سبعة احرف، فقال: اقرأ على سبعة احرف[1].

14- عن أبي بن كعب قال: لقي رسول الله (ص) جبريل عند احجار المراء فقال: اني بعثت الى أمة أُميين، منهم الغلام و الخادم و الشيخ والعانس و العجوز، فقال جبريل: فليقرؤا القران على سبعة احرف[2].

15- عن عبدالرحمن بن ابي بكرة، عن ابيه، قال: قال رسول الله (ص): قال جبريل: اقرأوا القران على حرف. فقال ميكائيل: استزده. فقال: على حرفين. حتى بلغ ستة او سبعة احرف، فقال: كلها شاف كاف، مالم يختم اية عذاب برحمة، او اية رحمة بعذاب. كقولك: هلم و تعالى[3].

16- عن ابي جهيم الانصاري، اخبر ان رجلين اختلفا في اية من القران، فقال هذا: تلقيتها من رسول الله (ص) و قال

---

(1) ذكر اكثر من احدى عشرة رواية بطرق و اسانيد مختلفة وبنفس المعنى، راجع: الطبري، المصدر السابق، ج1، ص32-43؛ ابن حجر العسقلاني، المصدر السابق، ج9، ص24؛ مسلم، المصدر السابق، ج1 ،ح820، ص562؛ الزركشي، المصدر السابق، ج1،ص211-212؛ القرطبي، المصدر السابق، ج1، ص48؛ ابن الاثير، المصدر السابق،ج2،ص478-479؛ ابن حجر العسقلاني، ابو الفضل احمد بن علي بن محمد بن احمد، اطراف المسند المعتلي بأطراف المسند الحنبلي، ج1، دار ابن كثير- دار الكلم العربي، دمشق- بيروت، بلا.ت، ص188؛ محمد صفاء حقي(الدكتور)، المرجع السابق، م2، ص314-315؛ جرجس سال، المرجع السابق، ص10.

(2) الطبري، المصدر السابق، ج1، ص35؛ القرطبي، المصدر السابق، ج1، ص42؛ ابن الاثير، المصدر السابق، ج2، ص479؛ المتقي الهندي، المصدر السابق، ج2، ح3107، ص57؛ ابو زيد، محمد شرعي، جمع القران في مراحله التاريخية من العصر النبوي الى العصر الحديث، رسالة ماجستير مقدمة لكلية الشريعة، جامعة الكويت، 1419هـ، ص194.

(3) الطبري، المصدر السابق، ج1، ص43؛ السيوطي، الاتقان... ، ج1، ص133؛ ابن حجر العسقلاني، فتح الباري...، ج9، ص24؛ القرطبي، المصدر السابق،ج1، ص42؛ محمد صفاء حقي(الدكتور)، المرجع السابق، م2، ص318.

الاخــر تلقيتهــا مــن رســول الله (ص)، فسـألا رسـول الله (ص) فقـال رسـول الله (ص): ان القـران انـزل علـى سـبعة احـرف، فلاتماروا في القران، فان المراء فيه كفر[1].

17- عـن عـروة بـن دينـار قـال: قـال رسـول الله (ص): أنـزل القران على سبعة احرف كلها شاف كاف[2].

18- عـن ابـي العاليـة، قـال: قـرأ رسـول الله (ص) مـن كـل خمـسٍ رجـل، فـاختلفو فـي اللغـة، فرضـي قـراءتهم كلهـم، فكـان بنو تميم اعرب القوم[3].

19- عـن ابـي هريرة:قـال رسـول الله (ص): ان هـذا القـران انـزل علـى سـبعة احـرف، فـأقرؤا ولا حـرج، ولكـن لا تختمـوا ذكر رحمة بعذاب، ولا ذكر عذاب برحمة[4].

20- عـن سـعيد بـن المسـيب: ان الـذي ذكـر الله تعـالى ذكـره [انــه قــال]: قــال تعــالى: ﴿... **إِنَّمَــا يُعَلِّمُــهُ بَشَــرٌ... ﴿103﴾**﴾ سـورة النحـل: 103 انمـا افـتن انـه كـان يكتـب الـوحي، فكـان يملـي عليـه رسـول الله (ص): سـميع علـيم، او عزيـز حكـيم، او غيـر ذلـك مـن خـواتم الاي، ثـم يشـتغل عنـه رسـول الله (ص) و هـو علـى الـوحي، فيسـتفهم رسـول الله (ص) فيقـول: اعزيـز حكـيم، او سـميع علـيم، او عزيـز علـيم؟ فيقـول لـه رسـول الله (ص): اي ذلـك كتبـت فهـو كـذلك. ففتنـه ذلـك، فقـال: ان محمـدا وكـل ذلـك لـي، فاكتـب مـا شـئت، وهـو مـن الـذي ذكـره لـي سـعيد

([1]) الطبري، المصدر السابق، ج1، 43-44.

([2]) المصدر نفسه، ج1، ص44-45.

([3]) نفس المصدر، ج1، ص45.

([4]) الطبري، المصدر السابق، ج1، 46؛ الزركشي، المصدر السابق،ج1، ص212.

بن المسيب من الحروف السبعة[1]. ويورد في تفسير سورة النحل: 103 بغير هذه الزيادة الموجودة بين قوسين معقوفين.

21- عن عثمان بن عفان قال على المنبر "اذكر الله رجلا سمع النبي (ص) قال: ان القران انزل على سبعة احرف كلها كاف شاف لما قام فقاموا حتى لم يحصدوا فشهدوا بذلك فقال: و انا اشهد معهم..."[2].

22- عن الاعمش قال: " قرأ انس هذه الاية قال تعالى: **"إِنَّ نَاشِئَةَ اللَّيْلِ هِيَ أَشَدُّ وَطْءًا وَأصوب قِيلًا"** المزمل:6 فقال له بعض القوم: يا ابا حمزة، انما هي"و اقوم" فقال"اقوم و اصوب واهيأ واحد"[3].

23- عن طريق عون بن عبدالله ان ابن مسعود اقرأ رجلا ان شجرة الزقوم طعام الاثيم فقال: الرجل طعام اليتيم فردها فلم يستقم بها لسانه فقال: اتستطيع ان تقول طعام الفاجر قال نعم قال فافعل[4].

([1]) الطبري، المصدر السابق،ج1، ص54. وقد ورد في الهامش ان كاتب الوحي هذا هو عبدالله بن سعد بن ابي سرح العامري القرشي (وليس الاعجمي كما يذكره اخرون). و قد ارتد عن الاسلام وقيل ان الله ذكره في الانعام: 93 ﴿**وَمَنْ أَظْلَمُ مِمَّنِ افْتَرَى عَلَى اللهِ كَذِبًا أَوْ قَالَ أُوْحِيَ إِلَيَّ وَلَمْ يُوحَ إِلَيْهِ شَيْءٌ وَمَن قَالَ سَأُنزِلُ مِثْلَ مَا أَنزَلَ اللهُ** ... ﴿**93**﴾﴾.

([2]) السيوطي، الاتقان...، چ1، ص130؛ محمد عمر حويه (الدكتور)، المرجع السابق، ص40؛ احمد عبدالعظيم الزرقاني، المرجع السابق، ص82.

([3]) مناع القطان، المرجع السابق، ص145.

([4]) السيوطي، الاتقان ...، ج1،ص133؛المتقي الهندي، المصدر السابق، ج2، ح4874، ص608؛ لمراجعة كل تلك الاحاديث والروايات واسانيدها يراجع: الطبري، المصدر السابق، ج1،ص22 ومابعده؛ ايضا: السيوطي، الفتح الكبير.. ،چ1، ص205و مابعده. و قد قرأنا حديثين غريبين وهما عن سمرة بن جندب: "انزل القرآن على ثلاثة احرف"،نفس المصدر، ج1، ص205؛ المتقي الهندي، المصدر السابق، ج2، ح3087 وح3088، ص53.

نكتفي بهذا القدر من الروايات و الاحاديث، والتي هي من اشهرها عند العلماء المسلمين والتي وقعت عليه اعيننا، و الباقي لا يخرج على هذا النمط والشكل. غير ان طرقها واسانيدها تختلف ولكن ما يهمنا هنا هو المضمون وليس الطريق الذي جاءت منه.

اما حديث السبعة احرف هي من رواية قسم من الصحابة هم: معاذ بن جبل، عمر بن الخطاب، أبي بن كعب، عبدالله بن مسعود، عبدالرحمن بن عوف، عثمان بن عفان، حذيفة بن اليمان، ابو ايوب الانصاري، سمرة بن جندب، ابو هريرة، سليمان بن صرد، زيد بن ارقم، عبدالله بن عباس، ، عمر بن ابي سلمة، عمرو بن العاص، هشام بن حكيم، انس بن مالك، ابو بكرة، ابو جهم، ابو سعيد الخدري، ابو طلحة الانصاري، هؤلاء هم احد وعشرون صحابيا، ولذلك فقد نص ابو عبيد القاسم (224هـ) على تواتر الحديث[1].

وقد اختلف في معنى هذا الاحاديث والروايات على نحو اربعين قولا، و عن ابن حيان بان اهل العلم اختلفوا في معناه حتى وصلوا الى خمس وثلاثين قولا[2]. و رأيت انه من الضرورة ايراد هذه الاراء و بأختصار، حتى يستطيع القاريء معرفة قولنا باختلاف العلماء و الى اي حد ذهبوا في استنتاجاتهم. والاقوال هي:

1- زجر وامر و حلال و حرام ومحكم و متشابه و امثال.

---

[1] السيوطي، الاتقان...، ج1، ص133.

[2] ابن حجر العسقلاني، فتح الباري.. ج9، ص23؛ الزركشي، المصدر السابق، ج1، ص212، القرطبي، المصدر السابق، ص42؛ الاتقان...، ج1، ص130؛محمد عابد الجابري(الدكتور)، المرجع السابق، ص173؛ تعليقات عن القران، المرجع السابق، ص52.

2- حـــلال و حـــرام وامـــر ونهـــي وزجـــر وخبـــر مـــاهو كـــائن و امثال.

3- وعد ووعيد وحلال و حرام و مواعظ وامثال و احتجاج.

4- امر ونهي و بشارة و نذارة و اخبار وامثال.

9- حلال و حرام و افتتاح و اخبار و فضائل و عقوبات.

10- اوامـــر و زواجـــر و امثـــال و انبـــاء و عتـــب ووعـــظ و قصص.

11- حـــلال و حـــرام و امثـــال و منصـــوص و قصـــص و اباحات.

12- ظهـــر و بطـــن و فـــرض نـــدب و خصـــوص و عمـــوم و امثال.

13- امر و نهي ووعد ووعيد واباحة وارشاد واعتبار.

14- مقـــدم و مـــؤخر و فـــراءض و حـــدود و مـــواعظ و متشــابه و امثال.

15- مفسر و مجمل و مقضي و ندب و حتم و امثال.

16- امـــر حـــتم و امرنـــدب و نهـــي حـــتم و نهـــي نـــدب و اخبـــار واباحات.

17- امـــر فـــرض ونهـــي حـــتم و امـــر نـــدب و نهـــي مرشـــد ووعـــد ووعيد وقصص.

18- سـبع جهـــات لا يتعـداها الكـــلام لفـــظ خـــاص اريـــد بـــه الخــاص ولفـظ عــام اريـد بـــه العــام ولفـظ عــام اريـد بـــه الخـاص ولفـظ خــاص اريـــد بـــه العــام يستغني بتنزيلـــه عـــن تأويلـــه ولفـظ لا يعلم فقهه الا العلماء ولفظ لا يعلم معناه الا الراسخون.

56

19- اظهـــار الربوبيــة واثبـــات الوحدانيـــة وتعظيـــم الالوهيــة و التعبـــد لله و مجانيـــة الاشـــراك و الترغيـــب فـــي الثـــواب و الترهيب من العقاب.

20- ســبع لغـــآت منهـــا خمـــس مـــن هـــوازن و اثنتـــان مـــن ســـائر العرب.

21- ســبع لغـــات متفرقـــة لجميـــع العـــرب كـــل حـــرف منهـــا لقبيلــة مشهورة.

22- سبع لغات اربع لعجز هوازن و ثلاث لقريش.

23- ســبع لغـــات لغـــة لقريـــش ولغـــة لليـــمن ولغـــة لجـــرهم ولغـــة لهوازن ولغـة لفضاعةو لغة لتميم ولغة لطيء .

24- لغـــة الكعبـــين كعـــب بـــن عمـــرو وكعـــب بـــن لـــؤي ولهـمـا ســبع لغات.

25- اللغـــات المختلفـــة لاحيـــاء العـــرب فـــي معنـــى واحـــد مثـــل هلـــم و هات و تعال واقبل.

26- ســبع قـــراءات لسبـــع مـــن الصحابـــة ،ابـــي بكرالصـــديق و عمـــر بـــن الخطـــاب وعثمـــان بـــن عفـــان وعلـــي بـــن ابـــي طالـــب و عبدالله بن مسعود و عبدالله بن عباس و ابي بن كعب عنهم.

27- همز و امالة وفتح و كسر و تفخيم ومد و قصر.

28- تصـــريف و مصـــادر و عـــروض وغريـــب وسجـــع ولغـــات مختلفة كلها في شيء واحد.

29- كلمـــة واحـــدة تعـــرب بســـبعة اوجـــه حتـــى يكون المعنـــى واحد حتى وان اختلف اللفظ.

30- امهـــات الهجـــاء الالـــف واليـــاء والجيـــم والـــدال والـــراء والسين والعين لان عليها تدور جوامع كلام العرب.

31- انها في اسماء الرب مثل الغفور الرحيم والسميع البصير والعليم والحكيم.

32- اية في صفات الذات واية تفسيرها في اية اخرى و اية بيانها في السنة الصحيحة و اية في قصة الانبياء و الرسل واية في خلق الاشياء و اية في وصف الجنة واية في وصف النار.

33- وصف الصانع و اثبات الوحدانية و اثبات صفاته و اثبات رسله و اثبات كتبه و اثبات الاسلام و نفي الكفر.

34- سبع جهات من صفات الذات لله لا تصح عليها التكييف.

35- الايمان بالله و مباينة الشرك و اثبات الاوامر و مجانبة الزواجر والثبات على الايمان وتحريم ما حرم الله و طاعة الرسول(1).

هذا وبعد ان اوردنا كل هذاه الاراء المختلفة المتشابكة وهي في اكثرها لا تستند الى دليل من القران او الحديث، لذا يصبح من الصعب معرفة سبب كل هذه الاختلافات و لماذاحدثت؟ لان هناك روايات اوردناه سابقا عن الاحرف السبعة، وهي مشهورة عند علماء الحديث و علوم القران، وهي لاتحتمل كل هذه الوجوه من الاراء.

ولكن عند التمعن في كل هذه الاراء ظهر لنا سببان يمكن ان يكونا دافعين رئيسين لكل هذه الاختلافات:

_____

(1) ابن حجر العسقلاني، فتح الباري.. ، ج9،ص24 وما بعده؛ السيوطي، الاتقان..،ج1،ص137-139. ويذكر في ص139 قوله عن المرسي :"هذه الوجوه اكثرها متداخلة ولا ادري مستندها ولا عمن نقلت و لا ادري لمن خص كل واحد منهم هذه الاحرف بما ذكر مع ان كلها موجودة في القران فلا ادري معنى التخصيص و فيها اشياء لا افهم معناها على الحقيقة و اكثرها يعارضه حديث عمر مع هشام بن حكيم الذي في الصحيح فأنهما لم يختلفا في تفسيره ولا احكامه و انما اختلفا في قراءة حروفه..".

1- هو عدم معرفة اصحاب هذه الاراء لتلك الاحاديث عن الاحرف السبعة، وعدم اطلاعهم عليها.

2- ان الاختلافات حدثت في اكثرها بسبب الاشكال على البعض في ان معنى الحروف السبعة هي القراءات السبعة المشهورة للمصحف. و قد ظهر لنا هذا (كما اوردنا اعلاه) لبعد الاراء عن مضمون الروايات و الاحاديث الواردة في هذا الموضوع، و اقترابها اكثر من فكرة القراءات و ان لم يكن لتلك الاراء امكانية تطبيقها حتى على القراءات بكل جوانبها. والشيء الاخر الذي دفعنا الى هذا الاستنتاج هو ما اورده علماء علوم القران و المختصون في القراءات، بان بعضهم قد ذهب الى فكرة ان الاحرف السبعة هي القراءات السبعة.

يقول ابو عبيدالله الاندلسي في هذا الخصوص: "قد يلتبس على الكثير من الناس ان الاحرف السبعة هي القراءات السبعة او القراءات العشرة، فيتوهم ذلك، و لدفع الالتباس، و هذا التوهم نقول: إن الاحرف السبعة نزلت في بداية الامر تسهيلا على الامة.. و خلاصة ذلك ان قراءات الائمة السبعة بل العشرة التي يقرأ بها الناس اليوم هي جزء من الاحرف السبعة التي نزل بها القران..."[1].

([1]) الكافي في القراءات السبع، ص15؛ و القراءات السبع الذي نتحدث عنها هي:

أ- قراءة نافع (نافع بن عبدالرحمن بن ابي نعيم الليثي ت169-170هـ/786م المدينة).

ب- قراءة ابن كثير (عبدالله بن كثير المكي ت120هـ/738م مكة).

ج-قراءة ابو عمرو (زبان بن العلاء بن عمار بن العريان المازني التميمي ت154هـ/771م البصرة).

د- قراءة ابن عامر (عبدالله بن عامر الشامي اليحصبي ت737/118م دمشق).

هـ- قراءة عاصم (عاصم بن بهدلة ابو النجود الاسدي ت127-128هـ/746م الكوفة).

و- قراءة حمزة (حمزة بن حبيب بن عمارة الزيات ت156هـ/773 الكوفة). -

يقـــول الزركشـــي(ت 794هــــ) ان القـــران و القـــراءات حقيقتـــان متغايرتـــان فـــالقران هـــو الـــوحي المنـــزل علـــى محمـــد (ص) للبيـــان والاعجـــاز و القـــراءات اخـــتلاف الفـــاظ الـــوحي المـــذكور فـــي الحـــروف او كيفيتهـــا مـــن تخفيـــف و تشـــديد و غيرهمـــا و القراءات السبع متواترة عند الجمهور وقيل بل مشهورة[1].

ويقـــول ابـــو شـــامة شـــهاب الـــدين الدمشـــقي الشـــافعي (ت665هــــ) " ظـــن قـــوم ان القـــراءات الســـبع الموجـــودة الان هـــي التـــي اريدت في الحديث وهو خلاف اهل العلم قاطبة"[2].

اما الرأي الذي ذهبت اليه طائفة من اهل العلم مثل الطبري(310هـ) و ابن عبد ربه(ت328هـ) هو ان القرآن نزل على سبعة اوجه (او لغات او الفاظ) من الكلام المتفق معناها المختلف لفظه، نحو: هلم وتعال و عجل و اقبل و نحو ذلك من الكلام. فهو كلام متفق مفهومه مختلف مسموعه وهو

- س- قـــراءة الكســـائي (ابـــو الحســـن علـــى بـــن حمـــزة ت189هــــ/805م الكوفـــة). امـــا القراءتـــان المشـــهورتان التـــي بقيتـــا حتـــى اليـــوم همـــا:قراءة نـــافع عـــن طريـــق تلميـــذه و راويـــه (ورش، عثمـــان بـــن ســـعيد المصـــري ت197هــــ/821م). و قـــراءة عاصـــم عـــن طريـــق تلميـــذه و راويـــه (حفـــص، ابـــو عمـــر بـــن ســـليمان بـــن المغيـــرة الاســـدي الكـــوفي ت180هــــ/805م)؛ ولمراجعـــة تفاصـــيل القـــراءات و مـــا يتعلـــق بهـــا، يراجـــع: المصـــدر نفســـه، ص16 ومـــا بعـــده؛ ابـــن الاثيـــر، المصـــدر الســـابق، ج2، ص485 و مـــا بعـــده؛ والنيســـابوري، المصـــدر الســـابق، ج1، ص10-13؛ثيـــودور نولدكـــه، المرجـــع الســـابق ،ج3، ص595 ومـــا بعـــده و ص617 ومـــا بعده؛

- Noras Eggen، op، cit.93.

(1) قـــال الكواشـــي: كـــل مـــا صـــح ســـنده و اســـتقام وجهـــه فـــي العربيـــة ووافـــق خـــط المصـــحف الامـــام فهـــو مـــن الســـبعة المنصوصـــة و متـــي مافقـــد شـــرطا مـــن الثلاثـــة فهـــو الشـــاذ. الســـيوطي، الاتقـــان...، ج2، ص214و216 ؛ يقـــول نـــافع فـــي روايـــة " قـــرأت علـــى ســـبعين مـــن التـــابعين فمـــا اجتمـــع عليـــه اثنـــان اخذتـــه، و ماشـــذ فيـــه واحـــد تركتـــه، حتـــى الفـــت هـــذه القـــراءة ".ثيـــودور نولدكه، المرجع السابق، ج3، ص576.

(2) القرطبـــي، المصـــدر الســـابق، ج1، ص46؛ محمـــد شـــرعي ابـــو زيـــد، المرجـــع الســـابق، ص202؛ يقـــول الطبـــري: "اخـــتلاف القـــراء إنمـــا هـــو كلـــه علـــى حـــرف واحـــد مـــن الاحـــرف الســـبعة التـــي نـــزل بهـــا القـــران، و هـــو الحـــرف الـــذي كتـــب عليـــه المصـــحف".محمد عابـــد الجابري(الدكتور)، المرجع السابق، ص174.

التفسير الوحيد الذي يسلم من الاعتراضات التي ترد على غيره من الاقوال[1].

وهذا وبعد ان اوردنا كل هذه الروايات و الاراء المختلفة، يظهر لنا بأن الكثير من هذه الاقوال والاراء بعيدة كل البعد عن مضمون تلك الروايات و الاحاديث المتعلقة بالحروف السبعة، الا القليل منها التي يمكن ان تكون افكاراً الى حد ما مقبولة وان لم تكن صحيحة. ويمكن الخروج هنا ببعض الاستنتاجات، و التي نرجو ان تسهم في توضيح الصورة بشكل افضل. ومن جملة الامور التي توصلنا اليها هي:

1- عدم وجود ذكر وقت حدوث نزول القرآن على سبعة احرف. لكن الظاهر هو انه لم يكن في بداية الدعوة وانما يمكن ان تكون قد تأخر الى مرحلة المدينة. و ذلك بسبب: اولا: وجود اشخاص في الروايات لم يعتنقوا الاسلام منذ بداياته. ثانيا: وجود حالات تؤيد بأن المسلمين كانوا يصلون في المسجد، وهومالم يكن موجودا او متوفرا في مكة. ثالثا: كان من السهل على المسلمين معرفة نزول القرآن على سبعة احرف في مكة بسبب عددهم القليل. وهنا يتبادر او يخطر ببالنا سؤال الا وهو هل ان السور المكية وهي

---

(1) النيسابوري، المصدر السابق، ج1، ص23-24؛ محمد صفاء حقي(الدكتور)، المرجع السابق، م2، ص320و 397؛ محمد عابد الجابري(الدكتور)، المرجع السابق، ص177؛ محمد عبدالله القحطاني(الدكتور)،المرجع السابق، ص176؛ وقد جاء في هذا الباب قول اخر لابن قتيبة (ومثله لابن الجزري و القاضي ابي الطيب و الرازي)، يقول فيه: "و لازلت استشكل هذا الحديث (اي حديث السبعة احرف) و افكر فيه و امعن النظر من نيف و ثلاثين سنة... يرجع اختلافها الى سبعة اوجه من الاختلاف، لا يخرج عنها، و ذلك اما في الحركات بلاتغيير في المعنى و الصورة.. او تغيير في المعنى فقط... وأما في الحروف بتغيير في المعنى لا في الصورة... او في التقديم و التأخير... او في الزيادة و النقصان نحو"واوصى ووصى" فهذه سبعة اوجه لا يخرج الاختلاف عنها...". بن قتيبة الدينوري، ابو محمد عبدالله بن مسلم، تاويل مشكل القرأن،حققه ابراهيم شمس الدين،دار الكتب العلمية،بيروت، 2007، ص31-32؛ ويضيف الزرقاني هنا، بأن الرازي جمع اختلافات هؤلاء في ستة اوجه ثم اضاف وجها اخر انفرد به وهو: اختلاف اللهجات (اللغات) كالفتح و الامالة و الترقيق و التفخيم و الاظهار و الادغام و نحو ذلك. راجع : احمد عبدالعظيم الزرقاني، المرجع السابق، ص91-94؛ كذلك: تعليقات على القرآن، المرجع السابق، ص52.

الاولى نزولا كانت ذات حروف سبعة ام لا؟ ام أن حروفها الباقية قد نزلت بعد إقرار الحروف السبعة؟

2- والشيء الاكثر غرابة هو عدم معرفة البعض من كبار الصحابة و المقربين لشخص الرسول بقضية نزول القرآن على سبعة احرف، رغم تكرار حدوثه لعدة من الصحابة و بحضور الرسول. أيمكن انهم لم يكونوا يتحدثون بامور مهمة كهذه لبعضهم البعض؟ لكن قوة علاقاتهم و قربهم للرسول و اسلوب حياتهم لاتؤيد البتة فكرة انهم لم يكونوا يعرفون بأمر مهم كهذا، وهذا التناقض يدفعنا الى الشك في حقيقة الروايات.

3- أمن المعقول ان الرسول لم يخبر المسلمين بهذه الحادثة فور وقوعها بشكل عام اوعلى الاقل لاصحابه، بأعتباره من اهم قضايا القرآن وقراءته.؟ وكيف هي نزلت كي يسهل على المسلمين قراءة القرآن، وبالتالي لا يعرف المسلمون شيئا عنها ؟ كما انه لا تورد في القرآن أية تصرح بهذا الشئ المهم مثل قضية الناسخ والمنسوخ؟ والشئ الاخر ان الرسول كان يحمر وجهه عندما يسمع بتلك الاختلافات حتى كان يصل الى حد ان علي بن ابي طالب يجيب عنه والظاهر هنا ان علي بن ابي طالب هو الوحيد الذي كان يعرف بهذه القضية. الم يفكر الرسول بأن ينهي المشكلة من جذورها ويصرح عنها لكل المسلمين بدلا من تكرار حادثة سماعه من صحابي لاخر، حتى وصل الامر بدخول الشك في صدر احد كبار الصحابة و احسنهم قراءة. فكيف بالمسلمين العاديين.

4- كيف لنا ان نقتنع براويات تذكر جهل كتاب الوحي لقضية مهمة كهذه؟!! أيعقل لكاتب الوحي ان يجهل مثل هذا الامر المهم؟ الم يصادف مرة انهم كتبوا اية نزلت على حرف اخر سبق ان كتبت؟ هذا الا اذا افترضنا ان القرآن لم يكن يدون على كل الحروف و انما على حرف واحد فقط.

5- كيف يمكن ان يكون هناك تواتر كما صرح به بعض العلماء المسلمين، فقط من اجل وجود كلمة الاحرف السبعة في الروايات والأحاديث، وان كان المضمون مختلفا، بدليل كل تلك الاراء و الاقوال التي ظهرت في تفسيرها. كما انه ظهر لنا بعد اطلاعنا على المصادر ان اغلب العلماء لم يعتمدوا الا على قلة قليلة من تلك الروايات و العمل على اهمال البقية (راجع هوامش الروايات للتأكد).

6- تشابه الكم الكبير من الروايات في كيفيتها من خلال احداثها و طريقة تسلسلها. رغم ان الاحداث و الاشخاص و الازمنة والامكنة مختلفة عن بعضها البعض.

7- تكرار الحادث مع شخص واحد، بالرغم من وجود اختلافات في كيفية حدوثه مكانا و زمانا و اشخاصا و احداثا.

8- يظهر لنا تناقض في مضمون الروايات من داخل الرواية الواحدة و مع بعضها البعض. فمن ناحية يفهم من النصوص انه قد نزل القران سبع مرات (الاية او الكلمة) بسبب وجود عبارات مثل " قول هكذا انزلت لاحدهم... وهكذا انزلت للاخر... او قول انه نزل على سبعة احرف". و يظهر هنا كلمة النزول صريحة لاتقبل التاويل بوجه اخر. في المقابل نرى بان هناك مقاطع من النصوص توحي للباحث حرية الرسولاو المسلمين في اختيارالاحرف الستة الباقية، وذلك بسبب وجود مثل: كلها شاف كاف مالم يختم عذاب برحمة او رحمة بعذاب!!. في بعض الروايات. و مثال اخرهو في (الرواية رقم 23) عندما لم يكن بمقدرة الرجل تلفظ كلمة الاثيم فقال له ابي بن كعب: قل الفاجر؟ (كما يمكن مراجعة الروايات رقم 18، 19، 20، 22 من الرسالة) للمزيد من تلك الامثلة. يظهر لنا جليا هنا انه، إن كان تلك الاحرف الستة منزلة مثل الحرف الاول لاستحال حدوث مثل هذه المواقف وذلك بسبب وجود نص قراني. لذا يظهر هنا انه يتم تغيير الحرف الاول الذي نزل عليه القران

63

دون ان يمس ذلك معنى الكلام. وما يؤيد ما ذهبنا اليه هو:اولا: فيه تحقيق لما جاء في الروايات بان الهدف من هذه الحروف السبعة هو التسهيل على المسلمين واختيار القراءة التي تناسبهم. ثانيا: يبرر عدم تدوين الإحرف السبعة عند جمع القران في عهد الخليفة عثمان بن عفان (ناتي اليه في الفصل الثالث). ثالثا: يبرر عدم معرفة الكثير من الصحابة والمسلمين لتلك الحروف الستة الاخرى.

9- عدم حدوث عملية احمرار وجه الرسول للروايات الواردة عن عمر بن الخطاب عكس الاخرين، رغم ان الروايات جاءت من طرق عديدة. و الرسول يجاوبه بنفسه في كل الحالات و بهدوء. عكس ما تظهره الروايات الاخرى وفي حالات متشابهة.

10- يظهر من خلال الروايات و بشكل صريح بعيد عن الشك، ان الاختلافات التي حدثت بين الصحابة هي في اختلاف الكلمات و ليس الحركات او اللفظ او ما شابه، بدليل، ورد في حديث عمربن الخطاب و هشام بن حيكم قول: فأذا هو يقرأ على حروف كثيرة لم تقرئنيها. وبالمقابل لا توجد رواية واحدة تشير حتى من بعيد الى ان الاختلاف هوكلمة واحدة او طريقة لفظ او اختلاف حركة او ماشابه.

11- الشيء الاخر المهم هنا والذي سنأتي اليه فيما بعد ايضا، هو عدم رؤويتنا لمثل هذا القول (الحروف السبعة) في الروايات الرئسية المتعلقة بجمع و تدوين القرآن، رغم ان احد الاسباب الرئيسية وراء ذلك الجمع والتدوين كان الاختلاف في القراءات بين المسلمين.

هذا ما استطعنا الخروج به من استنتاجات في قراءتنا لتلك الروايات والتي يمكن ان تمهد لباحثين اخرين للخروج باستنتاجات اخرى ايضا وذلك اذا ما تم دراسة هذا الموضوع في بحث مستقل وبشكل اكاديمي علمي. لان الاعتماد على جزء من الرواية او رواية بحد ذاتها وأهمال البقية الباقية، لا يخدم الموضوع و لا يخدم البحث العلمي او التأريخي. فالكل مترابط والجزء مثل الكل، لايصح هذا بدون ذاك.

المبحث الثالث

الناسـخ و المنسـوخ

ان جميع موضوعات القرآن لها اهميتها الخاصة، والتي تساعد في فهم احسن للقرآن و تأريخه. انما موضوع الناسخ و المنسوخ او النسخ في الوحي له اهمية خاصة ان لم يكن الاهم على الاطلاق، سواء اكان الموضوع يخص علماء الاسلام او الباحثين او المستعربين او الذين يحاولون النيل من القرآن و نقده. فقد كان هذا الموضوع من الموضوعات التي استطاعوا من خلاله نقد القرآن و توجيه اصابع الاتهام الى جامعيه و مدونيه و تأريخه بشكل عام، وذلك منذ الايام الاولى لظهور الاسلام[1].كما انه يجب في الطرف الآخر ان يكون العالم المسلم او المجتهد او المشرع او القاضي مطلعا على هذا الموضوع جيدا حتى يستطيع ان يفتي و يقضي في امور المسلمين.

فيورد السيوطي قول ائمة السلمين بانه لا يجوزلاحد ان يفسر كتاب الله الا بعد ان يعرف الناسخ والمنسوخ[2].كما ورد عن علي بن ابي طالب قوله لاحد القضاة اتعرف الناسخ و المنسوخ قال: لا قال: هلكت وأهلكت[3].

ولننظر اولا في ماهية النسخ لغة او معنى و كيفية وروده في القرآن. اما وروده في القرآن فقد ورد بثلاث معاني:

([1]) وقد عبر القرشيون عن هذه الظاهرة بقولهم: " الاترون ان محمد، يأتي اصحابه بأمر ثم ينهاهم و يأمرهم بخلافه، و يقول اليوم قولا يرجع عنه غدا". وهو ذات القول الذي قاله اليهود اليثاربة عند تحول المسلمين في القبلة من القدس الى مقام ابراهيم في مكة. و الذي كان مدعاة لنزول الاية101 من سورة النحل: قال تعالى: ﴿ **وَإِذَا بَدَّلْنَا آيَةً مَّكَانَ آيَةٍ وَاللّهُ أَعْلَمُ بِمَا يُنَزِّلُ قَالُواْ إِنَّمَا أَنتَ مُفْتَرٍ بَلْ أَكْثَرُهُمْ لاَ يَعْلَمُونَ**﴾. اي ان الاخرين حسبوا ان هذا افتراء من النبي على الله. القمني، سيد محمود، الاعمال: الاسلاميات: النسخ في الوحي، ط4، المركز المصري لبحوث الحضارة، القاهرة، 2001م، ص11؛ راجع ايضا: القرطبي، المصدر السابق، ج2، ص61.

([2]) السيوطي، الاتقان.. ، ج2، ص55.

([3]) ابن سلامة، ابو القاسم هبة الله ابن سلامة ابي النصر، الناسخ و المنسوخ، هامش في كتاب اسباب النزول للواحدي، عالم الكتب، بيروت، بلا.ت، ص5-6. و يذكر في هذا الخصوص بان هناك قوم لا يعدون في القران ناسخ ولامنسوخ وهؤلاء قوم عن الحق صدوا و بافكهم عن الله ردوا. ص26.

أ- بمعنى النقل (الاستنساخ) كما جاء في سورة الجاثية 29: قال تعالى: ﴿ ... إِنَّا كُنَّا نَسْتَنسِخُ مَا كُنتُمْ تَعْمَلُونَ ﴿29﴾﴾ الجاثية: ٢٩.

ب- إزالة الشيء مع حلول شيء اخر محله. كما جاء في سورة البقرة 106: قال تعالى: ﴿ مَا نَنسَخْ مِنْ آيَةٍ أَوْ نُنسِهَا نَأْتِ بِخَيْرٍ مِّنْهَا أَوْ مِثْلِهَا ... ﴿106﴾﴾ البقرة: ١٠٦.

ج- إزالة الشيء بدون حلول شيء اخر محله كما جاء في سورة الحج 52 : قال تعالى: ﴿ ... فَيَنسَخُ اللَّهُ مَا يُلْقِي الشَّيْطَانُ ... ﴿52﴾﴾ [1] الحج: ٥٢.

و في مايخص مفهوم النسخ يقول الدكتور نصر ابو زيد: " النسخ هو ابطال الحكم و الغائه سواء ارتبط الالغاء بمحو النص الدال على الحكم و رفعه من التلاوة، او ظل النص موجودا دالا على الحكم المنسوخ، لكن ظاهرة النسخ تثير في وجه الفكر الديني السائد المستقر اشكاليتين يتحاشى مناقشتهما. الاشكالية الاولى: كيف يمكن التوفيق بين هذه الظاهرة بما يترتب عليها من تعديل للنص بالنسخ والالغاء، و بين الايمان الذي شاع واستقر بوجودٍ ازلي للنص في اللوح المحفوظ. الاشكالية التالية ... هي اشكالية جمع القرآن... و مشكلة الجمع يورده علماء القرآن من امثلة قد توهم ان بعض اجزاء النص قد نسيت من الذاكرة الانسانية ... سواء بقي حكما ام نسخ ايضا، وهذا ما يؤدي الى القضاء الكامل على تصورهم الذي سبقت الاشارة اليه لازلية الوجود الكتابي للنص في اللوح المحفوظ ... فان نزول الايات المثبتة في اللوح المحفوظ ثم نسخها و ازالتها من القرآن المتلو، ينفي هذه الابدية المفترضة الموهومة ... فإذا اضفنا الى ذلك الروايات الكثيرة عن سقوط اجزاء من القرآن و نسيانها من ذاكرة المسلمين ازدادت حدة المشكلة... ان فهم قضية النسخ عند القدماء لا يؤدي فقط الى معارضة تصورهم الاسطوري للوجود الازلي للنص، بل يؤدي ايضا الى القضاء على مفهوم النص ذاته"[2].

اما القواعد والضوابط التي يجب توفرها في قضية النسخ في الوحي، نلخصها في:

أ- يكون الناسخ والمنسوخ في الاوامر و النواهي من الكتاب و السنة، وهو شرط من شروطها ايضا، اي بمعنى ان المنسوخ يكون حكما لا خبرا،

([1]) ابو بكرالرازي، المصدر السابق، ج1، ص70 ؛الهمذاني، المصدر السابق، ص6؛ و يضيف السيوطي هنا معنا اخر وهو (التحويل) كتناسخ المواريث تحويل المواريث من واحد الى اخر. راجع الاتقان ... ،ج2، ص56؛ محمد عبدالله القحطاني (الدكتور)، المرجع السابق، ص210.

([2]) بأعتبار ان كل الايات (ناسخها ومنسوخها و....) موجود في كتاب ازلي هو اللوح المحفوظ. فعن قتادة عن عكرمة قال: " ان الله ينسخ الاية بالاية فترفع و عنده ام الكتاب... اي اصل القرآن" القمني، المصدر السابق، 12.

فالاخبار (ما كان وما يكون واخبار الجنة والنار وماورد في اسماء الله وصفاته).

ب- لايمكن اجتماع الناسخ و المنسوخ في مكان واحد، اي لايكون النسخ الا فيما يتقاطع و يتعارض، وهو شرط من شروطه ايضا.

ج- لايصح نسخ شيء من القران الا ما قام عليه الدليل فالنسخ لا يثبت مع الاحتمال[1].

ويقسمه السيوطي الى ثلاثة اقسام هي:

أ- نسخ المأمور به قبل امتثاله.

ب- ما نسخ مما كان شرعا لمن قبلنا.

ج- ما امر به بسبب ما، ثم زال السبب[2].

وهنا لابد من الاشارة الى موضوع قد سبقت الاشارة اليه له علاقة مباشرة بالموضوع الذي نحن بصدده الان و هو، هل يمكن نسخ القرآن بالقرآن ام بالسنة ام بالاجتهاد؟ ... فقد اختلف العلماء فيه. فذهب فريق الى انه لاينسخ القرآن إلا القرآن. الفريق الثاني يرى بأنه يمكن نسخ القرآن بالسنة لانها من عندالله باعتبار ان الرسول ما ينطق عن الهوى. الفريق الثالث، اذا كانت السنة بأمرالله عن طريق الوحي نسخت وإن كانت بأجتهاد فلا[3].

ونحن نميل الى الراي الاول، وذلك لعدة اسباب:

اولا: كيف يمكن من الناحية العقلية البحتة اعطاء المجال للسنة بنسخ القرآن، فليس هناك ضمانة ما هي السنة الصحيحة، فالسنة و الاحاديث كانت دائما مثار جدل و نقاش و طعن فكيف يمكن الاعتماد عليها.

([1]) راجع: ابن الاثير، المصدر السابق، ج1، ص147 وما بعده؛ الهمذاني، المصدر السابق، ص7؛ محمد عبدالله القحطاني (الدكتور)، المرجع السابق، ص242-247.

([2]) السيوطي، الاتقان .... ،ج2، ص57.

([3]) ابن الاثير، المصدر السابق، ج1، ص149-152؛ دائرة المعارف الاسلامية، اصول الفقه، بقلم يوسف شاخت، ترجمة ابراهيم خورشيد و اخرون، دار الكتاب اللبناني، بيروت، 1981، ص88 وما بعده؛ احمد عبدالعظيم الزرقاني، المرجع السابق، ص403.

ثانيا: الكم الهائل من الاحاديث الموضوعة و الضعيفة....(حيث اختار البخاري فقط مايقارب السبعة الاف حديث بين ستمائة الف حديث) الا يعطي هذا مبررا كافيا لعدم الثقة المطلقة بهذا المصدر في مثل هذه المواضيع.

ثالثا: كيف يمكن تفسير الاية قال تعالى: ﴿ **مَا نَنسَخْ مِنْ آيَةٍ أَوْ نُنسِهَا نَأْتِ بِخَيْرٍ مِّنْهَا أَوْ مِثْلِهَا... ﴿106﴾** ﴾ البقرة:106. ايمكن اعتبار السنة والاحاديث بمرتبة القرآن او خيرا منه؟!

ويمكن تقسيم سور القرآن حسب الخريطة النسخية للناسخ والمنسوخ الى اربعة اقسام هي، سور لا ناسخ ولامنسوخ فيها وهي ثلاثة واربعون سورة، وسور فيها الناسخ و المنسوخ و هي خمسة و عشرون سورة، وسور فيها الناسخ فقط وهي ست سور، وسور فيها المنسوخ فقط وهي الاربعون الباقية[1].

ينقسم الناسخ و المنسوخ في القرآن الى ثلاثة انواع، يسميه القمني (باللوحة الثلاثية) وهي:

اولا: مانسخ خطه وحكمه.

ثانيا: مانسخ خطه و بقي حكمه.

ثالثا: ما نسخ حكمه و بقي خطه[2].

وسنأتي على ذكر كل هذه الانواع بشيء من التفصيل :

اولا- مانسخ خطه (نصه) وحكمه:

وهنا يعني ان نص الاية المنسوخة قد ازيلت من القرآن الموجود، كما انه قد ابطل حكم الاية. بمعنى اخر قد ازيلت

([1]) السيوطي، الاتقان... ج2، ص57؛ ابن سلامة ، المصدر السابق، ص16-21؛ جاك بيرك، المرجع السابق، ص71.

([2]) البغدادي، المصدر السابق، ص52-53؛ ابو بكر الرازي، المصدر السابق، ج1، ص71؛ ابن سلامة، المصدر السابق، ص10؛ السيوطي، الاتقان ..، ج2، ص58 ومابعده؛ ثيودور نولدكه، المرجع السابق، ج1، ص211و مابعده؛ سيد محمود القمني، المرجع السابق، ص15 وما بعده؛ محمد عبدالله القحطاني، المرجع السابق، ص218؛ مناع القطان، المرجع السابق، ص217-218؛ احمد عبالعظيم الزرقاني، المصدرالسابق، ص391.

تماما، حتى وصل بالبعض لاضافة كلمة "ما نسخ خطه و حكمه و حفظه[1]". وقد وردت فيه روايات كثيرة نحاول ايرادها بقدر ما هو موجود تحت ايدينا، وهي تعتمد على مرجعية: عمر بن الخطاب وابي بن كعب وعبدالله بن مسعود و انس بن مالك و ابي موسى الاشعري و ابي واقد الليثي وعبدالله بن عباس و ابو سعيد الخدري وابن الزبير وعائشة وابي هريرة و اخرون. والروايات هي:

1-"لو إن لابن ادم واديا من مال لابتغى اليه ثانيا ولو ان له ثانيا لابتغى اليه ثالثا ولا يملأ جوف ابن ادم الا التراب و يتوب الله على من تاب"، وهي تورد في الروايات بأعتبارها أية. و يرد في الاتقان قبلها الكلمات التالية "ان الله يقول انا انزلنا المال لاقام الصلوة و ايتاء الزكاة ولو ان لابن ادم...."[2]. ويرد عند البخاري عن عبدالله ابن الزبير كحديث وليست اية قرأنية كما جائت في احدى الروايات[3].وفي رواية اخرى"كنا نقرأ على عهد رسول الله (ص) سورة نعدلها بسورة التوبة ما احفظ منها غير اية وهي.... لو ان لأبن أدم واديا...."[4].

([1]) القحطاني، المصدر السابق، ص218.

([2]) نفس الرواية وردت على لسان ابي بن كعب و جمع اخر من الصحابة لذا لم اكتب اسم الراوي(المؤلف). راجع: الطبراني، سليمان بن احمد بن ايوب ابو القاسم، المعجم الكبير، حققه حمدي بن عبدالمجيد السلفي، ج1، مكتبة العلوم و الحكم، الموصل، 1404هـ-1983م، ص201؛ ابن حجر العسقلاني، اطراف المسند الحنبلي... ،ج1، ص211؛ الجاحظ، عثمان بن- - عمرو بن بحر،البيان والتبيان، تحقيق وشرح عبدالسلام محمد هارون، ج2، ط7، مكتبة الخانجي، القاهرة،1418هـ - 1998م، ص21؛ المتقي الهندي، المصدر السابق، ج2، ح4742 وح 4747،ص567؛ ثيودور نولدكه، المرجع السابق، ج1، ص211-214.

([3]) ثيودور نولدكه، المرجع السابق، ج1، ص216.

([4]) أبن سلامة، المصدر السابق، ص10-11؛ فضل الله، عبدالكريم، تهمة التحريف بين المسلمين، دار المدى، بيروت، 425هـ- 2004م، ص19.

2-قرأ أبي بن كعب "إن الدين عند الله الحنفية السمحة لا اليهودية ولا النصرانية ومن يفعل خيرا فلن يكفره"[1] تورد كآية.

3-عن عائشة (رض): "كان فيما انزل عشر رضعات معلومات نسخن بخمس معلومات فتوفي رسول الله (ص) وهن مما يقرأ من القرآن"[2].

4-عن مسلمة بن مخلد الانصاري، اورد هاتين الآيتين، على اعتبار انهما غير موجودتان في القران: "ان الذين امنوا و جاهدوا و هاجروا في سبيل الله بأموالهم و انفسهم الا ابشروا انتم المفلحون. و الذين أووهم و نصروهم وجادلوا عنهم القوم الذين غضب الله عليهم اولئك لا تعلم نفس ما اخفي لهم من قرة اعين جزاء بما كانوا يعملون"[3].

5- عن عبدالله بن مسعود "اقرأني رسول الله (ص) اية حفظتها و كتبتها في مصحفي فلما كان الليل نسيتها فرجعت الى مصحفي والورقة بيضاء فاخبرت النبي (ص) فقال لي يا ابن مسعود تلك رفعت البارحة"[4].

6- عن المحدث الزهري جاء، انه اخبره ابو امامة بأن رهطا من اصحاب النبي قد اخبروه ان رجلا منهم قام في

---

(1) المتقي الهندي، المصدر السابق، ج2، ح4742، ص567؛ ثيودور نولدكه، المرجع السابق، ج1، ص217- 218.

(2) الشافعي، الام، ج7، ص224؛ القزويني، محمد بن يزيد ابو عبدالله، سنن ابن ماجة، حققه محمد فؤاد عبدالباقي، ج1، دار الفكر، بيروت، بلا.ت، ص625؛ السيوطي، الاتقان ... ،ج2، ص58؛ ثيودور نولدكه، المرجع السابق، ج1، ص226- 227؛ مناع القطان، المرجع السابق، ص217؛ الحفني، د.عبدلمنعم، موسوعة ام المؤمنين عائشة بنت ابي بكر، مكتبة مدبولي، القاهرة، 2003، ص922؛ عبدالكريم فضل الله، المرجع السابق، ص20-21.

(3) ثيودورنولدكه، المرجع السابق، ج1، ص219.

(4) ابن سلامة، المصدر السابق، ص11-12.

جوف الليل، يريد ان يفتح سورة كان قد وعاها، فلم يقدر الى على {بسم الله الرحمن الرحيم} فأتى النبي حين اصبح يسأله عن ذلك، و جاء اخر واخر حتى اجتمعوا، وعندما سألوا بعضهم البعض ما الذي اجمعهم، فكانت السورة هي السبب ثم اذن لهم الرسول فاخبروه خبرهم بسؤالهم عن السورة ، فسكت ساعة، ثم قال: نسخت البارحة[1].

7- عن زر بن حبيش جاء: "قال ابي بن كعب: كيف تقرأ سورة الاحزاب؟ قلت: سبعين او احدى و سبعين اية قال: والذي احلف به، لقد نزلت على محمد (ص) و انها لتعادل البقرة او تزيد عليها"[2].

8- عن عبدالله ابن عمر قال: "لايقولن احدكم : قد اخذت القرآن كله، و ما يدريه ما كله، قد ذهب منه قرآن كثير، ولكن ليقل قد اخذت منه ماظهر"[3].

9- عن عائشة (رض) قالت: "كانت سورة الاحزاب تقرأ في زمن النبي حتى مائتي اية، فلما كتب عثمان المصاحف لم تقدر منها الا ماهو عليه الان"[4].

10- عن عمر بن الخطاب قال: "كنا نقرأ لا ترغبوا عن ابائكم فإنه كفر بكم، ثم قال لزيد بن ثابت: أكذلك؟ قال: نعم

---

(1) سيد محمود القمني، المرجع السابق، ص32-33.

(2) ابن حجر العسقلاني، اطراف المسند الحنبلي ... ،ج1، ص194؛ بن حبان، محمد بن أحمد ابو حاتم التميمي،صحيح ابن حبان بترتيب ابن بلبان، تحقيق شعيب الارناؤوط، ج10، ط2، مؤسسة الرسالة، بيروت، 1414هـ ت1993م، ح4429، ص274؛ المتقي الهندي، المصدر السابق، ج2، ح 4550 وح4743، ص480 وص568؛ سيد محمود القمني، المرجع السابق، ص33؛ ثيودور نولدكه، المرجع السابق،ج1، ص25.

(3) السيوطي، الاتقان...، ج2، ص66.؛ سيد محمود القمني، المرجع السابق، ص33؛ عبالكريم فضل الله، المرجع السابق، ص18.

(4) ويورد السيوطي هذه الرواية ايضا في باب مانسخ تلاوته دون حكمه: الاتقان...، ج2، ص66؛ سيد محمود القمني، المرجع السابق، ص33؛ عبدالكريم فضل الله، المرجع السابق، ص18.

.. وقال لعبدالرحمن بن عوف الم تجد فيما انزل علينا: ان جاهدو كما جاهدتم اول مرة فإنا لا نجدها، قال: اسقط فيما اسقط من القرآن"[1].

11- و عن ابي موسى الاشعري قال: "كنا نقرأ سورة كنا نشبهها بأحدى المسبحات وأنسيتها غير اني قد حفظت منها يا ايها الذين امنوا لم تقولون مالا تفعلون فتكتب شهادة في اعناقكم فتسألون عنها يوم القيامة"[2].

12- عن انس بن مالك (اخرج هذا الحديث بطرق عديدة) قال: إن أية نزلت في الذين قتلوا في بئر معونة (وفي بعض الروايات في شهداء أحد الذين انتقلوا الى الجنة فورا) وان الله قد نسخها فيما بعد قال: انزل قران في الذين قتلوا في بئر معونة قرأن قراءناه ثم نسخ بعدها، والاية هي: "بلغوا عنا قومنا أنا قد لقينا ربنا فرضي عنا ورضينا عنه"[3].

13- عن ابي ادريس الخولاني: "إذ جعل الذين كفروا في قلوبهم الحمية حمية الجاهلية ولو حميتم كما حموا لفسد

([1]) عبدالكريم فضلالله، المرجع السابق، ص21، سبد محمود القمني، المرجع السابق، ص34؛ ثيودور نولدكه، المرجع السابق، ج1، ص219.

([2]) ابن الاثير، المصدر السابق، ج2، ص452؛عبدالكريم فضل الله، المرجع السابق، ص19؛ثيودور نولدكه، المرجع السابق، ج1، ص222. ويرى نولدكه ان الاية تتعارض مع المسبحات و فاصلتها التي هي واو و نون و ياء و نون (في كل المسبحات). [يبدو لنا ان نولدكه لم يوفق فيما ذهب اليه. لان الرواية تقول: (نقرأ سورة كنا نشبهها باحدى المسبحات...)، بسبب اولا انه شبهها باحدى تلك المسبحات وليس المسبحات بشكل عام. ثانيا قال نشبهها اي ليست مثل المسبحات، لهذا لا يشترط فيها ان تكون فاصلتها كفاصلتها. (المؤلف)

([3]) ثيودور نولدكه، المرجع السابق، ج1، ص221-222؛ يبدو ان هذه الرواية لاتتطابق و شروط الناسخ و المنسوخ، والتي بيناها سابقا في بداية المبحث، ص66 الشرط الاول: المنسوخ يكون حكما لا خبرا، فالاخبار (ماكان و ما يكون واخبار الجنة والنار و ما ورد في اسماء الله و صفاته) لا يدخلها النسخ (المؤلف).

المسجد الحرام فأنزل سكينته على رسوله"[1]. وردت على انها كانت اية.

14- عندما نزلت سورة النجم: 19-20 قال تعالى: ﴿ **أَفَرَأَيْتُمُ اللَّاتَ وَالْعُزَّى ﴿19﴾ وَمَنَاةَ الثَّالِثَةَ الْأُخْرَى ﴿164﴾** ﴾ فالقى الشيطان عنده الكلمات "وانهن الغرانيق العلا و ان شفاعتهن لترتجى". فوقع ذلك في قلب القريشيين الذين كانوا هناك، فسجد كل من كان هناك بعد سجود الرسول[2].فأنزل الله ما ينسخ ما القي الشيطان: قال تعالى: ﴿ **وَمَا أَرْسَلْنَا مِن قَبْلِكَ مِن رَّسُولٍ وَلَا نَبِيٍّ إِلَّا إِذَا تَمَنَّى أَلْقَى الشَّيْطَانُ فِي أُمْنِيَّتِهِ ...** ﴾ الحج: ٥٢، فانقلب المشركون بعدها مرة اخرى[3].ويقول الواقدي: فنزل جبريل، وبعد ان قرأ عليه الرسول (ص)، قال له جبريل: ما جئتك به و انزل الله قال تعالى: ﴿ **وَإِن كَادُواْ لَيَفْتِنُونَكَ عَنِ الَّذِي أَوْحَيْنَا إِلَيْكَ لِتفْتَرِيَ عَلَيْنَا غَيْرَهُ وَإِذًا لاَّتَّخَذُوكَ خَلِيلاً ﴿73﴾** ﴾

([1]) المتقي الهندي، المصدر السابق، ج2، ح4740، ص568؛ ثيودور نولدكه، المرجع السابق، ج1، ص226.

([2]) الذهبي، المصدر السابق، ج1، ص186-187؛ السهيلي، المصدر السابق، ج3، ص25-26؛ الحاكم النيسابوري، المستدرك على الصحيحين، ج2، ح3632، ص474؛ سيد محمود القمني، المرجع السابق، ص6-7؛ دائرة المعارف الاسلامية، المصدر السابق، ص21 ومابعده؛ وكانت هذه الحادثة فيما بعد من اهم فصول رواية الروائي سلمان رشدي واسم لروايته (الايات الشيطانية). والذي يسمي فيه النبي محمد بـ(مهاوند) و يروي قصة حياته و مشاكله مع قريش و ابو سنبل (ابو سفيان)، و حديثه عن شق الصدر و اسراءه ومعراجه و مهمته الشاقة في اقناع قبيلته و مقربيه، دون ان ينال ذلك. مما سبب له ان يتمنى كسب قريش الى جانبه، حتى اضطر للقول (تلك الغرانيف العلا و ان شفاعتهن لترتجى) عند نزول سورة النجم... و تفاصيل اخرى كثيرة يرويه الكاتب باسلوب ساخر يغير في الحوادث بحيث يتناسب مع روح روايته. للمزيد راجع: سلمان رشدي، ايات شيطانية، بلا.م، بلا.ت، ص58 و ما بعده.

([3]) الذهبي، المصدر السابق، ج1، ص189.

﴿ وَلَـوْلاَ أَن ثَبَّتْنَـاكَ لَقَـدْ كِـدتَّ تَـرْكَنُ إِلَـيْهِمْ شَيْئًا قَلِـيلاً ﴿74﴾ ﴾ الإسراء: ٧٣ - ٧٤[1].

15- عن السدي قرأ سورة النساء: اية 24 هكذا: قال تعالى: ﴿ ...فَمَا اسْتَمْتَعْتُم بِهِ مِنْهُنَّ (الى اجل مسمى) فَآتُوهُنَّ أُجُورَهُنَّ فَرِيضَةً وَلاَ جُنَاحَ عَلَيْكُمْ فِيمَا تَرَاضَيْتُم بِهِ مِن بَعْدِ الْفَرِيضَةِ ... ﴿24﴾ ﴾[2]. يروي الطبري هذه الرواية و بطرق عديدة في معرض تفسيره للاية 24 من سورة النساء و ذلك باضافة (الى اجل مسمى).

ثانيا- مانسخ حكمه دون تلاوته:

وفي هذه الحالة تكون الاية موجودة في القران وتقرأ، دون ان يكون لها مفعول شرعي اي لا حكم لها. وهنا يظهر لناسؤال يفرض نفسه، الا وهو سبب وجود هذه الايات رغم نسخ حكمها؟

لقد اورد السيوطي (21) اية منسوخة على خلاف في بعضها لا يمكن ادعاء النسخ في غيرها من الايات. ثم يقول

(1) سيد محمود القمني، المرجع السابق، ص7؛ ويرى صفي الدين المباركفوري (وكتاب اخرون كثيرون قديما و حديثا) ببطلان هذه الرواية. ويقول: انما كان ذلك إنكار من الكفار بعد ان لم يتمالكوا انفسهم امام عظة السورة، و سجدوا مع الساجدين عند تلاوة الرسول للسورة. المرجع السابق، ص98-99.

(2) الطبري، المصدر السابق، ج8، ص176 وما بعده. و تعني هنا زواج المتعة، رغم ان انصار تفسير زواج المتعة يرونه صحيحا بدليل هذه الاية الموجودة في القران (حتى وبدون وجود الى اجل مسمى)، وروايات اخرى كثيرة. غير ان المفسرين لا يقولون بنسخ هذا الكلام بل يقولون بعدم وجوده في الاصل والروايات غير صحيحة و ملفقة، استنادا الى عدم وجودها في المصحف الامام، رغم وجود روايات تذهب الى وجوده في مصحف أبي بن كعب. راجع تفسير الطبري للاستزادة.

الاصح هـي تسعة عشر ايـة بـدون ايـة الاستئذان و القسمة والاحكام واللذان هما موضع خلاف[1].

وفي تفسير الخـازن امثلة كثيرة لهذا الوجـه مـن وجوه النسخ حيـث يقول: "وهو كثيـر فـي القـرآن، مثـل ايـة الوصية للاقربين نسخت بآية الميراث عند الشافعي، و ايـة عدة الوفـاة بـالحول نسـخت بآيـة (اربعـة اشهر و عشرة ايـام) ... ويقول ابن العربي: كـل مـا فـي القـرآن مـن الصفح و التولي والاعـراض و الـكـف عـنـهم (اي المشركين) منسوخ بآيـة السيف وهـي اذا انسلخ الاشهر الحرم فاقتلوا المشركين، الايـة هـذه نسخت مائة واربعة وعشرين ايـة "[2]. والمقصـود بايـة السيف هـي التوبة الايـة 5 { فَـإِذَا انسَلَخَ الْأَشْهُرُ الْحُرُمُ فَـاقْتُلُوا الْمُشْرِكِينَ حَيْـثُ وَجَدتُّمُوهُمْ وَخُـذُوهُمْ وَاحْصُرُوهُمْ وَاقْعُـدُوا لَهُـمْ كُـلَّ مَرْصَدٍ فَـإِن تَـابُوا وَأَقَـامُوا الصَّـلَاةَ وَآتَـوُا الزَّكَاةَ فَخَلُّوا سَبِيلَهُمْ إِنَّ اللَّهَ غَفُورٌ رَّحِيمٌ}.

و يقول ابن سلامة بـأن مـا نسخ حكمـه و بقي خطـه هـو فـي ثلاث و ستين سورة من سور القرآن[3].

ثالثا- ما نسخ تلاوته دون حكمـه:

اي ان خطـه اوحرفـه لايوجـد فـي القـرآن، ولكـن حكمـه الشـرعي مـا زال معمـولا بـه كأيـة آيـة اخـرى موجـودة فـي القرآن.

---

[1] السيوطي، الاتقان...، ج2، ص62.

[2] السيوطي، المصدر السابق، ج2، ص64. ويضيف السيوطي كتعليق على هـذا الكـلام قولـه: ثـم نسخ اخرهـا (اي اخـر الايـة) اولهـا (اي اول الايـة)؛ سيد محمود القمني، المرجع السابق، ص26-27؛ جاك بيرك، المرجع السابق، ص71.

[3] المصدر السابق، ص14.

ومن روايات هذا الباب:

1- ماروي عن عمر بن الخطاب بأنه: "جلس عمر(بن الخطاب) على المنبر، فلما سكت المؤذن، قام و اثنى على الله بما هو أهــــل له، ثم قال: اما بعد ايها النــاس فأني قائل مقالة قد قدر لي ان اقولها، و لا ادري لعلها بين يدي اجلي، فمن وعاها و عقلها فليحدث بها حيث انتهت راحلته، و من لم يعها فلا احل له ان يكذب على الله عز وجل: بعث الله محمد بالحق، و انزل عليه الكتاب، فكان فيما انزل عليه اية الرجم فقرأناها ووعيناها وعقلناها و رجم رسول الله ورجمنا بعده، فاخشى ان طال بالناس زمان، ان يقول قائل: لانجد اية الرجـــم في كتاب الله فيضلوا بترك فريضة قد انزلها الله، فالرجم في كتاب الله حق على من زنى اذا احصن، من الرجال والنـــساء، اذا قامت البـــينة او الحبل او الاعتراف، الا انا كنا نقرأ: لا ترغبوا عن ابائكم فأنه كـــفر بكم ان ترغبوا عن ابائكم ...." و حديث عمر هــذا اخرجه الكثيرون و بطرق عديدة في نفس السياق و المعنى، و يزيد بعضهم عليه قول عمر: " لولا ان يقـــول قائل:زاد عمر في كتاب الله لكتبتها بيدي"(1).

ويقول السيوطي في سبب رفعه او نسخ تلاوته حسب الشواهد و الروايات هو قساوة حكمه باعتباره اثقل الاحكـــام و اشدها واغلظها(اغلظ الحدود) و فيه الاشـــارة الى ندب الستر.(2) و يرد القمني على هذا الرأي، بأنه اذا كان العبرة من النسخ هو غلظ الحد و قسوته، افلا يكون نسخ الحكم بدوره هو الاكثر منطقية(3).

_____

(1) البخـــاري، المصدر السابــق، ج8، ح6830و 6829، ص168؛ ابـــن حجـــر العسقلاني، فتــح البــاري.، ج12، ص127؛ ابـــن ســلام، المصدـــر السابق، ص12-13 ؛ السيوطي، الاتقان ...، ج2، ص66؛ بـــن حنبـــل، المصدـــر السابق، ج1، ص43؛ البغدادي، المصدـــر السابق،ص53؛ القزوينـــي، المصدـــر السابق، ج2، ص853؛ سيد محمـــود القمنـــي، المرجـــع الســابق، ص15-16؛ ثيـــودور نولدكـــه، المرجـــع السابـــق ، ج1، ص223؛ عبدالكريم فضـــل الله، المصدـــر السابق، ص15-17؛ منـــاع القطان، المرجـــع السابق، ص218؛ وايــة الرجـــم هي: [الشيخ و الشيخة اذا زنيا فارجموهما البتة نكالا من الله و الله عزيز حكيم].

(2) السيوطي، الاتقان ...، ج2، ص71.

(3) القمنـــي، المصدـــر السابق، ص19؛ ويـــورد هنـــا القمنـــي قصة نقلهـــا عـــن كتاب للامام شـــرف الـــدين الموسوي: "... و ذلـــك حيـــن فعل المغيرة بـــن شعبة مع الاحصان مـــا فعل مـــع ام جميل -

2- عن حميدة بنت ابي يونس[1]قالت: " قرأ علي ابي وهوابن ثمانين سنة في مصحف عائشة ان الله و ملائكته يصلون على النبي يا ايها الذين امنو صلوا عليه و سلموا تسليما وعلى الذين يصلون في الصفوف الاولى، قالت قبل ان يغير عثمان المصاحف"[2].

وهناك بعض الروايات يصعب تصنيفها ضمن اي نوع من هذه الانواع مثل: حديث السيدة عائشة عن آية الرضعات، وهو ما يصنفه السيوطي في باب (ما نسخ تلاوته وبقي حكمه) لان النسخ لابد من وقوعه في زمن النبي، ولكنه قد توفي حسب الحديث، وهي مما يقرأ من القرآن،ويقول بعض العلماء بان السيدة عائشة ظلت على موقفها و تعمل بالآية، و القول في رضاع الكبير و حديث اكل الشاة للصحيفة عند مرض الرسول (ص). وكانت تأمر اختها ام كلثوم و بنات اخيها ان يرضعن من احبت ان يدخل عليها من الرجال[3].

يقول السيوطي هناك روايات اخرى كثيرة و بطرق متعددة عن ايات متعددات، لا نرى لها اثرا اليوم في القرآن. و يذكر عن الحسين بن المنادي في كتابه الناسخ و المنسوخ و مما رفع رسمه من

ـ بنت عمرو(اي الزنى)، امرأة من قيس، في قضية من اشهر الوقائع التاريخية في تاريخ العرب، كانت سنة17 للهجرة. لا يخلو منها كتاب اشتمل على حوادث تلك السنة، وقد شهد عليه بذلك كل من ابي بكرة وهو معدود من فضلاء الصحابة و حملة الاثار النبوية، و نافع ابن الحارث وهو صحابي ايضا. وشبل بن معبد. وكانت شهادة هؤلاء الثلاثة صريحة، بانهم رأوا المغيرة بن شعبة يولجه في ام جميل ايلاج الميل الى المكحلة، لا يكنون ولا يخشمون، ولما جاء الرابع وهو زياد بن سميلة يشهد افهمه الخليفة رغبته في الا يخزي المغيرة، ثم سأله عما رآه فقال: رايت مجلسا، و سمعت نفسا حثيثا و انتهازا ورايته مستبطنها، فقال عمر: ارايته يدخله و يخرجه كالميل في المكحلة؟ فقال: لا لكني رايته رافعا رجليها فرايت خصيتيه تتردد الى ما بين فخذيها و رأيت حفزا شديدا و سمعت نفسا عاليا، فقال عمر: أرايته يدخله و يخرجه كالميل في المكحلة؟ فقال: لا فقال عمر: الله اكبر، قم يا مغيرة اليهم فأضربهم، فقام يقيم الحدود على الثلاثة. ص21.

([1]) يعتقد انها بنت ابي يونس مولى عائشة (رض).

([2]) السيوطي، الاتقان....، ج2، ص67.

([3]) الشافعي، الام، ج7، ص224؛ القزويني، المصدر السابق،ج1، ص625-626؛ سيد محمود القمني، المرجع السابق، ص23؛ محمد صفاء الحقي(الدكتور)، المرجع السابق، ص922 .

القرآن ولم يرفع من القلوب حفظه سورتا القنوت في الوتر وتسمى سورتا الخلع والحفد[1].

وهناك نوع اخير (لا يعد ضمن انواع الناسخ و المنسوخ).يسمى (المنسأ). يقول القمني ان التضارب الظاهري في الايات انشأ نوعا جديدا في الناسخ و المنسوخ سمي بقسم المنسأ. يقول السيوطي: "فالمنسأ هو الامر بالقتال الى ان يقوي المسلمون، و في حالة الضعف يكون الحكم وجوب الصبر على الاذى". و مثال ذلك موقف الاسلام من المسيحية و اليهودية والمشركين، و آيات مثل سورة الكافرون: الاية6: قال تعالى: ﴿ **لَكُمْ دِينُكُمْ وَلِيَ دِينِ** ﴿**6**﴾﴾ اوسورة البقرة: الاية256 قال تعالى: : ﴿ **لاَ إِكْرَاهَ فِي الدِّينِ...** ﴿**256**﴾﴾ و ما الى ذلك. ثم جائت سورة البقرة: الاية193: قال تعالى: ﴿ **وَقَاتِلُوهُمْ حَتَّى لاَ تَكُونَ فِتْنَةٌ وَيَكُونَ الدِّينُ...** ﴿**193**﴾﴾ اوسورة ال عمران:الاية19: قال تعالى: ﴿ ... **الدِّينَ عِندَ اللّهِ الإِسْلاَمُ...** ﴿**19**﴾﴾ وهذا ما لاحظه العلماء المسلمون مثل السيوطي فسموه او جعلوه بابا خاصا بأسم المنسأ. وهو ما عبرت عنه الايات بجلاء: قال تعالى: ﴿ **فَاعْفُواْ وَاصْفَحُواْ حَتَّى يَأْتِيَ اللّهُ بِأَمْرِهِ ...** ﴿**109**﴾﴾ [2]. البقرة: ١٠٩ .

([1]) السيوطي، الاتقان ... ،ج2، ص67-68؛ عبدالكريم فضل الله، المصدر السابق، ص22؛ اما السورتان فهما: سورة الخلع "بسم الله الرحمن الرحيم، اللهم انا نستعينك، و نستغفرك، نثني عليك، ولا نكفرك و نخلع ونترك من يفجرك". سورة الحفد "بسم الله الرحمن الرحيم، اللهم اياك نعبد، ولك نصلي ونسجد، و الليك نسعى و نحفد، نرجو رحمتك، و نخشى عذابك، ان عذابك بالكفار لملحق". يرى نولدكه بان هاتان السورتان ليستا من الوحي، راجع: نولدكه، المصدر السابق، ج2، ص266-267؛ و يبدو لنا ايضا بانه عند النظر الى ما يسمى بسورتي القنوت يظهر انهما دعاء و استنجاد بالله اكثر منه سورة كسور القران الاخرى. المؤلف

([2]) سيد محمود القمني، المرجع السابق، ص30-32.

الفصل الثانــــي

جمع وتدوين القرآن في عصـر الرسـول محمـد والخليفـة الراشـدي الاول ابوبكر الصديق

المبحث الاول: في عهد الرسول محمد

بعد ماتطرقنا في الفصل الاول بمباحثه الثلاثة الى القرآن والوحي وماهية الاحرف السبعة والناسخ والمنسوخ، واخذنا فكرة عنها، ياتي هنا دور معرفة كيفية جمع القرآن وتدوينه (تاريخ جمعه وتدوينه). نبدأها بعصر الرسول ، عندما كان الوحي ما يزال ينزل الآيات وحتى ممات الرسول.

وبسبب تداخل مثل هذه الموضوعات، رأينا من المصلحة ان نقسمه الى اقسام كي يسهل علينا فهمه اولا، وسرد احداثه بشكل متسلسل ثانيا. وذلك منذ نزول الآية ومرورا بكتابتها وحفظها ومن ثم جمعها، حتى نصل الى العرضة الاخيرة للقرآن قبل وفاة الرسول محمد. واول هذه الاقسام هي:

اولا: كتاب الوحي

كانت الآيات تنزل على الرسول محمد اول الامر، فيحاول حفظها بالسرعة الممكنة، حرصا على عدم نسيانه اياها، حتى نزلت الاية قال تعالى: ﴿ **لَا تُحَرِّكْ بِهِ لِسَانَكَ لِتَعْجَلَ بِهِ** ﴿16﴾ **إِنَّ عَلَيْنَا جَمْعَهُ وَقُرْآنَهُ** ﴿17﴾ **فَإِذَا قَرَأْنَاهُ فَاتَّبِعْ قُرْآنَهُ** ﴿18﴾﴾[1] القيامة:16-18. وعندما ينتهي الوحي فيما يوحي اليه من الآيات، كان الرسول يأمر الكتاب فيكتبون ما اوحي اليه. و ان لم يكونوا موجودين ارسل في طلبهم حتى يحضروا، كما تبينه الروايات.

---

(1) راجع: البخاري، المصدر السابق، ج6، ح5 وح5044، ص195.

ولكن الشيء الذي لابد من الاشارة اليه هنا، هو انه رغم تحدث المصادرعن كتابة الوحي من قبل الكتاب وايراد اسمائهم. الا انها لا تورد اية اخبار وثيقة عن تفاصيل هذه العملية اوحفظ المادة وترتيبها[1] . اما كتاب الوحي فكانوا كثيرين كما يظهر. وقد اختلفت المصادر والمراجع في عددهم ما بين 26 كاتبا[2] وحتى 65 كاتبا[3].ولكن اشهر هؤلاء الكتاب و الذي يتردد اسمائهم في أغلبها هم: علي بن ابي طالب عثمان بن عفان عبدالله بن مسعود، ابي بن كعب، زيد بن ثابت، عبدالله بن سعد بن ابي السرح، معاوية بن ابي سفيان، ارقم بن الارقم، الزبير بن العوام، خالد و ابان ابنا سعيد بن العاص، عامر بن فهيرة مولى ابي بكر الصديق،

([1]) ثيودورنولدكه، المرجع السابق، ج2، ص237؛ يذكر المؤلف جرجس سال " بان الكتاب عندما كانوا يكتبون الوحي يدفعونه للمسلمين فياخذ بعضهم نسخة عنه لنفسه، ولكن اكثرهم كانوا يحفظونه غيبا فاذا استعيدت النسخ الاصلية وضعت في صندوق مختلطة بما تقدم عليها و بدون - - مراعاة تواريخها، لذلك لا يعرف تاريخ الكثير من تلك الايات و نزولها". جرجس سال، المرجع السابق، ص20-21؛ كما يذكر السعدى انه بعد انتهاء كتابة الاية يوضع المكتوب في بيت رسول الله (ص). السعدي، عبدالعليم عبدالرحمن، قران ربك ايها المسلم، مكتبة دار السلام، الانبار، 1990م، ص24؛ هناك مشكلتان في مثل هذا الكلام اولهما غرابة الفكرة. ثانيهما عدم ذكر المصادر المستوحاة منه المعلومة. لان الروايات التي سنذكرها فيما بعد لا تشير الى هذه المسائل على الاطلاق. و سنرى مثل هذه الافكار الغريبة كثيرا فكل يختارعلى هواه من الروايات ما يحلو له و كل يقول ما يريد. فليس لدينا مقولة: من اين لك هذا. المؤلف

([2]) الياس المر، المرجع السابق، ص142.

([3]) Koranen, op, cit.79; Islam, op, cit.27.

ويذكر العراقي انهم (4) مع ذكرهم كلهم شعرا. راجع: العراقي، عبدالرحيم، الفية السيرة، مخطوط مستنسخ الكترونيا، بلا.م، بلا.ت، ص29.

حنظلة بن الربيع الاسدي التميمي، ثابت بن قيس بن شماس، شرحبيل بن حسنة، عبدالله بن رماحة، خالد بن الوليد[1] .

هؤلاء هم الذين كانوا يكتبون الوحي او اشهرهم، والذي تتردد اسمائهم في كتب العلماء المسلمين والباحثين وجامعي الاحاديث.

ثانيا: تدوين القرآن وحفظه

ان عملية التدوين والحفظ هذه كانت متداخلة جدا في عصر الرسول. فقد كانت الآيات تدون بعد نزولها و من ثم تحفظ حين تدوينها او تحفظ ثم تدون، حسب الروايات. لذا فان العمليتان متداخلتان الى حد بعيد، رغم ان الحفظ كانت الركيزة الرئيسية للقرآن في ذلك الوقت. وهاتان العمليتان اكسبتا القرآن مصداقية اكبر في عدم تعرضها للضياع، و اصبحت فوق ذلك رقابتان ومصدران للايات النازلة. ولا يجب ان ننسى انه كانت للحفظ في ذلك الوقت وحتى العصر الحالي مكانة مميزة بين المسلمين، مما اعطاهم دافعا اضافيا

---

(1) الذهبي، المصدر السابق، ج3، ص193 و ص400؛ احمد عبالعظيم الزرقاني، المرجع السابق، ص138؛ مناع القطان، المرجع السابق، ص106؛ محمد شرعي ابو زيد، المرجع السابق، ص51؛ ثيودور نولدكه، المرجع السابق، ج2، ص242؛ عبدالرحمن عمر اسپينداري، عبدالرحمن عمر محمد، كتابة القران الكريم في العهد المكي، بحث منشور عن المنظمة الاسلامية للتربية والعلوم والثقافة، بلا.م، بلا.ت، ص29-30؛ و تضيف بعض المصادر اسما (ابي بكر الصديق وعمر بن الخطاب) الى القائمة؛ و يضيف الياس المر قوله: بانه كان لمحمد كاتبان اصيلان هما: عثمان بن عفان و علي بن ابي طالب، وكان لهما نائبان اذا غابا: ابي بن كعب و زيد بن ثابت، و اذا غاب الاربعة كتبه الاخرون. المرجع السابق، ص42.

-Koranen، op، cit.79.

للحفظ و يقول في هـذا الامـر، وهـب بـن منبـه: "امـة اناجيلهم في صدورهم"(1). وكان الـوحي هـو الشيء الوحيد تقريبـا، الـذي كـان يدون في ذلك العصـر (الـوحي القـراني)، كما يدل عليـه الحـديث، عـن ابي سعيد الخدري قال:"قال النبـي (ص): لاتكتبـوا عني شيئا سـوى القـرآن فمـن كتب عني شيئا سـوى القـران فليمحـه"(2). ولكـن مـدوني الحـديث يحـاولون تاويلـه بشـكل اخـر، باعتبـار ان النهـي كـان فـي البدايـة كـي لا يختلـط بـالقرآن علـى قـول النـووي. وقيل ان الرسـول (ص) نهـى عـن كتابـة الحـديث مـع القرآن في صحيفة واحدة، او النهـي خـاص بوقـت نـزول القـرآن خشـية التباسـه بغيره علـى قـول ابـن حجر العسقلاني(3).

لقـد كـان مـن اسـباب كتابـة الآيـات بعـد نزولهـا، هـو عـدم ضياعها ونسيانها، بعـد ان كـان الحفـظ هـو المصدرالرئيسـي لها، اقله في مكة(4).

---

(1) محمد شـرعي ابـو زيـد، المرجـع السـابق، ص18؛ و يقول Lunda فـي هـذا الصـدد، ان الحفـظ فـي الـذاكرة كـان اكثر اهميـة لانهـم يسـتطيعون الاحتفـاظ بـه لوقـت طويـل دون ان يدخـل علـى النصـوص الاضافـة او النسـيان. بينمـا كانـت المخطوطـات يمكـن ان تتعـرض لخطـاء الكتابـة او التزوير.

-Islam، op، cit. 27.

(2) السجسـتاني، ابـي بكـر عبدالله بـن ابـي داود سـليمان بـن الاشـعث، المصـاحف، دار الكتـب العلمية، بيروت،بلا.ت، ج1، ص9.

(3) محمد شـرعي ابو زيد، المرجـع السـابق، ص 43-44.

(4) يـذكر ثيـودور نولدكـه انـه رغـم الاهميـة التـي اعطاهـا محمـد للتـدوين. لا يمكننـا ان نتوقـع مقـدارا كبيـرا مـن الكمـال او امانـات حرفيـة، اقلـه فـي مكـة، حيـث كـان صراعـه لكسـب اعتـراف النـاس بـه مرسـلا مـن الله، صـراع حيـاة او مـوت، و بسـبب الظـروف الخارجيـة بقـي التـدوين، حتـى ولـو كـان فـي نيـة محمـد منـذ البدايـة مجـرد مشـروع لاكثـر مـن مـرة... المرجـع السـابق، ج2، ص239؛ وقـد حاولـت كثيـرا ايجـاد شـيء مـا عـن هـذا الموضـوع مـن خـلال -

ويــورد الباحــث محمــد شــرعي ابــو زيــد سـببان لتدوينــه أنــذاك هما:

اولا: للتبليـغ، الــذي هــو بحاجــة للكتابــة لمــن لــم يســمع بــه لبعــد داره او زمانه. و ثانيا: لحفظه وعدم ضياعه و نسيانه[1].

وكمــا يبــدو فــأن الكتابــة فــي ذلــك الحــين كانــت مكلفــة. و صــعبة بسـبب عــدم وجــود الــورق. وهــذا مــن الاسـباب التــي ادت بالنــاس فــي ذلــك الوقــت للاعتمــاد علــى الحفــظ. كمــا ادى هــذا الــى تــدوين الوحي على:

1-الاكتاف (وهو عظم عريض في الكتف).

2-الرقاع (جلد[2] أو كاغذ).

- الروايــات او ايــة ادلــة عــن هــذا الموضــوع ولكــن دون جــدوى، ومــا رايتــه كــان كلامــا عامــا لا يسـتند الــى دليــل او روايــة او حــديث. ولانــه كمــا هــو معلــوم فــان ســورا كثيــرة قــد نزلــت فــي مكــة، ولــم تشــر المصــادر الاصلية الــى مــا حــدث لهــذه النصــوص اذا مــا كانــت قــد دونــت، باعتبــار انهــا كانــت تــدون علــى اشــياء لــيس بالســهل اخفاؤهــا اوحملهــا. لانــه لــو كــانوا قــد اخــذوها معهــم الــى المدينــة عنــد الهجــرة، لكــان حمــلا كبيــرا وحــدثا عظيمــا، و اقلــه كــان ســيرويه احــدهم و ماحــدث لــه. ولكــن للاســف لــم اجــد مثــل هــذا. لكننــا وجــدنا فــي بعــض الكتــب المعاصــرة او البحــوث كلامــا حــاول فيــه الكتــاب ايجــاد الحلــول دون وجــود الروايــات او الــدلائل. والــدليل الوحيــد علــى تدوينــه فقــط هــو حادثــة اســلام عمــر بــن الخطــاب وقراءتــه لصــحيفة عنــد اختــه مــدون فيهــا ايــات مــن ســورة طــه. هــذا هــو الــذي يــردده الــبعض دلــيلا علــى تــدوين الــوحي كلــه اضــافة الــى بعــض الحــالات الاخــرى القليلــة المتشــابهة. للاســتزادة راجــع: مــوريس بوكــاي، المرجع السابق، ص128؛ عبدالرحمن عمر اسپينداري، المرجع السابق، ص44 و مابعده.

([1]) محمد شرعي ابو زيد، المرجع السابق، ص45.

([2]) قمــت بزيــارة الــى مدينــة اســطنبول ابريــل 2009 لغــرض الاطــلاع علــى المخطوطــات القرآنيــة المدونــة والمحفوظــة بالســراي (قصــر طــوب قــاپي) باســطنبول. وهــي حقــا موجــودة هنــاك وتمكنــت مــن رؤيتهــا ولكــن للاســف الشــديد لــم يكــن مسـموحا تصــويرها او لمســها او الاقتــراب منهــا فهــي بعيــدة نوعــا مــا عــن الزائــر. ولكــن اســتطعت الحصــول علــى كتــاب خــاص بمقتنيــات المتحــف وهــي تحتــوي علــى كــل تلــك المخطوطــات بالشــرح والصــور. ومــن بينهــا 4 مخطوطــات يــذهب بانهــا لكتــاب الــوحي ايــام الرســول وهــي مكتــوبة علــى جلــود قديمــة جــدا -

3- العسب (جريد النخل).

4- اللخاف (صفائح الحجارة).

5- الاقتاب (الخشب الذي يوضع بظهر البعير كي يركب عليه).

6- الالواح (كل صفيحة عريضة من الواح الخشب).

7- قطع الاديم (الجلد وقيل الاحمر منه).

8- الكرانيف (وهو اصل السعفة الغليظة)[1].

وهنـاك روايـات تـورد فيهـا هـذه الاسمـاء كمـا تؤكـد علـى كتابـة الوحي عند نزوله وهي:

ــ ممزقـة الاطـراف و فـي حالـة مشوهة تقريبــا -   - واول هـذه المخطوطــات كانـت لسـورة المسـد ﴿تَبَّتْ يَدَا أَبِي لَهَبٍ وَتَبَّ﴿1﴾﴾ و هـي تبـدأ بـ ﴿بِسْمِ اللهِ الـرَّحْمَنِ الـرَّحِيمِ﴾ ولايمكـن قراءتهـا مـن خـلال الصـورة. وتحمل المخطوطـة رقـم (493/12). المخطوطـة الثانيـة بـرقم (39321) فـي وضـع احسـن مـن المخطوطـة الاولـى كتبـت عليهـا سـورة التكاثـر ﴿أَلْهَاكُمُ التَّكَاثُرُ﴿1﴾...﴾ وهـي تبـدأ بـ بسـم الله الـرحمن الـرحيم وغير مشكلة. المخطوطـة الثالثـة بـرقم (674/21) فـي وضـع سـيء ايضـا صعـب قراتهـا، كتبـت عليهـا سـورة القـدر ﴿إِنَّـا أَنزَلْنَـاهُ فِـي لَيْلَـةِ الْقَـدْرِ...﴿1﴾﴾ و يبـدوا انهـا تبـدأ بـ بسـم الله الـرحمن الـرحيم - - ايضـا و المخطوطـة الرابعـة بـرقم (395/21) كتبـت عليـه سـورة الهمـزة ﴿وَيْـلٌ لِّكُـلِّ هُمَـزَةٍ لُّمَـزَةٍ...﴿1﴾﴾ وهـي فـي وضـع سـيء ايضـا. راجـع : ايـدين، حلمـي، اثـار الرسـول فـي جناح الامانـات المقدسـة- متحـف قصـر طـوب قـاپي باسطنبول، ترجمـة محمـد صـواش، دار النيـل، القاهرة ، 2006، ص87-89.

[1] راجـع : ابـن الكثيـر، تفسـير القـرآن العظيـم، حققـه سـامي بـن محمـد سـلامة، ط2، دار طيبـة، بـلا.م، 1420هــ - 1999م، ج1، ص27؛ محمـد شـرعي ابـو زيـد، المرجـع السـابق، ص45؛ محمـد صفـاء حقـي (الـدكتور) المرجـع السـابق، م2، ص72-73؛ مـوريس بوكـاي، المرجـع السـابق، ص122؛ احمـد عبدالعظيـم الزرقـاني، المرجـع السـابق، ص138؛مـوييـر، ويليـام، القـرآن نظمـه وتعاليمـه و شـهادته للكتـب المقدسـة، ترجمـة مالـك مسـلماني، لنـدن، بـلا.ت، ص25؛ العقـاد، عبـاس محمـود، عثمـان بـن عفـان (ذو النـورين) (رض)، المكتبـة العصرية، بيروت، بلا.ت، ص157.

1- عن الزهري، قال:"قبض رسول الله (ص) ولم يكن القرآن جمع وانما كان في الكرانيف والعسب."[1]

2- عن البراء بن عازب قال:" كنت عند رسول الله (ص) فقال ادع لي زيدا وليجيء باللوح والدواة والكتف او الكتف والدواة."[2]

3- عن ثابت بن زيد بن ثابت:" قال النبي (ص) اتحسن السريانية [3] (اي لزيد) فأنها تاتيني كتب. قلت: لا قال: فتعلمها قال: فتعلمتها في تسعة عشر يوما."[4]

4- عن عثمان بن عفان قال :" كان النبي (ص) لما تنزل عليه الآيات فيدعو بعض من كان يكتب له فيقول: ضع هذه الآية في السورة التي يذكر فيها كذا و كذا..."[5]

5- عن زيد بن ثابت قال "كنت الى جنب رسول الله (ص) فغشيته السكينة فوقعت فخذ رسول الله (ص) على فخذي فما وجدت ثقل شيء اثقل من فخذ رسول الله (ص) ثم سري عنه فقال: اكتب فكتبت في كتف {لا يستوي القاعدون من

([1]) محمد صفاء حقي(الدكتور)، المرجع السابق، م2، ص73.

([2]) البخاري، المصدر السابق، ج6، ح4990، ص184.

([3]) في بعض المرويات الكتابة اليهودية وليست السريانية. المؤلف

([4]) السجستاني، المصدر السابق، ج1، ص7.

([5]) السجستاني، سنن ابي داود، حققه محمد محي الدين عبدالحميد، مع الكتابة تعليقات لكمال يوسف الحوت والاحاديث مذيلة باحكام الالباني، ج1، دار الفكر ،بلا.م، بلا.ت، ح786، ص268؛ الترمذي، محمد بن عيسى ابو عيسى السلمي، الجامع الصحيح سنن الترمذي، حققه احمد محمد شاكر و اخرون، ج5، دار احياء التراث العربي، بيروت، بلا.ت ، ح3086، ص271؛ بن حنبل، المصدر السابق، ج1، ح399، ص57.

المؤمنين و المجاهدون في سبيل الله} الى اخر الاية فقام ابن ام مكتوم وكان رجلا اعمى لما سمع فضيلة المجاهدين فقال: يا رسول فكيف بمن لايستطيع الجهاد من المؤمنين فلما قضى كلامه غشيت رسول الله (ص) فوقعت فخذه على فخذي ووجدت من ثقلها في المرة الثانية كما وجدت في المرة الاولى ثم سري عن رسول الله (ص) فقال اقرأ يا زيد فقرأت {لايستوي القاعدون من المؤمنين [فقال رسول الله] غير اولي الضرر} الاية كلها. قال زيد فانزلها الله وحده فالحقتها والذي نفسي بيده لكأني انظر الى ملحقها عند صدع في كتف".[1]

6- عن انس بن مالك ان رجلا كان يكتب لرسول الله (ص) فكان اذا املى عليه سميعا بصيرا كتب "سميعا عليما" واذا املى عليه سميعا عليما كتب "سميعا بصيرا" وكان قد قرأ البقرة وال عمران وكان ممن قرأ قرآنا كثيرا فتنصر الرجل وقال: انما كنت اكتب ما شئت عند محمد (ص) قال فمات فدفن فلفظته الارض ثم دفن فلفظته الارض فقال انس قال ابو طلحة فأنا رايته منبوذا على وجه الارض.[2]

([1]) البخاري، المصدر السابق، ج6 ،ح2831 و2832 و 4999 ، ص184؛ مسلم، المصدر السابق، ج3، ح1898، ص1508؛ النسائي، احمد بن شعيب ابو عبدالرحمن، سنن النسائي الكبرى، حققه د.عبدالغفار سليمان البنداري وسيد كسروي حسن، ج3، دار الكتب العلمية، بيروت،1411هـ-1991م، ح4307- 4360، ص7؛ أبن أبي شيبة، أبو بكر عبدالله بن محمد العبسى الكوفي،مصنف إبن أبي شيبة، تحقيق محمد عوامة، ج5، الاجزاء والصفحات تتوافق وطبعة الدار السلفية الهندية القديمة وترقيم الاحاديث تتوافق وطبعة دار القبلة، بلا.م، ح 1986، ص343.

([2]) السجستاني، المصاحف، ج1، ص7- 8.

7- عن انس بن مالك قال: جمع القرآن على عهد رسول الله (ص) اربعة كلهم من الانصار أبي بن كعب ومعاذ بن جبل وزيد بن ثابت و ابو زيد. وهو احد عمومتي.[1]

8- عن ابراهيم بن مسروق، قال سمعت النبي (ص) يقول: خذوا القرآن من اربعة من عبدالله بن مسعود وسالم و معاذ و ابي بن كعب.[2]

9- عن زيد بن ثابت قال: كان الرسول (ص) اذا انزل عليه الوحي بعث الي فكتبته.[3]

10- عن زيد بن ثابت قال:" كنا عند رسول الله (ص) نؤلف القرآن من الرقاع."[4]

([1]) راجع: البخاري، المصدر السابق، ج6، ح5003 و5004، ص187؛ ابن كثير، التفسير...،ج1، ص24؛ الذهبي، المصدر السابق، ج3، ص400، ويرويه بطرق اخرى كثيرة؛ السيوطي، الاتقان...،ج1، ص192و196. ويضيف انه يقصد بـ ابو زيد هذا على رواية ابي داود، قيس ابن السكن من بني عدي بن النجار، ويذكر ايضا في احدى الروايات اسم ابي الدرداء بدلا من ابي بن كعب؛ ولا يبدو ان المقصود هنا بالجمع على انه (الجمع في مصحف واحد). باعتبار ان كل المصادر والروايات متفقة على انه لم يتم جمعه في مصحف واحد على عهد الرسول، ويبدو أن القصد من الجمع هنا هو الحفظ. واذا ما كان معناه الحفظ يعني انه نسي خلقا كثيرا ممن تتفق الروايات على انهم حفظوا القران ايام الرسول. المؤلف؛ ويذكر السيوطي في هذا المعنى : بانه كانت هناك امرأة قد جمعت القرآن يسميها الرسول (ص) بالشهيرة هي (ام ورقة بنت عبدالله بن الحارث). الاتقان ...، ج1،ص196.

([2]) البخاري، المصدر السابق، ج6، ح4999، ص186 ؛ السيوطي، الاتقان... ، ج1،ص192؛ محمد صفاء حقي(الدكتور)، المرجع السابق، م2، ص68؛ مناع القطان، المرجع السابق، ص107.

([3]) الذهبي، المصدر السابق، ج2، ص400.

([4]) السيوطي، الاتقان..، ج1، ص160. يقول البيهقي عن الرواية بأن المراد به تأليف ما نزل من الايات المتفرقة في سورها و جمعها فيها بأشارة من النبي (ص). نفس المصدر، ص160. ولايبدو -

11- عن زيد بن ثابت قال:" قبض النبي (ص) ولم يكن القرآن قد جمع في شيء."[1]

12- عن عثمان بن ابي العاص قال:" كنت عند رسول الله (ص) جالسا .. فقال: اتاني جبريل فأمرني ان اضع هذه الاية بهذا الموضوع من هذا الموضع من هذه السورة..."[1]

ـ لي ان ماذهب اليه البيهقي صحيحا، لانه ليس هناك دليل واحد على كلامه، بل بالعكس هناك دلائل ودلائل كثيرة تؤكد على انها- كانت متفرقة حتى و فاة الرسول. انظر الرواية التي بعدها. المؤلف.؛ مناع القطان، المرجع السابق، ص11؛ ويورد محمد شرعي ابو زيد ايضا معنى الجمع في اربعة اوجه (في ذلك الوقت):

أ- كتابة القرآن في السور. ب- تأليف سور القرآن. ج- تأليف الايات في السورة الواحدة. د- كتابة القران في الصحف و المصاحف. المرجع السابق، ص13-14.

([1]) السيوطي. الاتقان ..،ج1، ص16. ويضيف هنا راي بعض العلماء، على ان القرآن لم يجمع في مصحف واحد بسبب ما كان يترقبه من ورود ناسخ لبعض احكامه او تلاوته فلما انقضى نزوله بوفاته، ألهم الله الخلفاء الراشدين لجمعه..، نفس المصدر، ص60؛ محمد صفاء حقي (الدكتور) المرجع السابق، م2، ص75؛ ويذكر الزرقاني بهذه المناسبة،الاسباب التي ادت الى عدم جمعه ايام الرسول، ويلخصها بثلاثة اسباب، وهي:

أ- لم يوجد دواعي لكتابته مجموعا في الصحف. ب- قضية الناسخ و المنسوخ. ج- عدم نزوله جملة واحدة وعدم نزوله مرتبا فاذا جمعه كان عرضة للتغيير. الزرقاني، المرجع السابق، ص139؛

أنني لااری بان تكون هذه هي الاسباب وراء عدم جمعه. فاما السبب الاول فهو غريب حقا ان لاتكون هناك دواعي لكتابته مجموعا وهو المنزل لكل العالمين، فكيف لمن ياتي بعدهم ان يتعلمه، او حتى من يعيش بعيدا عن الرسول، و كيف ليس هناك داعي لكتابته وهو دستور وشريعة. و .. لهذه الامة. ام السبب الثاني، فلا اراه ايضا يستحق ان يكون سببا وذلك لانه اولا: كانت الايات تكتب وتنظم في السور حسب رايهم في كل الاحوال، اذا لايبقى هناك غير جمع تلك السور في مصحف واحد. ثانيا: جمعه في مكان واحد او مصحف واحد واخذ المنسوخ وكتابة الناسخ اسهل مما تعرض له المسلمون فيما بعد، بسبب عدم جمعه، كما انه رغم ذلك ظلت هناك ايات منسوخة وبكثرة في القرآن. و فضلا عن كل هذا كان يمكن كتابته وجمعه بعد ما عرف ناسخه و منسوخه، بانتهاء العرضة الاخيرة. اما السبب الثالث: ينطبق عليه ما قلناه اعلاه، من حيث ان العملية كانت تطبق وتكتب في عهد الرسول وهو يقول لهم ضعوا هذه الاية في هذا المكان من هده السورة، و الشيء الاخر لا يعني عدم جمعه في مصحف واحد هو عدم امكانية جمعه في مكان واحد. و اخيرا، كان يمكن كتابته بعد العرضة الاخيرة ، و خاصة ان الرسول عرف على انه نهاية الوحي حسب الروايات، بسبب عرض جبريل للقرأن على الرسول مرتين متتاليتين. المؤلف

13- عـــن عثمـــان بـــن عفـــان (رض) قــال:" كـــان رسول الله (ص) ممــــا يـــاتي عليــه الزمـــان وهـــو ينــــزل عليــه مـــن الســور ذات العـدد فكـان اذا نـــزل عليـه شـيء دعـا بعـض مـن يكتـب لـه فيقول: ضعوا هـذه في الســورة التـي يـذكر فيهـا كـذا وكـذا. و اذا نزلـت عليـه الايـات قـال: ضعوا هـذه الايـات فـي السـور التـي يـذكر فيهـا كـذا و كـذا. و اذا نزلـت عليـه الايـة قـال: ضعوا هـذا الاية في السورة التي يذكر كذا و كذا."(2)

14- عـــن ابـن عبـاس قـال: "اخر مـانزل مـن القـرآن [البقـرة: 280] فقـال جبريـل للنبـي (ص) يـا محمـد ضـعها فـي راس ثمانين ومائتين من البقرة".(3)

هـذه هـي تقريبـا معظـم او اهـم مـا ورد مـن الروايـات فـي المصـادر والمراجـع، و التـي تتعلـق بهـذا الموضوع. ولكـن وقبـل البـدأ بمناقشـة هـذه الروايـات رايـت انـه مـن المهـم توضيح نقطتيـن بشـكل مـن التفصيـل وردتـا فـي الروايـات، حتـى يسـهل علينا فهم أبعاد هذه الروايات:

---

(1) بن حنبل، المصدر السابق، ج4، ح 17947، ص218.

(2) راجـع: الترمـذي، المصـدر السـابق، ج5، ح 3086، ص272؛ بـن حنبـل، المصـدر السابق، ج1، ح399، ص57.

(3) محمد صفاء حقي (الدكتور)، المرجع السابق، م2، ص110.

النقطة الاولى: قضية حفظ القرآن

وقد اخترت هذه النقطة بالذات لما يورد في كتب الباحثين والمتشددين في هذا الموضوع، و مبالغتهم الكبيرة في تصوير الحقائق وما يؤثر بالتالي على المفهوم العام لعملية التدوين في عصر الرسول. فتصويرهم لذلك يؤدي الى التفكير بأن المسلمون كانوا يحفظون كل القرآن بكل سهولة ويسر، كما انهم يبالغون كثيرا في عدد هؤلاء الحفاظ من الصحابة. ونقول بأنه لايمكن لاحد ان ينكر قوة الحفظ لديهم بأعتباره مصدر مدوناتهم، ولكن هذا لايعني انهم كانوا يحفظون السورة فور نزولها، والحال نفسه ينطبق على عدد هؤلاء الحفاظ. و برأينا ان هذه المغالطات جاءت لسببين:

الاول: وكما هو دائما عند هذا النوع من الكتاب والباحثين، فكل ما له ايجابية تجاه الاسلام و مكوناته، لا يحتاج الى التحليل او النقد بل كلما اضفت عليه من عندك، فلا حرج.

ثانيا: الخلط المتعمد بين من يستطيع قراءة سورة وبين من يستطيع قراءة القرآن كله حفظا.

لقد ذهبنا لهذا الراي لانه عند النظر الى الروايات أعلاه لاتظهر انهم كانوا كثيرين من يحفظون القرآن كله. والذين يذهبون للراي اعلاه يعتمدون على مصدرين لكلامهم ذلك: المصدر الاول، رواية ورد عند البخاري و بأوجه عدة جاء فيها: قتل يوم اليمامة سبعون من القراء - و قتل في عهد النبي ببئر معونة مثل هذا العدد [1] ومع هذا لايبدو لنا ان هذا يعني حفظ القران كله باي شكل من الاشكال. و اختصر

---

(1) مناع القطان، المرجع السابق، ص109.

قولي في ما جاء من تعليق للماوردي على ما ورد في هذه الرواية للاستدلال بانهم كثر، وهو كلامه بهذه الجملة: "... وليس من شرط التواتر ان يحفظ كل فرد جميعه، بل اذا حفظ ولو على توزيعه ".(1) ولا ارى بعد هذا التوضيح شيء يقال، وهو بيت القصيد. المصدر الثاني، انها اقوال لعلماء متقدميين او متأخرين و باحثون متشددون، ذهبوا هذا الراي دون ايراد ما يدل على كلامهم واهمال ما يناقضه. حتى اخذه الباحثون والكتاب الاخرون كانه كلام مقدس لا يقبل الخطأ وبنوا عليه من القصص وكانهم شهود عيان عاشوا الاحداث كلها.

المهم ان ما يجعلنا متحمسين لهذا الكلام و الرد على هؤلاء الكتاب، هو ورود روايات كثيرة تبين عكس ما ذهبوا اليه، وكلها عن اصحاب الرسول واتباعه. ويبدو من خلال تلك الروايات بان الحفظ لم يكن بذلك الشيء السهل كما يتصوره بعضنا وهناك من الصحابة من لم يستطيع حفظ كل سور القرآن وحتى بعضه في حالات أخرى. ولتوضيح ذلك نورد بعضا من هذه الروايات:

1- ورد في الموطاء، انه بلغه ان عبدالله بن عمر مكث على سورة البقرة ثماني سنين يتعلمها(2).

2- عن ابن عمر قال: تعلم عمر بن الخطاب البقرة في اثنتي عشرة سنة فلما ختمها نحر جزورا.(3)

---

(1) المرجع نفسه، ص109.

(2) القرطبي، المصدر السابق، ج1، ص40.

(3) المصدر نفسه، ج1، ص40. وقد اورده بطريق اخر عن ابن هشام البزاز.

3- عن عبدالله بن مسعود قال: انا صعب علينا حفظ الفاظ القرآن و سهل علينا العمل به وان من بعدنا يسهل عليهم حفظ القرآن و يصعب عليهم العمل به.[1]

4- عن ابن عمر قال: كان الفاضل من اصحاب الرسول (ص) في صدر هذه الامة لا يحفظ من القرآن الا السوررة او نحوها ورزقوا العمل به (اي القرآن) وان اخر هذه الامة يقرؤون القرآن منهم الصبي والاعمى ولا يرزقون العمل به.[2]

5- بعد معركة القادسية(16هـ) امر عمر بن الخطاب (رض) قائد الجيوش سعد بن ابي وقاص ان يوزع البقايا الكبيرة من الغنائم على (حملة القرآن) فلما اتى عمر بن معد يكرب (رجل الحرب المشهور) وسئل عن معرفته بالوحي، اعتذر قائلا انه اهتدي الى الاسلام في اليمن و كان بعد ذلك دائما في الحرب فلم يكن لديه الوقت لحفظ القرآن. اما بشير بن ربيعة من الطائف فاجاب حين بادره سعد بالسؤال نفسه، بالجملة الافتتاحية (بسم الله الرحمن الرحيم).[3]

([1]) القرطبي، المصدر نفسه، ج1، ص40؛ اضف الى هذا و قارنه بحديث عبدالله عن نفسه و الذي سيأتي ذكره في مباحث قادمة: (لو اعرف احدا اعلم مني بكتاب الله تبلغه الابل لذهبت اليه) .

([2]) المصدر نفسه، ج1، ص40.

([3]) ثيودور نولدكه، المرجع السابق، ج2، ص242.

6- وفي معركة اليمامة توجه قائدهم الى الانصار و شرفهم بدعوتهم (اهل سورة البقرة) فأسف احد المحاربين من طيء لانه لا يعرف من هذه السورة اية واحدة.[1]

7- لقد ضرب مفوض الخليفة عمر بن الخطاب (رض) اوس بن خالد، بدوي من قبيلة طيء، لانه لم يقدر ان يتلوا اية واحدة من القرآن.[2]

8- ويقال "ان خطيبا من الكوفة، في ايام الامويين اعتلى المنبر، و تلى استشهادا من ديوان عدي بن زيد وكأنه اية قرآنية".[3]

و لا نريد هنا انا ندافع عن هذه الروايات وصحتها، بقدر ما نريد ان نبين ان هناك اتجاها اخرا او رأيا اخرا لايمكن اهماله لمجرد انه خارج عن قناعاتنا. وهنا نريد الاشارة الى الروايات الاربعة الاولى، واين هي من اقوال واراء من ذهبوا الى عكس هذا دون محاولة الاشارة الى هذه الروايات.

---

(1) نفس المرجع، ج2، ص242.

(2) المرجع نفسه، ج2، ص243.

(3) ثيودور نولدكه، المرجع السابق، ج2، ص 243. ويعلق ثيودور نولدكه على بعض من هذه الروايات قوله: حتى لو لم يكن تلك الروايات الى قصصا، الا انها تعكس لنا صورة حقيقة عن معرفة الجندية بالقران في بداية الاسلام. ولا بد من انه وجد امثال هؤلاء وهذا الخطيب في اوقات لاحقة.

النقطة الثانية: ترتيب الايات والسور في عهد الرسول

ان هذه القضية لا تقل شأنا عن سابقتها في الاهمية، بل وصل الامر ببعضهم الى حد التكفير بمن يفكر في هذا الموضوع او يناقشه.[1] بأعتباره اسهل الطرق لتكبيل عقول وأقلام الباحثين والكتاب المسلمين.

فقد انعقد الامر بين العلماء المسلمين ان ترتيب الايات في السور توفيق من النبي عن الله تعالى. و انه لامجال للرأي و الاجتهاد فيه.[2] باعتبار ان ضم الايات بعضها الى بعض و تعقيب القصة بالقصة، فذلك شيء تولاه رسول الله (ص). كما اخبره به جبريل عن امر ربه.[3]

كما ورد عن الخازن قوله: كان رسول الله (ص) يلقن اصحابه ويعلمهم ما ينزل عليه من القرآن على الترتيب الذي هو عليه الان في مصاحفنا بتوقيف من جبريل عليه السلام اياه على ذلك. واعلامه عند نزول كل اية ان هذه الاية تكتب عقب آية كذا وفي سورة كذا.[4]

---

(1) نقل ابن عطية عن مكي قوله: ان ترتيب الايات في السور، ووضع البسملة في الاوائل هو من النبي (ص) .. قال القرطبي: هذا اصح ما قيل في ذلك و يضيف عن ابن الانباري قوله: عن ترك الاجماع و الاعراض عنه و ما هو موجود الان من ترتيب .. فمن افسد نظم القرآن فقد كفر به ورد على محمد (ص) ما حكاه عن ربه. راجع: محمد صفاء حقي (الدكتور)، المرجع السابق، م2، ص110-111.

(2) الغريب في الامر انهم منعوا الرأي و الاجتهاد هنا و كلامهم كله عبارة عن رأي و اجتهاد، باعتبار انه جاء من روايات او ماشابه تقبل الصحة و الخطاء، وليس له دليل من كلام الله كما يذهبون. المؤلف.

(3) محمد شرعي ابو زيد، المرجع السابق، ص59.

(4) محمد صفاء حقي (الدكتور)، المرجع السابق، م2، ص110.

فـالفكرة هنـا، هـي ان الايـة اوالايـات تنـزل علـى الرسـول مـن قبـل الـوحي فيـأمر الكتـاب بالتـدوين ويقـوم اصحـابه بـالحفظ ،ويضيـف بعضـهم، أن النبـي كـان يراجـع مـا يكتبـوه مـن القـران، ثـم يخبـرهم النبي ايـن ستوضـع الايـة وفـي ايـة سـورة ستكون. (1)

و قبـل مناقشـة هـذه النقطـة، اريـد فقـط التـذكير بشـيء بسـيط، اتفـق عليـه معظـم العلمـاء و البـاحثين ولـم اري مـن يغالطـه، الا وهـو ان القـران لـم يكـن مجموعـا فـي مصـحف واحـد ومكـان واحـد. و يقـول القطلانـي: لقـد كـان القـرآن كلـه مكتوبـا فـي عهده [اي الرسول] ولكن غير مجموع في موضع. (2)

_____

(1) موريس بوكاي، المرجع السابق، ص121؛   -Koranen،op، cit.65.

(2) محمـد شـرعي ابـو زيـد، المرجـع السـابق، ص46؛ يـذكر عبـاس محمـود العقـاد بـان القـران لـم يرتـب علـى حسـب السـور والموضـوعات. ويـورد شـعرا للشـيخ محمـد العاقـب الشـنقيطي على هذا الكلام:

لم يجمع القرآن في مجلد

على الصحيح في حياة محمد

للامن فيه من خلاف ينشاء

و خيفة النسخ بوحي يطراء

وكان يكتب على الاكتاف

و قطع الادم و اللخـــــاف

المرجع السابق، ص158.

عند مقارنة الفكرتين التي اوردناهما اعلاه، الايات توقيفي بخبر الرسول بمكانه في كذا و كذا .. و عدم جمع القرآن في مكان واحد. يظهر لنا جليا وبقليل من التفكير بانه يستحيل على احد ان يضع الاية الفلانية في المكان الفلاني بين اية كذا واية كذا وفي السورة التي يخبر فيها عن كذا، دون ان تكون تلك الايات والسورمجموعة في مكان واحد مثل مصحف او ما شابه. أضافة لذلك ان هناك شبه اتفاق بين العلماء بأن اسماء السور، هي من عند الصحابة ايام جمع وتدوين القران بعد وفاة الرسول. وهذه ما تصعب المهمة وتجعلها مستحيلة. فكيف يمكن معرفة السور وخاصة هناك المتشابه ما بين الايات ايضا . لذا نرى بان هناك حلقة ناقصة او ان احدى الفكرتين ليست بالصحيحة، اما ان توزيع الايات غير توقيفي(اي من جبريل) و انما هو من الجامعين. او ان الايات و السور كانتا مجموعة في مكان واحد ولم يكونا مبعثرين بين المسلمين، او ان هذا الترتيب كان يعتمد فقط على الحفظ في الذاكرة دون المدون.

ولنرجع الان لتحليل و دراسة الروايات التي اوردناها في الصفحات (86—90) ونورد هنا اهم ما توصلنا اليه من قناعات و استنتاجات، وهي:

1- عدم وجود رواية تخبرنا فيها عن كيفية نزول وتدوين الوحي وحفظه. ولن نستطيع رؤية هذا الشيء حتى لو جمعنا كل الروايات مع بعضها كرواية واحدة.

2- عدم وجود رواية تستطيع من خلالها معرفة ماكان و ما حدث للقرآن المنزل في مكة. من كيفية تدوينه وحفظه، و ما حدث له بعد الهجرة الى المدينة، هل اخذه المسلمون معهم

الى المدينـة ام تـم الاعتمـاد علـى الحفـظ فـي الصـدور فـي عمليـة النقل وتدوينه من جديد.

3- عـدم وجـود كاتـب معيـن او نخبـة معينـة. كتبـوا الـوحي للرسـول. و انمـا كـانوا كثيـرين و خاصـة بعـد الهجـرة. اي بمعنـى اخـر انـه لـم يكـن هنـاك كاتـب معيـن علـى اطـلاع كامـل بكـل الـوحي منـذ بدايتـه حتـى نهايتـه، رغـم وجـود روايـات اخـرى تفيـد بـأن علـي بـن ابـي طالـب و عبدالله بـن مسعود همـا الوحيدان اللذان يمكنا ان يكونا هذين الكاتبين.

4- عـدم وجـود تفاصيـل فـي الروايـات عـن عمليـة توزيـع الايات في سور القرآن.

5- تـدوين بعـض الـوحي فـور نزولـه والبعـض الاخـر بعـد نزولـه بفتـرة حسـب وجـود الكاتـب او ادوات الكتابـة. وتفهـم مـن الروايـات التـي تتحـدث عـن هـذا الموضـوع انهـا روايـات مدنية لامكية.

6- لا تفيـد الروايـات، بـان الرسـول كـان يسـتمع مـرة ثانيـة لمـا يكتبـه الكاتـب بدليـل مـا ورد فـي الروايـة (رقـم6)، رغـم انـه يمكـن ان تكـون هـذه حالـة خاصـة، بأعتبـار انـه مـن البديهـي ان يقرأه الاخرون ويسمعه النبي دون الحاجة لذكر ذلك.

7- تفيـد الروايـات بـان الايـات و السـور كانـت مبعثـرة فـي امـاكن مختلفـة ولـم يكـن موجـودا فـي مكـان واحـد، فضـلا علـى انـه كـان مدونـا علـى اشـياء مختلفـة ذا حجـم ليـس بالصغيـر، واذا مـا جمعـت فـي مكـان واحـد، لسـوف يحتـاج الـى مسـاحة ليست بالصغيرة لاستيعابه.

8- تفيد الروايات بان حفاظ القرآن لم يكن كثيرون (مثل ما ورد في الروايتين رقم 7و8) ، بل قلة و ان لم يكن هناك اتفاق على جميع الاسماء. فضلا عن تاكيد الرسول لذلك باخذ القرآن من اربعة أسماهم بأسماهم.

9- ورود ارقام للايات في بعض الروايات (مثل الرواية رقم 14)، رغم انها لم تكن مرقمة بسبب عدم وجودها في مصحف واحد (فالترقيم حدث بعد عصر عثمان بن عفان عند تشكيل القرآن و سناتي لذكرها في مبحثها الخاص). و هذا يدل على ان هناك اشياء و معلومات اضيفت و زادت على الروايات او خلقت روايات كي تناسب و تدافع عن فكرة او راي معين.

ثالثا: عرض جبريل للقرآن على الرسول محمد

تفيد بعض الروايات ان جبريل كان يعرض القرآن المنزل كل سنة مرة واحدة في رمضان على الرسول. حتى السنة الذي توفي فيها الرسول حيث عرضها عليه جبريل مرتين.[1] والروايات التي وقعت بين ايدينا في هذا المجال هي:

1- عن ابن سيرين عن عبيدة السلماني قال: "القراءة التي عرضت على النبي (ص) في العام الذي قبض فيه هي القراءة التي يقرؤها الناس اليوم".[2]

_____

[1] موريس بوكاي، المرجع السابق، ص121-122.

[2] السيوطي، الاتقان ..،ج1، ص140.

2- عـن ابـن سـيرين قـال: "كـان جبريـل يعـارض النبـي (ص) كـل سـنة فـي شـهر رمضـان مـرة فلمـا كـان العـام الـذي قـبض فيـه عارضـه مـرتين فيـرون ان تكـون قرائتنـا هـذه علـى العرضـة الاخيرة".[1]

3- عـن ابـن عبـاس قـال: "كـان النبـي (ص) اجـود النـاس بـالخير وأجـود مـا يكـون فـي شـهر رمضـان وان جبريـل كـان يلقـاه فـي كـل ليلـة فـي شـهر رمضـان حتـى ينسـلخ يعـرض عليـه رسـول الله (ص) القـرآن فـاذا لقيـه جبريـل كـان اجـود بـالخير مـن الـريح المرسـلة.[2] فـي روايـة يعـرض الرسـول (ص) علـى جبريـل وفـي روايـة اخـرى يعـرض جبريـل علـى رسـول (ص)".[3]

4- عـن ابـن عبـاس قـال: "كـان رسـول الله (ص) يعـرض القـرآن فـي كـل سـنة علـى جبريـل، فيصـبح رسـول الله (ص) مـن ليلتـه التـي يعـرض فيهـا مـا يعـرض وهـو اجـود النـاس مـن الـريح المرسـلة، لا يسـأل عـن شـيء الا اعطـاه حتـى كـان الشهر الذي هلك بعده عرض فيه عرضتين".[4]

5- عـن ابـي هريـرة قـال: "كـان يعـرض علـى النبـي القـرآن كـل عـام مـرة فعـرض عليـه مـرتين فـي العـام الـذي قـبض فيـه وكـان

---

(1) السيوطي، المصدر نفسه ..، ج1، ص140.

(2) البخاري، المصدر السابق، ج6، ح6و ح4997، ص186 ؛ مسلم، المصدر السابق، ج4، ح2308، ص1803.

(3) يمكن ان يفهم من هذا الكلام بأنه كان يعرض في كل سنة عرضتين احدهما الرسول على جبريل و الثاني جبريل على الرسول المؤلف.

(4) راجع: بن حنبل، المصدر السابق، ح2042، ج1، ص230.

يعتكف كـل عـام عشـرا فـاعتكف عشـرين فـي العـام الـذي قبض فيه". (1)

6- عـن عائشـة، ان فاطمـة بنـت الرسـول قالـت: "انـه اسـر الـي [اي الرسـول (ص)] فقـال: ان جـبريل كـان يعارضـني بالقـرآن فـي كـل عـام مـرة، و انـه عارضـني بـه العـام مرتـين، ولا اراه الاوقـد حضـر اجـلي...". (2)

7- قـال ابـو عبدالرحمن السـلمي:" قـرأ زيـد بـن ثابـت علـى رسـول الله (ص) فـي العـام الـذي توفـاه الله فيـه مـرتين، وانمـا سـميت هـذه القـراءة بقـراءة زيـد بـن ثابـت، لانـه كتبهـا لرسـول الله (ص)، وقرأهـا عليـه وشـهد العرضـة الاخيـرة، وكـان يقـرئ النـاس بهـا حتـى مـات، ولـذلك اعتمـده ابـو بكـر وعمـر فـي جمعـه وولاه عثمان كتابة المصاحف". (3)

8- عـن ابـي ظبيـان عـن ابـن عبـاس قـال:" اي القرائتين تعدون اولا؟ قالوا: قـراءة عبدالله: قـال: لا بـل هـي القـراءة الاخيـرة، كـان يعـرض القـرآن علـى رسـول الله (ص) فـي كـل عـام مـرة، فلمـا كـان العـام الـذي قبـض فيـه عـرض عليـه مـرتين، فشهده عبدالله فعلم ما نسخ منه و ما بدل". (4)

---

(1) البخاري، المصدر السابق، ج6، ح4998، ص187.

(2) البخاري، المصدر السابق، ج4،ح 3623-3624، ص204، و ج6،ص186.

(3) الزركشي، المصدر السابق، ج1، ص237.

(4) بن حنبل، المصدر السابق، ج1، ح3422، ص362.

بعــد ان اوردنــا هــذه الروايــات نــأتي هنــا للنظــر فــي تلــك الروايــات واخــراج الحقائــق منهــا قــدر الامكــان وقــراءة مــا ورد فيمــا وراء الســطور، حتــى نســتطيع فهــم المغــزى مــن العرضــة بشكل عام والروايات بشكل خاص، وقد توصلنا لما يلي:

1- ان اهــم مــا لفــت نظرنــا هــو انــه لــيس للرســول حــديث خــاص بــه فــي هــذا المجــال رغــم انــه واحــد مــن اهــم موضــوعات القــرآن و الضــمانة لعــدم ضــياعه ودليــل مصــداقيته وعــدم تحريفــه. والحــديث الوحيــد عنــه هــي روايــة عائشــة عــن فاطــمة بنــت الرسول، بعيد وفاته (رواية رقم6).

2- تأكيــد الروايــات علــى قــرب وفــاة الرســول وانتهــاء الــوحي وتصــريحه لــه بــذلك لابنتــه. الــم يكــن هــذا ســببا كافيــا كــي يــأمر المســلمين بجمــع القــرآن وتدوينــه، باعتبــار أنــه لــم تبــق هنــاك اسباب تمنعــه مــن ذلــك، حســب مــا يــذهب اليــه بعــض العلمــاء و الباحثين.

3- يفهم مــن الروايــات انــه لــم يحضــر احــد مــا العرضــة الاخيــرة او اية عرضة اخرى، وذلك بسبب:
اولا: عــدم قــول احــد مــن الــرواة بتفاصيــل مــا يحــدث فــي العرضــة وكيفيتــه، لانــه لــو حضــره احــد مــا لكنــا قــد رأينــا تفاصيل ذلك في الروايات.
ثانيــا: لــم يــذكر احــد ممــن حضــر العرضــة انــه قــد حضــرها، و انــه لشــئ غريــب وغيــر مفهــوم ان لا يبــوح بــه أو يتحــدث عنــه من حضر العرضة.
ثالثــا: ان مثــل هــذا الحضــور كــان ســيعطي قيمــة اكبــر و مصــداقية اكثــر لصــاحبه لذلــك لــن يتــأخر احــد فــي القــول بانــه قــد حضر العرضة الاخيرة.

رابعا: تؤكد الروايات على شخصين قد حضرا العرضة وهما زيد بن ثابت وعبدالله بن مسعود، و هذان هما الشخصان اللذان لديهما روايات عديدة ولكن لم يتحدث أحد منهما البتة عن حضورهم مثل هذه العرضة. رغم انها كانت ستكون حسما للموقف لصالح احدهما في قضية تعين الشخص الذي يستحق مهمة تدوين القرآن وجمعه في عهد عثمان.

4- عدم ايراد الروايات لتفاصيل العرضة، وكذلك اختلاف الروايات فى من كان يعرض على من (جبريل على الرسول، أم بالعكس)، وهذا يوحي بان المسلمين لم يكونوا يعرفون الشيء الكثير عن تلك العرضات، اذ لم تكن الروايات ذا تاريخ متاخر.

5- القول بان القراءة هذه هي نتاج العرضة الاخيرة ليس عليه اي دليل مهما كان صغيرا وانه مجرد راي لا يستند على ارضية ثابتة (الرواية7و8) والظاهر ان مثل هذه الروايات كانت نتيجة غير مباشرة لجمع و تدوين القرآن، و اتهام بعضهم لوجود النقص والزيادة فيه. كما انه لم يكن من الممكن ان يعترض ابن مسعود على زيد وكتابة القرآن على حرفه لو كان الرواية صحيحة وان قراءته هي نتاج العرضة الاخيرة. ولو كان ابن مسعود هو الذي حضر، فلكان على ابو بكر و عثمان (الخليفتان الراشديان)، ان يعطوه مهمة الجمع والتدوين بدلامن زيد.

6- يمكن للباحث ان يصل الى الغاية من وراء هذه الروايات وهي:
أ- تاكيد الشكل النهائي للقرآن، وعدم الاعتراض على ما هو موجود الان.

ب‌- معرفـــة ناسـخة ومنسـوخة والاحـرف السـبعة ومعرفـة ما يجب معرفته عن ترتيبه،(1) وما الى ذلك.

7- حاولـت كثيـرا ايجـاد ولـو دليـل واحـد علـى هـذه العرضـات بيـن الـوحي والرسـول مـن خـلال الروايـات المتعلقـة بجمـع وتـدوين القـرآن فـي فتـرة الخليفـة ابـو بكـر و الخليفـة عثمـان، ولكن دون أية نتيجة تذكر.

_____

(1) بـالطبع لا تـورد فـي الروايـات شـيئا عـن الناسـخ و المنسـوخ او الاحـرف السـبعة او الترتيب النهائي له. ولكن هي نتيجة بديهية لمثل هذه الروايات. المؤلف

المبحث الثاني: جمع القرآن وتدوينه في عهد الخليفة الراشدي الاول ابوبكر الصديق

أولا- الاسباب الباعثة لهذا الجمع

لا تتحــدث المصــادر والمراجــع عــن اسـباب كثيــرة ادت بالخليفـة ابـو بكـر الصـديق للامـر بجمـع القرآن وتدوينـه. فهنـاك عـدة روايـات تـذكر قصـة الجمـع باكملهـا، وردت بطـرق وصيغ متعـددة، ولكـن المفهـوم هـو واحـد. ونسـتطيع هنا تقسـيم هـذه الروايات لاربعة اقسام من حيث:

1- من هو صاحب الفكرة في جمع وتدوين القرآن.

2- وفي عهد اي خليفة تم هذا الجمع.

3- من قام بهذه المهمة وكيف.

4- الاسباب الباعثة لعملية الجمع والتدوين.

وسـنورد الان القسـم الخــاص بالاسـباب التـي كانـت وراء هـذا الجمـع مـن الروايـات، و مـن ثـم نناقشـها للوصـول الـى اكبـر قـدر ممكن من النتائج، والروايات هي:

1- عـن زيـد بـن ثابـت قال:"ارسـل الـي ابـو بكـر (الصـديق). مقتـل اهـل اليمامـة فـاذا عمـر بـن الخطـاب عنـده، قـال ابوبكر (رض) ان عمـر اتـاني فقـال قـد اسـتحر القتـل يـوم اليمامـة بقـراء

القرآن واني اخشـى ان يستمر القتل بـالقراء بـالمواطن فيذهب كثير من القرآن واني أرى ان تأمر بجمع القرآن..."(1)

2- عــن زيــد بــن ثابــت قــال: "لمــا قتــل اصحاب رسول الله (ص) باليمامـة، دخـل عمـر بــن الخطــاب (رض) علــى ابـي بكر (الصـديق) رحمـه الله فقـال: ان اصحاب رسول الله (ص) باليمامـة تهـافتوا تهافـت الفـراش فـي النـار وانـي اخشـى ان لا يشـهدوا موطنـا الا فعلـوا ذلك حتـى يقتلـوا- وهـم حملـة القـرآن- فيضيع القرآن وينسى فلو جمعته وكتبته.."(2)

3- عـن ابن شهاب قال:"لمـا اصيب المسلمون باليمامـة فـزع ابـو بكـر الصـديق (رض) وخـاف ان يـذهب مـن القـرآن طائفـة فاقبل الناس بما عندهم ..."(3)

4- عـن ابن شهاب قـال: " بلغنـا انـه كـان انـزل قـرآن كثيـر، فقتـل علمـاؤه يـوم اليمامـة الـذين كـانوا قـد وعـوه، ولـم يعلـم بعدهم ولم يكتب..."(4)

5- عــن هشــام بــن عــروة عـن ابيــه قــال:" لمــا استحر القتـل بــالقراء يومئــذ فَـرَقَ ابـوبكر الصـديق (رض) علـى القرآن ان

_____

(1) البخاري، المصـدر السـابق، ج6، ح 4986، ص183؛ الـذهبي، المصـدر السـابق، ج3، ص79؛ ابــن كثيــر، تفسيــر ...، ج1، ص24؛ السجسـتاني، المصـاحف، ج1، ص12-13؛ الزركشي، البرهان..،ج1، ص233.

(2) الطبري، المصدر السابق، ج1، ص59.

(3) السيوطي، الاتقان.. ،ج1، ص162.

(4) عبدالكريم فضل الله، المرجع السابق، ص20.

يضيّع فقال لعمر بن الخطاب (رض) ولزيد بن ثابت اقعدوا.."[1]

6- عن عمر بان الخطاب (رض) أنه" سأل عن آية من كتاب الله فقيل كانت مع فلان فقتل يوم اليمامة فقال: انا لله وامر بالقرآن فجمع.."[2]

يظهر جليا من خلال قراءة هذه الروايات وغيرها والتي جائت بطرق اخرى. ان سبب الجمع الوحيد هو قتل القراء (أي حفاظ القرآن) يوم اليمامة، في الحرب ضد مسيلمة بن حبيب الحنفي و انصاره[3] وهو المشهور في الاثار الاسلامية بمسيلمة الكذاب. وكذلك الخوف من قتل القراء الاخرين في الامصار الاسلامية الاخرى.

يرى المستعرب ثيودور نولدكه في ربط جمع القرآن بمعركة اليمامة ربطا ضعيفا جدا. فالذين سقطوا في المعركة من حفظة القرآن، والتي تنسب اليهم معرفة واسعة بالقرآن قلائل، وذلك لانهم كلهم تقريبا من المهتدين حديثا الى الاسلام. فقد فَقَدَ المسلمون في المعركة 151 شخصا، ولم اجد (الكلام لثيودور نولدكه) في التقارير التي تمكنت من الوصول اليها الا اِثنين ممن سقطوا من الذين يشهد لهم بوضوح بمعرفتهم بالقرآن. وهما عبدالله بن حفص (ابن

---

(1) السجستاني، المصاحف، ج1، ص11.

(2) ابن كثير، التفسير.. ، ج1، ص26؛ السجستاني، المصاحف، ج1، ص15.

(3) حدثت هذه المعركة عام 11هـ، وكانت المعركة الفاصلة في حروب الردة وذلك في (حديقة الموت). و قتل فيها مسيلمة بسيف عبدالله بن زيد الانصاري وحربة وحشي. وكان المسلمون بقيادة (خالد بن الوليد). راجع: شوقي ابو خليل(الدكتور)، اطلس القرآن، ط2، دار الفكر، دمشق، 1423هـ -2003م، ص287.

غانم) وسالم من اتباع ابي حنيفة. كما ان الجمع وكما جاءت في الروايات قد صار انطلاقا من مصادر مكتوبة فقط، ولاشك في هذا، لان النبي كان حريصاً على تدوين الوحي، فلذا ان قتل الحفاظ لن يثير اي قلق بشان ضياع الوحي.[1]

يبدو لنا عند التمعن في الروايات، بان السبب الظاهري والمباشر والذي دفع الخليفة ابوبكر الصديق بالامر بجمع و تدوين القران، هو قتل الحفاظ في المعركة. ولكن كانت هناك اسباب اخرى غير مباشرة قد دفعت بعمر بن الخطاب (رض) للتفكير بهذا الامر وانها لم تكن وليدة تلك اللحظة، وهذه الاسباب هي:

اولا: موت الرسول والذي يعتبر المصدر الوحيد لتلقي الوحي، وبموته ينتهي نزول الوحي، ويصبح بالتالي ما نزل عرضة للضياع والاختلاف بقدوم الزمن بموت من كان حوله ممن يتقنون الآيات و السور.

ثانيا: اِن هذا المصدر هو بمثابة الدستور الدائم والذي لايمكن تغييره ولا يجب نسيانه، ولا يمكن تحقيق هذا الامر الا بتدوينه، حتى يكون مرجعا في الايام القادمة.

لذا اننا نرى ان معركة اليمامة لم تكن. سوى نقطة البدء لمشروع قد فكر فيه صاحبه كثيرا (نقصد هنا عمر بن الخطاب)، وراى في ما حدث فرصة لاقناع الاخرين

([1]) ثيودور نولدكه، المرجع السابق، ج2، ص253-254؛ يورد ابن كثير انه قتل من القراء في ذلك اليوم ما يقارب الخمسمائة. راجع: التفسير...،ج1، ص26؛ ويذكر ابو زيد نقلا عن بعض المصادر الاخرى، ان المسلمين كانوا بين 960 الى 1200 مسلم والصحابة منهم بين 450 الى 660 صحابيا والحفاظ الذين قتلوا هم 70 رجلا في اكثر الروايات. راجع: محمد شرعي ابو زيد، المرجع السابق، ص 87-88.

بفكرته، و ذلك من خلال فقدان مصدر مهم من مصادر الايات و السور بعد وفاة النبي. خاصة اذا ما عرفنا بان المدونات التي كانت في عهد النبي محمد كانت مبعثرة بين المسلمين ويمكن بسهولة تغييرها اواتلافها، والتي كان من الاسباب التي ادت أيضا بالمسلمين لاعطاء الحفظ في الصدور تلك الاهمية الكبيرة.

ثانيا- عملية الجمع و التدوين:

يبدو ان هناك شيئا مشتركا بين الباحثين والكتاب فيما يخص عنوان هذا الموضوع وترقيمه مثل(عملية الجمع و التدوين الاولى او الثانية او..). لذا راينا بانه من الاهمية بمكان توضيح وجهة نظرنا فيه قبل البدء بهذا الموضوع. فقد فكرنا في البداية اضافة (الاولى) الى العنوان اعلاه، ولكن ظهر لنا خطأ هذه النظرة والتسمية. و ذلك بسبب انه اذا ما قلنا (الاولى) فيعني هذا انه قد اهملنا التدوين الاول في عهد الرسول، وهذا مالم يحدث باتفاق الروايات في هذا الشان. لذلك راينا بانه يجب الحذر من اطلاق تلك التسمية على هذا الموضوع. ويمكن تحقيق هذا، أي تسميته وترقيمه اذا ما درسنا الموضوع بشكل اخر، وذلك بدراسة الجمع و التدوين كل على حدة، وعدم الجمع بين الموضوعين في موضوع واحد.

لقد وردت عملية الجمع والتدوين في الروايات ذاتها التي اوردناها عند التحدث عن الاسباب الباعثة لهذه العملية. لذا سنقوم باعادة ذكر الروايات والتركيز على الجزء الذي يهمنا

هنا من الرواية. بالاضافة الى روايات أخرى تناولت موضوعنا هذا. والروايات هي:

(1) عن ابن سيرين قال: "مات ابو بكر الصديق (رض) ولم يجمع القران وقتل عمر ابن الخطاب (رض) ولم يجمع القرآن"[1]

(2) عن ابن سيرين قال: "ان على بن ابي طالب (رض) اقسم ان لايرتدي برداء الى الجمعة حتى يجمع القرآن في مصحف ففعل فارسل اليه ابو بكر (رض) بعد ايام أكرهت امارتي يا ابا الحسن؟ قال: لا والله الا اني اقسمت ان لا ارتدي برداء الا لجمعه فبايعه ثم رجع"[2]

(3) عن يحيى بن عبدالرحمن بن حاطب قال: " أراد عمر بن الخطاب (رض) ان يجمع القرآن[3] فقام في الناس فقال: من كان تلقى من رسول الله (ص) شيئا من القرآن فليأتينا به، وكانوا قد كتبوا ذلك في الصحف والالواح والخشب، وكان لا يقبل من احد شيئا حتى يشهد شهيدان، فقتل وهو

(1) يعلق ابن اشته على هذا الكلام، القصد منه هو عدم قرائتهم لجميع القرآن حفظا، وقيل ايضا المعنى هو جمع القرآن. راجع: السيوطي، الاتقان ..، ج1، ص194-195.

(2) السجستاني، المصاحف، ج1، ص16؛ السيوطي، تأريخ الخلفاء، ص120؛ يرى القاضي ابو بكر الباقلاني بان القصد من الجمع هنا هو الحفظ؛ ولكن هذا الكلام يناقض رواية اخرى لابن سيرين قال فيها: انه كتب في مصحفه الناسخ والمنسوخ. راجع: السيوطي، الاتقان.. ،ج1،ص161؛ محمد صفاء حقي (الدكتور)، المرجع السابق، م2، ص102 ؛

-Koranen، op، cit.81.

(3) يراجع ايضا الرواية رقم (6) الصفحة (107) من هذا المبحث.

يجمــع ذلـك اليــه فقـام عثمــان بـن عفــان (رض)، فقـال: مـن كـان عنده .. "(1)

4- عــن عبـدالله بـن فضــالة قـال: "لمـا اراد عمـر (رض) ان يكتب الامـام اقعـد لـه نفـرا مـن الصحابة وقال: اذا اختلفتم فـي اللغــة فاكتبوهـا بلغــة مضـر، فـان القـرآن نـزل علـى رجـل مـن مضر "(2)

5- عـن عبـدالله بـن معقـل قـال: "قـال عمـر بـن الخطـاب رضـي الله عنـه. قـال لا يملـين فـي مصـاحفنا الا غلمـان قـريش و ثقيف "(3)

يظهـر مـن خـلال النظـرة الاولـى لهـذه الروايـات اختلافـا فـي الشخص الـذي امـر بـالجمع وفـي اي عهـد تـم ذلـك. ولكـن عنـد التمعـن فـي الروايـات السـابقة والحاليـة و التـي سـتاتي فيمـا بعـد ايضـا، تتوضـح الصـورة بشـكل أكثـر. فلناخـذ اولا: الروايـات المتعلقـة بعمـر بـن الخطـاب، لا تظهـر بـان الجمـع كـان فـي عهـده فقـط وأنمـا أكمـل العمـل بعـد مقتلـه. رغـم هـذا فـأن اكثر

---

(1) السجسـتاني، المصـاحف، ج1، ص16؛ السـيوطي، الاتقــان..، ج1، ص17 و ص162؛ ويبـدو لنـا وانطلاقـا مـن مثـل هـذه الروايـات، أدت بـالكثير مـن الكتـاب الغـربيين يعتقـدون بـان الجمع الاول تم في عهد عثمان بن عفان. راجع:

-Asmussen، Jes Peter and Lcessøe، Jørgen، I Llustreret Religionshistorie، Berlingske Bogtrykkeri، København، 1968، Bind 3،S.334; Islam، op، cit.27.

(2) السجستاني، المصاحف، ج1،ص16؛ السيوطي، الاتقان...،ج1، ص17-18.

(3) السجسـتاني، المصـاحف، ج1، ص16. راجـع للمزيـد مـن هـذه الروايـات عـن عمـر بـن الخطاب .

الروايات في هذا الشان تتفق بان عمر هو صاحب فكرة جمع القرآن. ونحن نرى بان قراره هذا بجمع القرآن كان في البداية قرارا فرديا حتى اشار بذلك ابوبكر الصديق وبعدها اصبح العمل رسميا بتبني الخليفة أبو بكر للمشروع. ثانيا: ان الكثيرين من الرواة المسلمين قد اعتادوا اسلوب بتر القصة و قول فكرة واحدة او جزء صغير منه، لسبب ما، لانعلمه كما هو واضح عند قراءة الروايات. وبرااينا ان هذا ليس خطأ بحد ذاته، ولكن الخطأ ان ناخذ تلك الروايات ونناقشها منفردة. والسبب الاخر الذي جعلنا نرى هذا الراي هو رواية للطبري (ياتي ذكره في الصفحة رقم 115 الراوية رقم 2)، عن زيد بن ثابت،حيث يأتي فيها، انه (أي زيد) جمع القران بأمر الخليفة ابوبكر الصديقوكتبه في قطع الاديم وكسر الاكتاف والعسب ومن ثم قام عمر بتكملة المشروع بعد موت ابوبكر الصديق حيث كتبه عمر في الصحف والتي بقيت لديه حتى وفاته ومن ثم ودعت عند ابنته وزوجة الرسول حفصة بنت عمر. ويبدو ان هذه الرواية تجمع اكثر تلك الروايات في رواية واحدة وتوفق بينها.

اما الروايات التي تخص عليا بن ابي طالب وجمعه للقرآن قبل الاخرين. فأننا لا نرى فيها ما يخالف الروايات الاخرى، غير ان التعصب ادى ببعضهم الى تفسير الرواية بشكل اخر. وذلك لان العمل الذي قام به علي بن ابي طالب هو عمل فردي على المستوى الشخصي، ولكن جمع ابوبكر الصديق وعمر بن الخطاب هو عمل على مستوى الدولة، له صداه عند كافة المسلمين. وهذا لا ينفي قيام علي (رض) بذلك العمل، فالشواهد تؤكد على ان شخصية علي بن ابي طالب وقربه من الرسول واهتمامه بالقرآن و تبحره فيه،

تـدعم فكـرة قيامـه بمثـل هـذا العمـل. ويبـدو أن هـذا الكـلام يجعلنـا أيضـا نـؤمن بفكـرة وجـود مصـاحف اخـرى لـبعض الصحابة الكبـار والمقـربين مـن الرسـول.[1] سـناتي علـى ذكـرهم بشـيء مـن التفصيـل فـي الفصـل الخامـس مـن هـذه الدراسة.

و يـورد المستشـرق جولدتسـهير فـي هـذا الصـدد بروايـة عـن طلحـة بـن عبيدالله فـي قولـه: (لعلـي بـن ابـي طالـب:(لقـد رايـت كيـف خرجـت ذات يـوم، متمسـكا بيـدك ثوبـا عليـه خاتـم (فـي بعـض الروايـات خاتـم اصـفر) ثـم قلـت: لقـد قمـت بغسـل النبـي وتكفينـه ودفنـه، ثـم اشتغلت بـالقرآن حتـى جمعتـه بتمامـه فلـم يسـقط منـه حرفـا. والان لا نـرى شـيئا مـم كتبـت وجمعـت. و لمـا ارسـل اليـك عمـر بـن الخطـاب وطلـب ان يـرى مـا جمعـت مـن القرآن لـم تجبـه الـى ذلـك. ثـم تـاتي الروايـة علـى وصـف الطريقـة التـي تـم بهـا جمـع عثمـان بـن عفـان للمصـحف جمعـا غيـر دقيـق... فيجيبـه علـي بـن ابـي طالـب بـان النبـي أملـى عليـه حقـا جميـع القرآن بكـل مـا اشتمـل عليـه مـن احكـام و انبـاء، ولكـن ولاسبـاب لـم يـذكرها، ولا يريـد ان يعلـن مصـحفه علـى النـاس. وهـو ليـس مثـل مصـحف عثمـان بـن عفـان ولكنـه القرآن كلـه، فـاذا تمسـكتم بـه نجـوتم وكـل مـا فيـه مـن نـص هـو صحيح). [2]

([1]) للاستـزادة فـي هـذا الموضـوع يراجـع: محمـد صفـاء حقـي (الـدكتور)، المرجـع السـابق م2، ص102؛ احمد عبدالعظيم الزرقاني، المرجع السابق، ص102.

([2]) أجنتـس جولدتسـهير، مـذاهب التفسـير الاسـلامي، ترجمـة د.عبدالحليم النجـار، مطبعـة السنة المحمدية، القاهرة، 1374هـ -1955م، ص 300-301.

هذا بالنسبة للروايات الخاصة بالاشخاص الذين امروا او قاموا بجمع وتدوين القرآن، اما تفاصيل العملية ذاتها فقد وردت في الروايات التالية:

1- عن زيد بن ثابت "ارسل الي ابو بكر (رض) مقتل اهل اليمامة فاذا عمر بن الخطاب (رض) عنده قال ابو بكر (رض) ان عمر اتاني فقال.. ارى ان تأمر بجمع القران قلت لعمر كيف تفعل شيئا لم يفعله رسول الله (ص) قال عمر (رض) هذا والله خير فلم يزل عمر يراجعني حتى شرح الله صدري لذلك رايت في ذلك الذي راى عمر (رض) قال زيد قال ابو بكر (رض) انك رجل شاب عاقل لا نتهمك و قد كنت تكتب الوحي لرسول الله (ص) فتتبع القرآن فاجمعه فوالله لو كلفوني نقل جبل من الجبال ما كان اثقل على مما امرني به من جمع القرآن قلت كيف تفعلون شيئا لم يفعله رسول الله (ص) قال هو والله خير فلم يزل ابوبكر يراجعني حتى شرح الله صدري للذي شرح له صدرا ابو بكر و عمر(رض عنهما) فتتبعت القرآن اجمعه من العسب واللخاف و صدور الرجال حتى وجدت اخر سورة التوبة مع ابي خزيمة الانصاري[1] لم اجدها مع غيره ﴿**لَقَدْ جَاءَكُمْ رَسُولٌ مِّنْ أَنفُسِكُمْ عَزِيزٌ عَلَيْهِ مَا عَنِتُّمْ ... ﴿128﴾**﴾ (سورة 9: آية128) حتى خاتمة براءة فكانت الصحف عند

([1]) تأتي في رواية اخرى انه راى ايتين (الاية 128و129) مع خزيمة بن ثابت. ورواية ثالثة بانه رأى مع رجل من الانصار (سورة 33: اية23) ﴿ مِنَ الْمُؤْمِنِينَ رِجَالٌ صَدَقُوا مَا عَاهَدُوا اللَّهَ عَلَيْهِ ... ﴾ راجع: السجستاني، المصاحف، ج1، ص13-14؛ وخزيمة او ابو خزيمة ليسا شخصا واحدا و انما شخصان فالاول هو خزيمة بن ثابت بن الفاكه بن ثعلبة بن ساعدة الاوسي. أما أبوخزيمة فهو أوس بن زيد بن ثعلبة بن عمر بن مالك بن النجار الانصاري. راجع: محمد صفاء حقي (الدكتور)، المرجع السابق، م2، ص81.

ابي بكر (رض) حتى توفاه الله ثم عند عمر (رض) حياته ثم حفصة بنت عمر (رض)"[1].

2-عن زيد بن ثابت قال "لما قتل اصحاب رسول الله (ص) باليمامة، دخل عمر بن الخطاب على ابي بكر رحمه الله فقال : .. اخشى ... ان يقتلو (اي حملة القرآن) فيضيع القرآن وينسى. فلو جمعته وكتبته فنفر منها ابو بكر وقال: افعل مالم يفعله رسول الله (ص) فتراجعا في ذلك. ثم ارسل الي ابو بكر قال زيد: فدخلت عليه و عمر محزئل[2] فقال ابو بكر: ان هذا دعاني الى امر فأبيت عليه، وانت كاتب الوحي. فأن تكن معه اتبعتكما، وان توافقني لا افعل: قال: فأقتص ابوبكر قول عمر، وعمر ساكت، فنفرت من ذلك وقلت: نفعل ما لم يفعل رسول الله (ص)؟ الى أن قال عمركلمة: وما عليكما لو فعلتما ذلك؟ قال: فذهبنا ننظر، فقلنا: لا شيء والله: ما علينا في ذلك من شيء. قال زيد: فأمرني ابوبكر فكتبته في قطع الاديم وكسر الاكتاف والعسب. فلما هلك ابوبكر وكان عمر كتب ذلك في صحيفة واحدة فكانت عنده فلما هلك، كانت الصحيفة عند حفصة زوجة النبي (ص)"[3]

([1]) البخاري، المصدر السابق، ج6، ح4986، ص183 ؛الذهبي، المصدر السابق، ج4، ص55؛ المروزي، احمد بن علي بن سعيد الاموي ابو بكرا، مسند ابي بكر الصديق، حققه شعيب - - الارناؤوط، المكتب الاسلامي، بيروت، بلا.ت، ص97-140؛ الدشتي، علي،23 عاما دراسة في السيرة النبوية المحمدية، ترجمة ثائر ديب، بترا للنشر والتوزيع، دمشق، 2004م، ص 204-229؛ ثيودور نولدكه، المرجع السابق، ج2، ص246-251؛ ويليام موير، المرجع السابق، ص25-26.

([2]) محزئل اي منضم بعضه الى بعض. واحزآل: اي اجتمع و تحفز ورفع صدره كالمتهيء لامر. الطبري، المصدر السابق، ج1، ص59.

([3]) المصدر نفسه، ج1، ص58-59.

3- عن ابي العالية قال: "انهم جمعوا القرآن في مصحف في خلافة ابي بكر فكان رجال يكتبون ويملي عليهم أُبي بن كعب، فلما انتهو الى هذه الاية من سورة براءة: (سورة 9: آية 127) فظنوا ان هذا اخر ما نزل من القرآن فقال أُبي (بن كعب) ان رسول الله قد اقراني بعدهن ايتين(128-129) قال: فهذا اخر ما انزل من القرآن فختم الامر بما فتح به..." [1]

4- عن سالم و خارجة "ان ابابكر الصديق كان جمع القرآن في قراطيس وكان قد سأل زيد بن ثابت النظر في ذلك فأبي حتى استعان عليه بعمر ابن الخطاب ففعل، وكانت تلك الكتب عند ابي بكر حتى توفي، ثم عند عمر حتى توفي ثم عند حفصه زوجة النبي (ص) فارسل اليها عثمان فأبت ان تدفعها اليه حتى عاهدها ليردنها اليها، فبعث بها اليه فنسخها عثمان في هذه المصاحف ثم ردها اليها فلم تزل عندها حتى ارسل مروان فاخذها فحرقها"[2]

5- عن هشام بن عروة عن ابيه " ان ابابكر قال لعمر ولزيد اقعدا على باب المسجد فمن جاءكم بشاهدين[3] على شيء من كتاب الله فاكتباه"[4]

([1]) السجستاني، المصاحف، ج1، ص16.

([2]) السجستاني، المصدر نفسه، ج1، ص17.

([3]) يرى ابن حجر العسقلاني، ان المراد بالشاهدين هو الحفظ والكتابة. اما السخاوي فيقول هو ان يشهد الشاهدان على ان ذلك المكتوب كتب بين يدي رسول الله (ص) وهي من الوجوه التي نزل عليها القرآن. اما السيوطي، فيذهب الى انهما يشهدان على ان ذلك مما عرض على النبي عام وفاته. راجع السيوطي، الاتقان، ج1، ص162-163.

([4]) السيوطي، الاتقان... ، ج1، ص162.

6- عن الليث بن سعد قال: " اول من جمع القرآن ابو بكر (الصديق) وكتبه زيد (بن ثابت) وكان الناس يأتون زيد بن ثابت فكان لايكتب اية الا بشاهدي عدل وان اخر سورة براءة لم توجد الامع خزيمة بن ثابت فقال اكتبوها فان الرسول جعل شهادته بشهادة رجلين وان عمر أتى بآية الرجم فلم يكتبها لانه كان وحده"[1].

هذه هي اهم الروايات التي وردت في هذا الموضوع رغم ان بعضها جاءت بطرق عديدة ولكن دون اي اختلاف يذكر في المضمون.

وبعد التمعن في الروايات ظهر لنا جملة من الاشياء نوردها فيما يلي:

1- اتفاق الروايات على ان زيد بن ثابت من قام بمهمة جمع و تدوين القرآن على عهد ابي بكر الصديق. وهناك رواية واحدة (الرواية رقم 3)، اعطت هذه المهمة لابي بن كعب واننا نرى بان هذه الرواية تكمل الرواية الاخرى، لان زيد بن ثابت لا يستطيع ان يقوم بهذه المهمة لوحده ولابد لمن يساعده في ذلك ويشرف على العمل. وان أبي بن كعب هو من احد اكثر المؤهلين لهذا المهمة باعتباره سيد القراء ومن كتاب الوحي.

([1]) المصدرنفسه، ج1، ص163. ويبدو ان اغرب ما ورد في هذا الموضوع من الروايات ماذكره السيوطي عن الحارث المحاسبي بان القرآن كان بمنزلة اوراق وجدت في بيت رسول الله (ص) منتشرة هناك، فجمعها- اي ابي بكر الصديق(رض)- جامع وربطها بخيط حتى لا يضيع منها شيء. راجع: ص313. وبالطبع فالرواية غير مقبولة جملة و تفصيلا ولا تؤيده اية رواية او حقيقه اخرى. ويظهر انه من جملة ما نسمعه و نقرأه من غريب الكلام دون ان يكون له وجود في المصادر والاثار المتوفرة ودون ان تدعمه الادوات التأريخية الموجودة. المؤلف.

2- اننا نرى وحسب ما جاءت في اكثر الروايات ان صاحب هذا العمل الكبير هو عمر بن الخطاب وليس ابو بكر الصديق وان يكن هو الخليفة، لان مهمة الخليفة هنا لم تكن غير موافقة عمر الرأي والامر ببدأ المشروع. ولكن صاحب الفكرة ومن قام بأقناع الجميع ونفذ الفكرة الى حد بعيد هو عمر بن الخطاب. لذا فانه من الخطأ ان ننسب هذا العمل الكبير لابي بكر الصديق.

3- يظهر ايضا من خلال الروايات وبشكل واضح ان الرسول لم يقم يوما او يأمر بجمع القرآن.

4- الشيء الاخر والذي نستطيع استنتاجه من خلال الروايات، هو ان زيد بن ثابت والذي قام بالمهمة:
اولا: لم يكن من حفظة القرآن.
ثانيا:لم يحظر العرضة الاخيرة للقرآن والتي يشير اليها الكتاب المسلمون. وذلك بسبب قول ابي بكر الصديق وعمر بن الخطاب لزيد "... انك رجل (او شاب في بعض الروايات) عاقل لانتهمك و قد كنت تكتب الوحي لرسول الله ...". وهكذا لانجد الاشارة الى هاتين الصفتين حفظه للقرأن وحظوره العرضة الاخيرة، في اي من الروايات لامن قريب ولابعيد، رغم اهمية هاتين الصفتين وما يضفي على حاملة من مصداقية، ويؤهله القيام بمهمة الجمع والتدوين.

5- ان اعتراف زيد بن ثابت بصعوبة ومشقة المهمة، ادى ببعضهم مثل المستعرب ثيودور نولدكه الى الذهاب بالقول ان هذا العمل لم يكن لينتهي في عهد ابي بكر الصديق والذي دام حكمه فقط لسنتين وشهرين. وذلك باعتبار ان العمل كان قد بدا بعد وقعة اليمامة و الفترة المتبقية من عهده هو خمسة عشرة شهرا، وهي مدة لاتكفي لمثل هذا

العمل[1]. واننا نرى خطأ ما ذهب اليه ثيودور نولدكه، بسبب ما ورد في الروايات نفسها، حيث جاءت فيها: "... فكانت الصحف – اي المجموعة– عند ابوبكر حتى توفي ثم عند عمر حتى توفي ثم ...". وهذا يدل بوضوح على ان الصحف كانت قد اكتملت قبل وفاة ابوبكر الصديق.

6- الشيء الاخر والذي يمكن ملاحظته انه تم التعامل مع النسخة الجديدة كنسخة شخصية وليست كملك عام للمسلمين. فالنسخة انتقلت من ابو بكر الصديق لعمر بن الخطاب لابنته حفصة. والتي كان يجب ان تنتقل للخليفة الثالث عثمان بن عفان ولكن لم يحدث هذا.

7- اختلاف الروايات في نقطة مهمة جدا، الا وهي كيفية الجمع و التدوين؟ هل تم الاستعانة بشيء مكتوب؟ ام تم الاعتماد على الحفظ في التدوين؟ انظر الروايتان رقم 1و2. وبعد مقارنتنا للروايات ظهر لنا ترجيح الرواية الاولى و ذلك بسبب :

اولا: ان هناك خلط بين ما ورد في الرواية الثانية وما حدث في عصر الرسول. لان الروايات الموجودة في عصر الرسول تؤكد على ان التدوين تم في عهده على العسب و العظام و... ، وهذا يعني انه ليس هناك حاجة الى تدوينه على نفس الاشياء مرة اخرى. وتصبح الرواية مقبولة اذا ما بدلنا كلمة (فكتبته) الموجودة في الرواية بهذا الشكل "... فأمرني ابو بكر (رض) فكتبته في قطع الاديم وكسر الاكتاف..."، بكلمة اخرى هي (فجمعت ما هو مكتوب على..) لانها تتناسب والحقائق الموجودة.

---

(1) ثيودور نولدكه، المرجع السابق، ج2، ص253.

ثانيا: ان جملة "... تتبعته من العسب واللخاف و صدور الرجال..." الموجودة في الرواية الاولى، تطابق وتكمل الروايات الاخرى التى جاءت في عهد الرسول، وحالة القرآن وماكانت عليه.

لذا فاننا نستطيع القول انه وبجمع الروايات يظهر لنا ان العملية كانت بهذا الشكل. عندما قام زيد بن ثابت بالمهمة بدا بجمع المخطوطات و المدونات القرآنية ومن ثم بدأ، بمقارنتها بما يحفظه المسلمون من القرآن. ومن ثم دونه على شيء جديد. وذلك بسبب انه لايمكن البدأ بتدوين القرآن او مقارنته بما يحفظه المسلمون، دون الحصول على المخطوطات والمدونات الموجودة في عهد الرسول. كما لايمكن البدء في التدوين دون الانتهاء من تدقيق ما هو موجود. ونرى ان هذا يجب ان يكون من البديهيات لانه لايمكن تقديم خطوة على الاخرى من الناحية العملية والعقلية والا تعرض العمل للنقص. كما لايمكن رفض رواية جائت في المصادر القديمة لانها تناقص في بعض جزئياتها رواية اخرى، لذا يجب ان نحاول الجمع و التوفيق بينهما، ومن ثم اللجوء لقضية تفضيل احدهما على الاخرى. أو يجب أهمال كل الروايات الواردة في هذا الباب.

8- ان خوف عمر بن الخطاب من ضياع القرآن بقتل الحفاظ، يضعنا امام استنتاجين مهمين:
اولهما: ان المسلمين اعطوا الاولوية للحفظ على ماهو مدون.

ثانيا: انه لم يتم تدوين جميع ما انزل من الوحي على ايام الرسول، او انه تم ضياع جزء مهم من الوحي المدون ايام الرسول والا لما وجد هناك مبرر لخوف عمر بن الخطاب

من قتل القراء. فوجود قلة من الحفاظ يضمن للمسلمين امكانية تدقيق ما هو مدون، دون ان يكون هناك مبرر للخوف من ضياع النص.

9- تاكيد الروايات على وجود شاهدين عند تدوين الايات، دون ان توضح ماهية الشاهدين أهما شخصان؟ ام مكتوب وشخص؟ او مكتوب و شخصان؟ وهذا مايبرر اختلاف العلماء في معنى الشاهدين.[1] واننا نرى ان القصد من الشاهدين هو شخصان يؤيدان ان هذه الاية هو قرآن سواء اكان مدونا او لم يكن، بدليل:

1- ما ورد في الرواية (رقم 6) على انه لم يكن يكتب اية الا بشاهدي عدل.

2- ما ورد في نفس الرواية على ان اخر سورة براءة لم توجد الا مع خزيمة بن ثابت، فقال اكتبوها لان رسول الله (ص) جعل شهادته بشهادة رجلين.

3- ما ورد في نفس الرواية، على ان عمر بن الخطاب اتى باية الرجم فلم يكتبها لانه كان وحده.

4- ويظهر لنا ان ما هو وارد في الرواية (رقم 5) في معنى الشاهدين يطابق اكثر معنى دليلين اكثر منه شخصين.

ان هذه النقطة تجعلنا نستنتج استنتاجا جديدا الا وهو وحسب الروايات انه لم يكن هناك بين المسلمين شخصان اواكثر يستطيعون حفظ القرآن كله عن ظهر قلب. وذلك للاسباب التالية:

1- لانه لو وجد مثل هؤلاء الحفاظ، لكان هناك دائما شاهدان او حتى اكثر ولانتفى الحاجة الى قضية الشاهدين اصلا، لان وجود الحفاظ كفيل بتأكيد وتدقيق ما هو مدون.

---

(1) راجع هامش رقم 3 ص 116.

2- عدم قدرة المسلمين على معرفة الاية الناقصة و التي لم تكتب في البداية والتي وجدت مع خزيمة بن ثابت لانه لو كان هناك حفاظ لاستطاعوا معرفة ذلك منذ البداية.
3- ونرجع لخوف عمر بن الخطاب لتاكيد هذه النقطة، انه لو وجد الحفاظ لما خاف عمر من ضياع جزء من القرآن، لانه يبدو ان المسلمين كانوا يحفظون فقط اجزاءا او ايات او سور منه وليس كله.

10- الاختلاف الاخر والتي وردت في الروايات، هي قضية ايجاد بعض الايات في النهاية لم تكن قد دونت، حيث ورد الاختلاف في نقطتين:
1- في ذكر الشخص الذي وجدت عنده الايات (ابو خزيمة، و خزيمة بن ثابت ورجل من الانصار وأُبي بن كعب).
2- الاختلاف في الايات التي لم تدون بين سورة 9: اية 128 و سورة 9: اية 128-129و س 33: اية23. وهذه الاختلافات تجعلنا نشك في مصداقية الروايات.

11- تأكيد الروايات على ان هذه الايات التي يذكرها الجامعون في النهاية، هي اخر ما انزلت من القرآن. وهذا يثير لدينا سؤالا مهما وهو، كيف يمكن للمسلمين ان تكون اخر الايات نزولا (او حتى اخريات الايات نزولا)، هي الايات التي نسوها ولم يتذكروها ولم توجد الا عند رجل واحد؟ ولا يجب ان يغرب عن بالنا ان هذه الايات هي الاقرب عهدا للمسلمين وجامعي القرأن، مقارنة بما نزل من القرآن قبل تلك الايات بعشرين او ثلاث وعشرين سنة.

12- اما مايتعلق بترتيب الايات و السور فلم تذكر الروايات شيئا عنها وعن كيفية تدوينها وترتيبها. هل هي من عندهم؟ او من عند الرسول او الوحي؟ والاشارة الوحيدة لهذا الموضوع في الروايات هي عندما وجد اخر

سورة التوبة عند خزيمة، وهو ما يفهم من انهم كانوا يعرفون هذا التسلسل قبل ذلك. ولكن هذا الكلام يناقض ما جاء في رواية "عن عبدالله بن الزبير عن ابيه قال: اتى الحارث بن خزيمة بهاتين الايتين من آخر سورة براءة فقال: أشهد اني سمعتهما من رسول الله ووعيتهما فقال عمر(بن الخطاب) وانا اشهد لقد سمعتهم. ثم قال لو كانت ثلاث ايات لجعلتها سورة على حدة فانظروا اخر سورة من القرآن فالحقوها في اخرها"[1]. وهنا الرواية صريحة بان توزيع الايات وان لم يكن كلها فهي قد كانت بأجتهاد من الصحابة.

13- اما قضية الاحرف السبعة، فهي من الامور المهمة جدا ايضا، و التي لم تتطرق اليها اية رواية ولو بأشارة صغيرة. رغم ان بعضهم مثل ابن عبدالبر يقول ان جمع ابي بكر الصديق وعلي بن ابي طالب كان على حسب الحروف السبعة [2]. دون الاشارة الى مصدر هذا الكلام والرواية التي جائت به.

14- اما الناسخ والمنسوخ فلم يكن لها نصيب ايضا في الروايات. ولكن مع هذا يذكر الباحث محمد شرعي ابو زيد قوله "ولم يكن في هذا الجمع ما نسخت تلاوته ..."[3]. دون ان يذكر أي دليل على ذلك وماهي الرواية التي جاءت بهذا الكلام.

_____

(1) السيوطي، الاتقان ...، ج1، ص169. ويروي عن ابن حجر العسقلاني قوله ان ظاهر الرواية يذهب الى انهم كانوا يؤلفون ايات السور باجتهادهم و سائر الاخبار تدل على انهم لم يفعلوا شيئا من ذلك الا بتوقيف. و ذهب القاضي ابوبكر الباقلاني على ان ترتيب الايات امر واجب وحكم لازم فقد كان جبريل يقول ضعوا اية كذا في موضوع كذا. وذهب البغوي (ت 516هـ) الا ان ما هو في مصاحفنا هو بتوقيف من جبريل وان سعي الصحابة كان في جمعه في موضع واحد، لا في ترتيبه وان القرآن مكتوب في اللوح المحفوظ على هذا الترتيب. اما ترتيب السور فقد ذهب جمهور العلماء على انه باجتهاد من الصحابة. المصدر نفسه، ج1، ص169-171.

(2) محمد عبدالله القحطاني، المرجع السابق، ص191.

(3) محمد شرعي ابو زيد، المرجع السابق، ص102.

الفصل الثالث

جمع و تدوين القرآن في عهد الخليفة الراشدي الثالث عثمان بن عفان (ت 36هـ):

تعتبر هذه المرحلة الاكثر اهمية في تاريخ القرآن. وذلك لانه تم فيها التدوين النهائي للقرآن الذي هو موجود بين ايدينا اليوم، وذلك من حيث ترتيبه ولغته والحرف الذي كتب عليه وناسخه ومنسوخه وما الى ذلك مما يتألف منه القرآن. كما تم في هذه المرحلة القضاء على كل المصاحف الاخرى و التي وجدت بأيدي المسلمين، حتى لم يتبقى بايدي المسلمين غير مصحف واحد الا وهو المصحف الامام[1] او ما يسمى بالمصحف العثماني نسبة الى عثمان بن عفان الذي امر بذلك.

سنقوم في هذه المرحلة بمناقشة مواضيع مهمة، حيث قسمنا هذه المواضيع لاربعة مباحث. كي يسهل علينا الالمام بكل الجوانب وتوضيح الحقائق بقدر الامكان بشكل سهل ومرتب.

المبحث الاول : الاسباب الباعثة لهذا الجمع و التدوين:

نرى من الضرورة بمكان ان نورد الروايات المتعلقة بهذا الموضوع اولا والتي تم فيها ذكر الاسباب فقط، ومن ثم نناقشها و نستخلص الاسباب منها. و الروايات هي:

---

[1] يقول محمد طاهر الكردي في معنى هذه التسمية: "لعل المراد بها شمولها لجميع المصاحف التي كتبت بامر عثمان (رض) في اي مصر من الامصار، وليس مصحف المدينة او المصحف الخاص بالخليفة" نقلا عن: الشهري، عوض احمد الناشري، المصحف العثماني، بحث منشور، كلية الشريعة، جامعة الملك خالد،ابها، بلات، ص2؛ ولكننا نرى بان التسمية تعني المصحف الاول او الرئيسي أو الرسمي والذي تم نقل جميع المصاحف الاخرى عنه. المؤلف.

1- عــن انــس بــن مالــك " ان حذيفــة بــن اليمــان قــدم علــى عثمــان(بن عفان) وكــان يغــازي مــع اهل الشام فــي فتح ارمينيا واذربيجــان مــع اهل العــراق فــأفزع حذيفة اختلافهم فــي القــراءة فقــال حذيفــة لعثمــان: يــا اميــر المــؤمنين ادرك هــذه الامــة قبــل ان يختلفــوا فــي الكتــاب أختــلاف اليهــود و النصــارى فأرســل عثمان..." (1) .

2- عــن زيــد بــن ثابــت قــال: "... ان حذيفــة بــن اليمــان قــدم مــن غــزوة كــان غزاهــا بمــرج ارمينيــا فلــم يــدخل بيتــه حتــى اتــى عثمــان بــن عفان فقــال: يــا اميــر المــؤمنين ادرك الناس! فقــال عثمــان بــن عفــان: ومــاذا؟ قــال: غــزوت مــرج ارمينيــا، فحضــرهــا اهــل العــراق واهــل الشــام، فــاذا اهــل الشــام يقــرأون بقــراءة أُبــي بــن كعــب، فيــأتون بمــا لــم يسمــع اهــل العــراق، فتكفــرهم اهــل العــراق. واذا اهــل العــراق يقــرأون بقــراءة ابــن مســعود، فيــأتون بمــا لــم يسمــع بــه اهــل الشــام، فتكفــرهم اهــل الشام. قال زيد فأمرني عثمان بن عفان..." (2) .

3- عــن ابــي قلابــة قــال: " لمــا كــان فــي خلافــة عثمــان بــن عفــان، جعــل المعلــم يعلــم قــراءة الرجــل والمعلــم قــراءة الرجــل، فجعــل الغلمــان يلتقــون فيختلفــون، حتــى ارتفــع ذلــك الــى المعلمــين حتــى كفــر بعضــهم بقــراءة بعــض. فبلــغ ذلــك عثمــان بــن عفــان فقــام خطيبــا فقــال: انتــم عنــدي تختلفــون فيــه و تلحنــون، فمــن نــأى عني من اهل الامصار اشد اختلافا ولحنا..."(3) .

_____

(1) البخاري، المصدر السابق، ج6، ح4987، ص183 ؛ الطبري، المصدر السابق، ج1، ص62؛ السجستاني، المصاحف، ص26-27. و قد اورده بطرق عديدة.

(2) الطبري، المصدر السابق، ج1، ص60؛ السجستاني، المصاحف، ج1، ص28-29.

(3) الطبري، المصدر السابق، ج1، ص61-62.

4- عن يزيد بن معاوية النخعي قال: "اني لفي المسجد زمن الوليد بن عقبة في حلقة فيها حذيفة (بن اليمان) قال: وليس اذا ذاك حجزة ولا جلاوزة اذ هتف هاتف. من كان يقرأ على قراءة ابي موسى (الاشعري) فليات الزاوية التى عند ابواب كندة، و من كان يقرا على قراءة عبدالله بن مسعود فليات هذه الزاوية التي عند دار عبدالله، واختلف في اية من سورة البقرة (اية 196) قرأ هذا ﴿ **وَأَتِمُّواْ الْحَجَّ وَالْعُمْرَةَ** (للبيت)﴾ وقرأ هذا ﴿ **وَأَتِمُّواْ الْحَجَّ وَالْعُمْرَةَ لِلّهِ...**﴾ فغضب حذيفة واحمرت عيناه ثم قام ففرز قميصه في حجرته وهو في المسجد وذاك في زمن عثمان (بن عفان) فقال: اما ان يركب الى امير المؤمنين واما ان اركب اليه..." [1].

5- عن ابي مجلز قال: " لو لا ان عثمان بن عفان كتب القرآن لالفيت الناس يقرأون الشعر" [2].

6- عن ابي الشعثاء المحاربي قال: "قال حذيفة: يقول اهل الكوفة قرأة عبدالله (ابن مسعود) و يقول اهل البصرة قراءة ابي موسى (الاشعري)، والله لئن قدمت على امير المؤمنين لامرته ان يغرقها، قال: فقال عبدالله (بن مسعود): اما والله لئن فعلت ليغرقنك الله من غير ماء"[3].

---

(1) السجستاني، المصاحف، ج1، ص18.

(2) المصدر نفسه، ج1، ص19؛ و اوردها بطرق اخرى، ابن كثير، التفسير، ج1، ص31.

(3) السجستاني، المصاحف، ج1، ص20. وبطرق عديدة.

7- عـن مـرة قـال: " ذكرلـي ان عبدالله وحذيفة وابـا موسـى فـوق بيت ابـي موسـى فـاتيتهم، فقـال عبدالله لحذيفة: امـا ان قـد بلغنـي انـك صـاحب الحـديث: قـال: اجـل. كرهت ان يقـال قـراءة فـلان وقـراءة فـلان فيختلفون كما اختلف اهل الكتـاب ..."[1].

8- عـن سـويد بـن غفلـة الجعفـي قـال: "... فقـال (اي عثمـان بـن عفـان) مـا تقولـون فـي هـذه القـراءة؟ فقـد بلغنـي ان بعضـهم يقـول ان قرائتي خير مـن قرائتـك، وهـذا يكـاد ان يكـون كفـرا، قلنـا فمـا تـرى؟ قـال نـرى ان نجمـع النـاس علـى مصـحف واحـد ..."[2].

9- عـن عمـرو بـن الحـارث ان بكيـرا حدثـه "ان ناسـا كـانوا بـالعراق يسـال احـدهم عـن الايـة، فـاذا اقرأهـا قـال: فـاني اكفـر بهـذه، ففشـى ذلـك فـي النـاس واختلفـوا فـي القـرآن، فكلـم عثمـان بـن عفـان في ذلك فامـر .."[3].

10- عـن مصـعب بـن سـعد قـال: " قـام عثمـان بـن عفـان فخطب فـي النـاس فقـال: ايهـا النـاس عهدكم بنبـيكم منـذ ثـلاث عشـرة سـنة وانـتم تمتـرون فـي القـرآن و تقولـون قـرأة ابـي وقـراءة عبدالله يقـول الرجـل والله مـا تقيم قرائتـك فـأعزم علـى كـل رجـل مـنكم مـا كـان معـه مـن كتـاب الله شـيء لمـا جـاء بـه ..."[4].

_____

[1] السجستاني، المصدر نفسه، ج1، ص21.

[2] نفس المصدر، ج1، ص30.

[3] نفس المصدر، ج1، ص30.

[4] نفـس المصـدر، ج1، ص31و ص32؛ المتقـي الهنـدي، المصـدر السـابق، ج2، ح4779، ص578 و585.

11- عن هشام عن محمد قال: "كان الرجل يقرأ حتى يقول الرجل لصاحبه كفرت ما تقول فرفع ذلك الى عثمان بن عفان فتعاظم ذلك في نفسه..."[1].

هذا ما استطعنا جمعه من المصادر التي تتحدث عن هذا الموضوع. رغم ان بعضها قد وردت بطرق عديدة واختلافات بسيطة دون ان يؤثرذلك في المعنى. وظهر لنا من خلال الاطلاع على المراجع، انهم اعتمدوا على الروايتين الاولى و الثانية وتركوا ماعداها لذا نرى بان هناك نقصا في ذكر الاسباب عند الكثيرين ممن كتبوا في هذا الموضوع. فقد اعتمدوا على السبب الصريح نوعا ما والذي ورد في الروايات وخاصة الاولى والثانية والذي تقول: باختلاف المسلمين في قراءة القرآن[2]. و قد زاد البعض الاخر بانه وبعد دخول اقوام اخرى الاسلام، وبعد توسع الفتوحات شرقا وغربا، وهم اصحاب ألسنة ولهجات مختلفة، حدث بينهم تباين كثير في طريقة نطق الكلام،وبالتالي اختلفوا في قراءة القرأن، مما هدد وحدة الدولة، واصبح خطرا عظيما على القرآن ووحدة المسلمين في المستقبل[3].

---

(1) السجستاني، المصدر السابق، ج1، ص33.

(2) موسوعة الاديان في العالم، ص46.

(3) خالد محمد خالد، المرجع السابق، ص184؛ اننا نرى بان هذا الكلام لهو خطاء تاريخي كبير، ينم عن عدم المام الباحثين بكل الروايات وعدم فهم للاحداث التاريخية. لانه ليس لهذه الاقوام اية علاقة بهذه الاختلافات في ذلك الوقت. لان اصل الاختلاف هم القراء الاوائل مثل عبدالله بن مسعود وابي موسى الاشعري وابي بن كعب و... وان اختلافهم وقراءة القران على حروف متعددة هو الذي ادى بالاخرين الى الاختلاف، وليس للهجات الاخرين علاقة تذكر بذلك. المؤلف.

ولكن يبدو لنا عند قراءة هذه الروايات ومقارنة بعضها بالبعض الاخر، يظهر هناك ترابطا كبيرا بينها وبالتالي تتوضح لنا الصورة بشكل اوسع واحسن. وليس هناك تناقص يذكر فيما بينها، ويمكن أن يكون هذا هو السبب الذي ادى بالباحثين الى عدم ذكرها جميعا في بحوثهم وكتاباتهم. فهذه الروايات تظهر لنا كقصة منقطعة اذا ما ربطناها بعضها بالبعض الاخر، ظهر لنا تأريخ تلك الاختلافات وبدأها منذ زمن وفاة الرسول وحتى قيام عثمان بن عفان بالجمع والتدوين. لان مثل هذه الاختلافات ظهرت وحسب الروايات بعد وفاة الرسول وتطورت حتى كانت بين القراء ومن ثم طلابهم ووصولا الى الامصار الاسلامية المفتوحة، ومن ثم بين تلك الامصار، والتي كانت نقطة الحسم في الموضوع والذي ادى الى التفكير بحل جذري له. راجع الروايات (10 و 3 و 4 و 6 و 7 و 2 و 1) أعلاه وعلى التوالي. كما نستطيع ان نقرأ ما بين سطور الروايات ما ياتي:

1- الاختلاف بين القراء الاوائل و الصحابة الكبار، هو السبب الاول والمباشر في اختلاف من اتبع تلك القراءات. ولم يكن لدخول اقوام اخرى في الاسلام اية علاقة او تاثير في هذا الموضوع، لانهم لم يضيفوا شيئا من عندهم بل كانوا مخلصين لمعلميهم، دون ان يستطيع هؤلاء المعلمين افهامهم بقضية الحروف السبعة او شرعية هذه الاختلافات.

2- ان هذه الاختلافات وفي مراحله الاخيرة هددت الدولة والمجتمع الاسلامي بالانقسام.

3- الاختلاف كان اختلاف حروف وليس قراءات بسبب التحريك أو ما الى ذلك. كما يظهر ذلك جليا في الرواية رقم

(2) "... فياتو بما لم يسمع اهل ..." وجاء في الرواية (1) "... فافزع حذيفة اختلافهم في القراءة ..." وجاء في الرواية رقم (4) اختلافهم في الكلمة. كما ان المفهوم العام للروايات تؤيد فكرة الاختلاف في الكلام والحروف وليس شيئا اخر.

4- الاختلاف وتكفير المسلمين بعضهم لبعض، كان موجودا في عقر دار المسلمين وليس فقط في الامصار الاسلامية المفتوحة والجديدة راجع الرواية رقم (3).

5- ان معرفة الخليفة لهذه الاختلافات منذ البداية اعطته الفرصة للتفكير بالحل. كما كان هناك اخرون يفكرون في حل لهذه المشكلة مثل حذيفة بن اليمان بسبب ما وصل اليه الحال وخاصة عند القول: أقترب الناس من قراءة القرآن شعرا. لذلك ان ما حدث في غزوة ارمينيا واذربيجان كان بمثابة القش الذي قصم ظهر البعير، ونقطة البدء في تنفيذ الحل النهائي.

6- تظهر الرويات بان حذيفة بن اليمان شاهد مثل هذه الاختلافات اكثر من مرة قبل الغزوة الاخيرة و معرفته بأن الحل هو في انهاء الحروف أو القراءات المختلفة للقرآن والاعتماد على حرف واحد فقط . راجع الروايات (4 و 6 و7).

7- السبب الاخر والمهم في نفس الوقت، انه لم يكن للمصحف الذي دون ايام ابوبكر الصديق وبمشورة عمر بن الخطاب وعن طريق زيد بن ثابت، دور يذكر في حياة المسلمين ولا يظهر بانه قد وجد طريقه لبيوت المسلمين. بل يظهر انه كان مصحفا شخصيا اكثر منه مصحفا رسميا كما أشرنا الى ذلك سابقا. و بالتالي ظهرت الحاجة الى ايجاد

131

مصـدر ثابـت و رسـمي معتـرف بــه للقـرآن، يرجـع اليــه المسلمين في العالم الاسلامي.

لــذا فــي راينــا ان كــل هــذه الاحــداث والاسـباب متداخلــة ومترابطــة فيمــا بينهــا، وهـي التـي ادت بحذيفـة والخليفـة للتفكيـر ومنــذ زمــن لــيس بالقريــب لايجــاد حــل جــذري لكــل هــذه المصــاحف والاختلافــات، وبالتــالي الاعتمــاد علــى مصــدر ومصحف واحد ورسمي للدولة والمسلمين كي يرجعوا اليه.

المبحث الثاني: أختيار زيد بن ثابت لمهمة التدوين الجديدة

يعتبر هـذا الاختيار مـن الموضـوعات المهمـة فـي هـذا الفصـل. تناولـه اكثـر الكتـاب و البـاحثين، فمـنهم مـن تنـاول الموضـوع مـن زاويـة النقـد وخاصـة المستشـرقين، علـى انـه كـان يوجـد مـن هـو اكثـر كفائـة منـه لهـذا المهمـة مثـل عبدالله بـن مسعود وعلـي بـن ابـي طالـب وأُبـي بـن كعـب وعبدالله بـن عبـاس. و مـنهم مـن دافـع عـن هـذا الاختيار وصـوب رأي الخليفـة عثمـان بـن عفـان ووجـدوا فـي زيـد بـن ثابـت خيـر مـن يصـلح لهـذه المهمـة. لكننـا هنـا سنحاول التركيـز علـى اكثـرهم ورودا فـي كتـب البـاحثين المسلمين والمستشـرقين وهـو عبدالله بـن مسعود(ت 32-33هـ). هنـاك اسبـاب اخـرى ايضـا جعلتنـي اختـار عبدالله بـن مسعود دون غيـره، وهـو تطـرق جميـع البـاحثين الـذين تنـاولوا لهـذا الموضـوع لـه ومقـارنتهم لـه بزيـد بـن ثابت. السبـب الاخـر هـو اعتـراض ابـن مسعود نفسـه علـى اختيـار الخليفـة لزيـد بـن ثابـت، دون الاخـرين مثـل علـي بـن ابـي طالـب او أُبـي بـن كعـب او عبدالله بـن عبـاس. والسبـب الاخيـر عـدم ابعـاد امكانيـة ان يكـون الاخـرين قـد شـاركوا فعـلا فـي هـذا الجمـع والتـدوين سـواء بابـداء النصـح او المشـاركة الفعلية فيه.

عبدالله بن مسعود[1]:

لقـد كـان ابـن مسعـود مـن اوائـل مـن دخـل الاسـلام، بـل كـان سـادس مـن اسلم وذلـك علـى لسانـه حـين قـال: "لقـد رايتنـي سـادس سـتة مـا علـى ظهـر الارض مسلـم غيرنـا"[2]. وهـذا مـا جعلـه مـن اكثـر المطلعـين علـى نـزول الوحـي فضـلا علـى انـه كـان مـن الملازمـين للنبـي دائمـا كلمـا تـوفرت الفرصـة لـذلك. فكـان كثيـر التـردد علـى بيـت الرسـول حتـى حسبـه النـاس مـن افـراد اسرتـه. حيـث كـان خـادم الرسـول الامـين " صاحـب النعلـين و الوسـادة و الطهـور"[3] وكـان يقلـد النبـي في مظهـره، واشتـرك في كـل المشاهـد، وهـو الـذي قطـع رأس ابـو جهـل في غزوة بدر[4]. و مـا الـى ذلك ممـا يطـول الكلام عنـه.

و قبـل ان اورد الروايـات المتعلقـة بعبـدالله بـن مسعـود ومناقبـه، رايـت ان اورد الروايـة الوحيـدة التـي عثـرت عليهـا

---

(1) وهـو عبدالله بـن غافـل بـن حبيـب بـن شمخ بـن فـار بـن مخزوم بـن صاهلـة بـن كاهـل بـن الحـارث بـن تميـم بـن سعـد بـن هـذيل. سمي ايضـا بـأبن ام عبد. وكـان مـن اوائـل السابقين للاسـلام، وكـان يقـال لـه سـادس سـتة (اي سـادس مـن اسلم)، وهـو اول مـن جهـر بقـراءة القـرآن في مكـة. وكـان يعمـل في رعـي الغنـم، وتـذكر الروايـات انـه هاجـر الحبشـة مـرتين. عينـه عمـر بـن الخطـاب علـى بيـت المـال في الكوفـة وليعلـم النـاس علـوم الـدين. واسنـد اليـه 848 حديثـا. صرفـه عثمـان بـن عفـان مـن منصبـه عـاد الـى المدينـة وتـوفي بهـا سـنة 32 او 33 للهجـرة. واشتهـر بانـه محـدث وحجـة في القـرآن. راجـع: دائـرة المعـارف الاسلاميـة، مفتـاح كنـوز السـنة، أ.ي. فننـك، ترجمـة محمـد فـؤاد عبـدالباقي واخـرون، م1، مصـر، 1353هــ1934م، ص275-277؛ ويـرى ابـن كثيـر علـى انـه تـوفي في سـنة 32 هـ علـى الصحيـح. ابن كثير، التفسير، ج1، ص8.

(2) الطبراني، المصدر السابق، ج9، ص65.

(3) الطبراني، المصدر نفسه، ج9، ص77.

(4) دائـرة المعـارف الاسلاميـة، مفتـاح... ج1، ص276؛ حسـين طـه، الفتنـة الكبـرى (عثمـان)، دائـرة المعـارف، مصـر ،بـلا.ت، ص159-160؛ ولغـرض مراجعـة الروايـات عن هذا الكلام، راجـع : الطبراني، المصدر السابق، ج9، ص81-85.

في كتاب المصاحف عن موافقة ابن مسعود لما قام به عثمان بن عفان. فعن فلفلة الجعفي قال :"فزعت فيمن فزع الى عبدالله في المصاحف، فدخلنا عليه فقال رجل من القوم إنا لم نأتيك زائرين، ولكننا جئنا حين راعنا هذا الخبر فقال. إن القرآن انزل على نبيكم من سبعة ابواب على سبعة احرف [او حروف] وإن الكتاب قبلكم كان ينزل [اوانزل] من باب واحد على حرف واحد معناهما واحد"(1).

ولذلك نرى الكثير او اغلب الكتاب المسلمين يحاولون تفسير الاحداث، على ان ابن مسعود قد وافق عثمان في النهاية ورجع عن اعتراضاته. وقد ذهب لهذا الراي امثال القاضي ابو بكر الباقلاني قديما ومن الباحثين الجدد امثال محمد شرعي ابو زيد والدكتور محمد صفاء حقي واخرون. ولكننا نرى عدم صواب ما ذهب اليه هؤلاء وغيرهم وذلك لعدة اسباب:

اولا: كثرة الروايات التي تدل على اعتراضاته، والتي سنأتي الى ذكرها لاحقا.

ثانيا: ان هذه الموافقة وكما هو واضح من نص الرواية، قد حدث منذ البداية حين تم إقرار الامر بجمع القرآن وتدوينه، وذلك في حالة اذا ما اسلمنا بصحة هذه الرواية، ولا تدل الرواية على ان هذا الكلام كان في الاخير بعد أعتراضاته الكثيرة ورجوعه عنها، كما ذهب اليه بعضهم.

ثالثا: ان وجه اعتراض ابن مسعود قد كان ذا اتجاهين، وفي نفس الوقت هما من أهم الاسباب لرأينا هذا:

---

(1) السجستاني، المصاحف، ج1، ص25.

أ- اعتراضه على عدم توليه للمهمة او بالاحرى اعتراضه على تولي زيد بن ثابت للمهمة.

ب- اعتراضه ووقوفه ضد عملية الحرق وانهاء المصاحف الاخرى والذي كان مصحفه واحدا منها.

وهذا الكلام يعطينا الدليل على ان الاعتراضات لم تكن ضد فكرة الجمع بحد ذاتها وانما ضد تفاصيل أخرى نناقشها بعدما نورد الروايات عن هذا الموضوع.

ولغرض معرفة مناقبه وامكانياته واعتراضاته نورد الروايات في هذا الشأن، وهي:

1- قال الرسول (ص):" من احب ان يقرأ القرآن غضا كما انزل فليقرأه قراءة ابن ام عبد" (1)

2- عن ابن سيرين قال:" قال عبدالله بن مسعود لو اعلم احدا احدث بالعرضة الاخيرة مني تناله الابل لرحلت اليه" (2)

3- عن عبدالله بن عمرو قال:"ان ذلك رجل لا ازال احبه (يقصد عبدالله بن مسعود) بعد شيء سمعته من رسول الله (ص) يقول: اقرأو القرآن من اربعة نفر من ابن ام عبد فبدأ

---

(1) الذهبي، المصدر السابق، ج3، ص3012؛ وردت هذه الرواية بطرق عديدة وشهد عليها عمر بن الخطاب وابو بكر الصديق (المؤلف).

(2) الذهبي، المصدر السابق، ج3، ص380؛ هذه هي الرواية الوحيدة التي يذكر فيها عبدالله بن مسعود العرضة الاخيرة، ولكنه يؤكد على معرفته بها لا حضوره اليها (المؤلف).

به ومن أُبـي بـن كعـب ومـن سالـم مـولى ابـي حذيفـة ومـن معـاذ بن جبل" (1)

4- خـرج النبـي (ص) وابـو بكـر الصـديق (رض) وعمـر بـن الخطـاب (رض) وكـان ابوبكـر دعـاهم. فخرجـوا مـن منزلـه الـى المسجد. مسجد المدينـة وفيـه عبدالله قـائم يصلـي ويقـرأ ثم جلـس فتشـهد ... ثـم ابتهـل بالدعـاء والنبـي (ص) يقـول: سـل تعطـه فقـال ابوبكـر: مـن هـذا يـا رسـول الله؟ قـال: هـذا عبدالله بـن ام عبـد فمـن سـره ان يقـرأ القـرآن غضـا كمـا انـزل فليقـرأ كمـا قرأ ابن ام عبد. (2)

5- عـن ابراهيـم بـن علقمـة قـال:" جـاء رجـل الـى عمـر فقـال: انـي جئتـك مـن عنـد رجـل يملـي المصاحـف عـن ظهـر قلـب قـال: ففـزع عمـر فقـال: ويحـك انظـر مـا تقـول؟ و غضـب فقـال: ماجئتـك الا بالحـق قـال: مـن هـو؟ قـال: عبدالله بـن مسعود قـال: مـا اعلـم احـدا احـق بذلـك منـه وسأحدثـك عـن عبدالله انـا سمرنـا ليلـة فـي بيـت ابوبكر...قـال (اي الرسـول): مـن سـره ان يقـرا القرآن رطبـا كما انـزل فليقـرا قراءة ابن ام عبد..."(3)

_____

(1) البخـاري، المصـدر السـابق، ج6، ح4999، ص186 ؛ الطبرانـي، المصـدر السـابق، ج9، ص66.

(2) الطبرانـي، المصـدر السـابق، ج9، ص67. اوردهـا بطـرق عديـدة.

(3) المصـدر نفسـه، ج9، ص69. وورد بعـدها باختلافـات قليلـة، للمزيـد راجـع: السجسـتاني، المصاحـف، ج4، ص152-153.

6- قال النبي (ص):" اقتدوا بالذين من بعدي ابي بكر وعمر واهدوا هدي عمار وتمسكوا بعهد عبدالله بن مسعود" [1].

7- خطب عبدالله بن مسعود حين شقت المصاحف (في الكوفة) والمسجد ممتلىء من اهل بدر" فقال: لقد علم اصحاب رسول الله (ص) اني اعلمهم بكتاب الله وما انا خيرهم ولو اعلم رجلا اعلم بكتاب الله مني تبلغه الابل لاتيته. قال شقيق (راوي الرواية): فلما فرغ عبدالله من خطبته قعدت في الحلق لاسمع ما يقولون فما سمعت احدا منكرا على ذلك" [2]

8- عن ابي وائل" قال: لما امر عثمان في المصاحف بما امر قام عبدالله (بن مسعود) فحمد الله ثم قال: يا ايها الناس ان الله عز وجل يقول " ومن يغلل يات بما غل يوم القيامة " الا فغلوا المصاحف. على قراءة من تأمرني ان اقراءه على قراءة زيد بن ثابت، فوالذي لا اله الاهو لقد اخذت من فَي رسول الله (ص) بضعا وسبعين سورة وزيد بن ثابت له ذؤابتان يلعب مع الصبيان والذي لا اله غيره لو اعلم احدا اعلم بكتاب الله مني لاتيته" [3].

---

(1) الطبراني، المصدر السابق، ج9، ص72؛ وتورد الرواية بصيغة اخرى مثل "... وماحدثكم ابن مسعود فصدقوه" راجع: الكاندهلوي، محمد يوسف، حياة الصحابة، ج1، المكتبة القيمة، القاهرة، بلا.ت، ص18.

(2) الطبراني، المصدر السابق، ج9، ص72؛ البخاري، المصدر السابق، ج6، ح5000، ص186 ؛ ابن كثير، تفسير القرآن، ج1، ص32؛ المصاحف، ج1، ص22-25.

(3) الطبراني، المصدر السابق، ج9، ص72. وجائت في روايات اخرى على ان زيد بن ابي ثابت كان "... لم يسلم او كان في صلب رجل كافر او كان كافرا بالله ما امن به" ؛ -

9- عـن عبدالله بـن مسعود "قـال: والله مـا انزلـت سورة مـن القرآن الا انـا اعلـم حيـث انزلت، ولا انزلت مـن ايـة الا انـا اعلـم فيمـا انزلت ولـو اعلـم احـدا اعلـم بكتـاب الله منـي تبلغه الابل لاتيته" (1).

10- عـن عبدالله بـن مسعود "قـال: قـرأت علـى رسول الله سبعين سورة وختمـت القرآن علـى خير النـاس علـي بـن ابـي طالب" (2).

11- عـن عبدالله بـن مسعود "قـال: كنت في غنم لعقبـة بـن ابي معيط فاتـاني رسول الله (ص) فقـال: يا غلام هـل معـك مـن لبـن؟ قلت: نعم ولكنـي مؤتمـن قال: فأتني بشـاة لـم ينـزل عليها الفحـل فأتيتـه بعنـاق او جذعـة فجعـل يمسـح الضـرع ويدعو حتـى انزلت، فـاتى ابو بكـر بصخرة فاحتلب فيهـا ثم نـاول ابابكر فشرب ثم شـرب النبـي (ص) بعده ثم قـال للضرع: اقلعـي بـاذن الله فقلـص فعـاد الـى ماكـان. فلمـا كـان بعـد، اتيت النبـي (ص) فقلـت: علمنـي مـن هـذا القرآن او مـن هـذا الكـلام فمسـح راسـي وقال: انك غـلام معلـم فلقد اخذت مـن فيـه سبعين سورة ما ينازعني فيهـا بشـر". (3)

- راجــع ايضـا: الـذهبي، المصـدر السـابق، ج3، ص386-387؛ السجستاني، المصـاحف، ج1، ص21.

(1) الطبرانـي، المصـدر السـابق، ج9، ص76؛ البخـاري، المصـدر السـابق، ج6، ح5002، ص186 ؛ ابن كثير، تفسيرالقرآن، ج1، ص7-8؛ الاتقان...ج2، ص493.

(2) الطبراني، المصدر السابق، ج9، ص77.

(3) المصدر نفسه، ج9، ص79؛ العراقي، المصدر السابق، ص6.

12- كتب عمر بن الخطاب (رض) الى اهل الكوفة: "اني قد بعثت عمارا اميرا وعبدالله بن مسعود معلما ووزيرا وهما من النجباء من اصحاب محمد (ص) من اهل بدر وأُحد فاقتدوا بهما واسمعوا من قولهما وقد اثرتكم بعبدالله على نفسي" (1).

13- عن ابي الاحوص "قال: كنا في دار ابي موسى الاشعري مع نفر من اصحاب رسول الله (ص) وهم ينظرون في مصحف فقام عبدالله بن مسعود (من المجلس). فقال: ما اعلم ان رسول الله (ص) ترك بعده احدا اعلم بما انزل الله عز وجل من هذا القائم. فقال ابو موسى: ام لأن قلت ذاك، لقد كان يشهد اذا غبنا ويؤذن له اذا حجبنا" (2).

14- عن ابي البحتري "قال: قالوا لعلي بن ابي طالب اخبرنا عن ابن مسعود قال: علم القرآن والسنة ثم انتهى وكفى بذلك علما"(3).

نكتفي بهذا القدر من الروايات، لانها كثيرة ولايمكن حصرها هنا لكثرتها. ويظهر من خلال القراءة السطحية لهذه الروايات وغيرها بان عبدالله بن مسعود كان اكثر الصحابة علما بالقرآن وبشهادات الصحابة والنبي نفسه. رغم ان بعض الباحثين ولغرض الدفاع عن موقف الخليفة الراشدي الثالث عثمان بن عفان والذي تم جمع وتدوين

---

(1) الطبراني، المصدر السابق، ج9، ص86.

(2) الطبراني، المصدر السابق، ج9، ص90؛ الذهبي، المصدر السابق، ج3، ص388.

(3) السيوطي، الاتقان ... ، ج2، ص494.

القرآن في عهده، واختياره لزيد بن ثابت لهذه المهمة دون عبدالله بن مسعود. فقد حاول هؤلاء التقليل من شان ابن مسعود لحساب زيد بن ثابت. وذهبوا الى ان ابن مسعود لم يكن يحفظ القرآن كله اعتمادا على هذا الجزء من الرواية "... حفظت (اي ابن مسعود) سبعين اوبضعة و سبعين سورة من فم رسول الله (ص) ..." واستدلوا من خلال هذا الكلام على انه لم يكن يحفظ القرآن كله، وحتى انه مات وهو لايحفظه كله[1].

وهذا الكلام ينافي الحقيقة والامانة العلمية في راينا لسببين:

الاول: لايمكن ان نترك كل تلك الروايات التي قيلت في فضله وعلمه وحفظه للقرآن، ونتمسك بهذا الجزء من الرواية.

ثانيا: اذا ما قرأنا الرواية بتمعن يظهر خطأ هذا القول، فتورد في نهاية الرواية ما ياتي: "... حفظت سبعين او بضعة وسبعين سورة من فم رسول الله (ص) وزيد له ذؤابتان يلعب مع الصبيان او مازال زيد كافرا او طفلا او ماشابه". وهذا كلام صريح لاشبهة فيه ان حفظ هذه السور السبعين كان قبل اسلام زيد بن ثابت الذي جمع القرآن او عند ما كان طفلا. وهذا لا يعني البتة توقفه عن الحفظ بعد ذلك. وانما القصد هنا هو مقارنة نفسه بزيد بن ثابت الذي اختير لمهمة الجمع والتدوين وابعاده هو عن المهمة، واقرار الخليفة لقراءة زيد بن ثابت على حساب القراءات الاخرى

---

(1) راجع: محمد شرعي ابو زيد، المرجع السابق، ص153؛ محمد صفاء حقي(الدكتور)، المرجع السابق، م2، ص100.

ومنها قراءة ابن مسعود. وسنوضح هذا الكلام بشيء من التفصيل والتحليل فيما يلي، ومن خلال قراءة كل الروايات:

1- كثرة الروايات الواردة في مناقب ابن مسعود وخاصة فيما يخص حفظه للقرآن، وعلى لسان اكثر الصحابة قربا للرسول مثل علي بن ابي طالب وعمر بن الخطاب وابي بكر الصديق. وهذا مما لم يحظى به صحابي اخر من اصحاب الرسول في هذا المجال.

2- تأكيد الرسول على ان قراءة ابن مسعود للقرآن هي من احسن ما يكون وهي القراءة التي نزل عليها القرآن. وقوله للمسلمين بأن ياخذوا القرآن منه.

3- قول عبدالله بن مسعود بنفسه على انه اعلم الصحابة بالعرضة الاخيرة والتي هي الاساس الذي قام عليه، جمع وتدوين القرآن في عهد الخليفة عثمان بن عفان. وكما قلنا سابقا لهو من اهم الصفات التي يمكن ان يتحلى به من يقوم بهذه المهمة.

4- حفظ عبدالله بن مسعود واملائه للقرآن عن ظهر قلب. ويبدو ان هذا لم يكن بوسع الاخرين القيام به او على الاقل لم يكن مسموحا به (راجع الرواية رقم 5). وما يؤكد هذا الكلام هو حضور الرجل الى عمر بن الخطاب واخباره له بان احدهم يقرأ القران حفظا، ورد فعل الخليفة عمر على ذلك. كما يمكن مراجعة الروايات (10، 9، 8، 7، 2، 13، 14).

5- قول عبدالله بن مسعود للمسلمين على انه اعلم الناس بكتاب الله، عندما قرر الخليفة عثمان انهاء المصاحف الاخرى. وبالتالي لم نرى ان احدهم قد أعترض على كلامه

او قال بخلافه، وهذا ما ينم على اجماع الحاضرين بعلم ابن مسعود (راجع الرواية رقم 7).

6- يظهر من كلام ابن مسعود (الرواية رقم 8)، ان القرآن كتب على قراءة زيد بن ثابت، وتم فرضه على المسلمين فيما بعد. مما دفع ابن مسعود للاعتراض على ذلك بقوله انه اكفأ من زيد بن ثابت سواء في مجال القراءة او الحفظ او القدم في الاسلام، بل وحتى في مكان نزول الايات واسباب نزولها، (راجع الرواية رقم 9).

7- قول علي بن ابي طالب بفضل ابن مسعود ومكانته في حفظ القرآن، يعطيه الافضلية، بأعتبار ان علي بن ابي طالب من الذين يشهد له المصادر التاريخية بالعلم في القرآن، وهو من الذين قاموا بأول جمع للقرآن بعد وفاة الرسول (راجع الرواية 14).

زيد بن ثابت[1]:

لم تذكر الروايات الكثير عن مناقب زيد بن ثابت فيما يخص حفظه للقرآن.[2] غير ان الروايات تؤكد على شيء

---

(1) وهو زيد بن ثابت بن الضحاك بن زيد بن لوزان بن عمرو بن عون بن غنم بن مالك بن النجار الانصاري الخزرجي ابو سعيد وقيل ابو ثابت. توفي سنة اثنين او ثلاث او خمس واربعين وقيل احدى او اثنتين او خمس وخمسون. والارجح هي خمس واربعون. راجع: ابن حجر العسقلاني، احمد بن علي ابو الفضل الشافعي، الاصابة في تمييز الصحابة، حققه علي محمد البجاوي، ج2، دار الجبل، بيروت، 1412هـ-1992م، ص593.

(2) يقول ثيودر نولدكه في اختيار زيد بن ثابت: تجمع المصادر كلها على شبابه وذكائه وعلمه السابق في تدوين الوحي. غير ان المصادر لا تذكر شيئا عن قدرته على حفظ القرآن غيبا، فلو كان قادرا على ذلك لاتت المصادر على ذلك مرارا. المرجع السابق، -

واحـد الا وهـو انـه كـان كاتبـا للـوحي والرسـول. والروايـات التـي جمعناها عنه هي:

1- مـا ورد فـي الروايـات المتعلقـة بجمـع القـرآن فـي عهـد ابـي بكـر الصـديق (رض) هـي "... انـك (اي زيـد بـن ثابـت) شـاب عاقـل لانتهمـك وقـد كنـت تكتـب الـوحي لرسـول الله (ص) فتتبـع القـرآن فأجمعـه..."(1) وفـي الروايـة الاخـرى لايـرد فيهـا سـوى صفـة: كنـت كاتـب الـوحي(2). هـذا بالنسـبة لعهـد ابـي بكـر. امـا فيمـا ورد فـي الروايـات التـي جائـت فـي جمـع وتدويـن القـرآن علـى عهـد عثمـان بـن عفـان هـي: اعتبـار زيـد بـن ثابـت مـن أقـرأ الصحابـة وانـه تـم اختيـاره لانـه كـان مـن تـولى مهمـة الجمـع في عهد ابي بكر الصديق.(3)

2- عـن زيـد بـن ثابـت "قـال: اتـى بـي النبـي (ص) مقدمـه المدينـة فقيـل هـذا مـن بنـي النجـار وقـد قـرأ سـبع عشـر سـورة فقـرات عليـه فأعجبـه ذلـك فقـال: تعلـم كتـاب اليهـود فانـي لا أمنهـم علـى كتـابي ففعلـت. فمضيـت لـي نصـف شـهرحتى حذقتـه فكنـت اكتـب اليهـم واذا كتبـوا اليـه قـرأت لـه"(4).

— ج2، ص251؛ امـا الـدكتور محمـد صفـاء حقـي فيقـول انـه جـاء اختيـار زيـد بـن ثابـت نتيجـة حفظـه للقـرآن وكونـه الـزم النـاس كتابـة للـوحي عنـد الرسـول (ص)، ومـا كـان يتمتـع بـه مـن شـباب ونشـاط، ويقـول هـذه هـي الصفـات التـي وردت فـي روايـة ابـي بكـر الصـديق (رض) لجمـع القـرآن. المرجـع السـابق، م2، ص100؛ وعنـد مراجعتنـا للروايـة وقرائتنـا لهـا لعـدة مـرات وبتمعـن لـم يظهـر لنـا ذكـر حفـظ زيـد بـن ثابـت للقـرآن فـي الروايـة او حتـى الاشـارة لذلك المؤلف.

(1) راجع: الفصل الثاني، المبحث الثاني، ص114، رواية رقم 1.

(2) راجع الفصل الثاني، المبحث الثاني، ص115، رواية رقم 2.

(3) محمد شرعي ابو زيد، المرجع السابق، ص107.

(4) ابن حجر العسقلاني، الاصابة ...، ج2، ص593.

3- عـن زيـد بـن ثابـت "قـال لـي النبـي (ص): انـي اكتـب الـى قـوم فأخـافوا ان يزيـدوا علـي وينقصـوا فـتعلم السـريانية فتعلمتها في سبعة عشرة يوما"(1).

4- عـن زيـد بـن ثابـت "قـال: لـم اجـز فـي بـدر ولا احـد واجـزت في الخندق"(2).

5- عـن الشـعبي "قـال: ذهـب زيـد بـن ثابـت ليركـب فامسـك عبدالله بـن عبـاس بالركـاب فقـال تـنح يـا ابـن عـم الرسـول قـال: لا هكذا نفعل بالعلماء والكبراء"(3).

6- عـن قبيصـة "قـال: كـان زيـد راسـا بالمدينـة فـي القضـاء والفتوى والقراءة والفرائض"(4).

7- عـن عبدالله بـن عبـاس "قـال: لقـد علـم المحفوظـون مـن اصحاب محمـد (ص) ان زيـد بـن ثابـت كـان مـن الراسـخين فـي العلم"(5).

هـذه هـي الروايـات التـي اسـتطعت العثـور عليهـا فيمـا يخـص زيد بن ثابت. وبعد قراءة هذه الروايات توصلنا الى ما يلي:

1- ان الخصـال التـي يمكـن ان تقـرأ مـن خـلال السـطور هـي، ان زيـد بـن ثابـت كـان شـابا عـاقلا وكاتبـا للـوحي. وتشـير

---

(1) المصدر نفسه، ج2، ص594.

(2) نفس المصدر، ج2، ص594.

(3) نفس المصدر، ج2، ص594.

(4) نفس المصدر، ج2، ص594.

(5) نفس المصدر، ج2، ص594.

بعضها الاخرى على قدراته الكبيرة في الحفظ واعتمادا على ذلك ذهب الباحثون للقول بحفظه للقران.ونحن نرى خطأ هذا الكلام لانه لو كان كذلك لاشار الرواة بصراحة الى حفظه للقرآن، مثلما وجدناها في الروايات الخاصة بعبدالله بن مسعود.

اما الصفة الاخرى و التي اشير فيها الى انه كان أقرأ الناس، لا يعني لنا انه كان احفظهم للقران وذلك لسببين: أ- لكان قد اشارو الى ذلك بصراحة على انه احفظهم للقران. ب- ان الرسول وهو اعلمهم بالصحابة لم يشير الى اسمه عندما ذكر احفظ القوم للقران، وبالتالي نصح المسلمين بالاخذ عنهم.

2- ان دخول زيد الاسلام متأخرا وكتابته للوحي بعد هجرة الرسول للمدينة، ومشاركته الفعلية مع المسلمين بعد غزوة احد وبالتحديد في غزوة خندق (5هـ) (راجع الرواية رقم4)، تدل: أ- على صدق كلام عبدالله بن مسعود. ب- كتابته للوحي بعد الهجرة لا تؤهله ان يكون اكثر الكتاب للوحي، باعتبار ان اكثر الوحي نزل في مكة. وهذا يعني لنا انه كان اكثر الكتاب كتابة للوحي في المدينة وانه لم يعاصر نزول اكثر الوحي.

3- تورد في بعض الروايات الاخرى صفات مثل القضاء والفتوى والفرائض ومن الراسخين في العلم، دون ذكر انه كان افضل الصحابة في هذا المجال، بل تورد انه كان من بين هؤلاء المتفوقين في هذه المجالات.

وبعد ما ذكرنا تلك الروايات عن هذين الصحابيين و مناقشة تلك الروايات، أصبح من السهل علينا اجراء المقارنة بينهما، كي نستطيع ان نحكم على الاكفاء من بينهم لمهمة

جمـع وتدويـن القـرآن حسـب مـا هـو متوفـر بيـن أيدينـا. وقـد توصلنـا لمـا يلي:

1- تُظهـر لنـا الروايـات وبجـلاء تفـوق عبدالله بـن مسعود فـي مـا يخص موضـوع بحثنـا هذا، مـن خـلال تفوقـه فـي انـه: احفـظ الصحابة للقرآن والحـرف الـذي يقـرأه هـو الحـرف الغـض الرطـب والـذي انـزل عليـه القـران بتصريح الرسـول لـذلك. وهـو الوحيـد مـن بيـن جميـع الصحابة، الـذي يشـير وبصراحة علـى انـه الاكثـر اطلاعـا وضبطـا لمـا جـاءت فـي العرضـة الاخيـرة. امـا فـي الجانـب الاخـر فـلا تظهـر الروايـات تفـوق زيـد بـن ثابت الا فـي كتابتـه للوحي.[1]

2- كثـرة الروايـات التـي جـاءت فـي مناقب عبدالله بـن مسعود وعلـى لسـان صحابة كبـار مقارنـة بمـا ورد فـي زيـد بـن ثابـت ومناقبه.

3- تحـدي عبدالله بـن مسعود لقـرار عثمـان بـن عفـان فـي حـرق المصاحف، و اعتراضـه علـى فـرض قـراءة زيـد بـن ثابت علـى المسلمين. وقولـه فـي اكثـر مـن مناسبة علـى انـه اعلمهـم بـالقرآن، دون ان يستطيع احـد مـا ان يـرد عليـه وخاصة زيـد بـن ثابـت أوعثمـان بـن عفـان . وهـذا مـا يؤكـد صـدق كـلام عبدالله بن مسعود.

4- ورد فـي الروايـات الرئيسـية للجمعيـن علـى عهـد ابـي بكـر الصديـق وعثمان بـن عفـان، بـان اختيارهمـا لزيـد بـن ثابـت لـم

---

[1] اننا نـرى ان هـذا اللقب لـم يـاتي بسبب كتابتـه للـوحي القراني، لانـه وكمـا قلنـا سـابقا، فقـد فاتـه الكثيـر مـن الـوحي. ولكـن يظهـر انـه حصـل علـى هـذا اللقب لانـه كان كاتـب الرسـول ليـس فـي- - امـور الـوحي فقـط وانمـا فـي مراسـلاته و امـوره الدينويـة الاخـرى بسـبب اللغـات الاخـرى والتي كان يجيدها . لذلك لقب بالكاتب. المؤلف

147

يكن من اجل تفوقه في حفظ القرآن وانما كان لاسباب اخرى ذكرناها اعلاه. فقد جاء عن عثمان بن عفان انه "قال: من يعذرني من ابن مسعود، يدعو الناس الى الخلاف والشبهة والتعصب علي اذ لم أُوله نسخ القرآن، فهلا عتب على ابي بكر وعمر، وهما عزلاه عن نسخ القرآن ووولياه زيد بن ثابت، واتبعت اثرهما فيما بقي من اصحاب النبي (ص)"[1].

و بعد الانتهاء من تحليل الروايات والمقارنة، يظهر لنا بما لا مجال للشك فيه، ان عبدالله بن مسعود كان الاكثر كفائة والاحق في كتابة القرآن من زيد بن ثابت. ولكن هذا الاستنتاج يضعنا امام سؤالين مهمين هما:

السؤال الاول: لماذا لم نرى او نقرأ رواية تشير الى اعتراض، عبدالله بن مسعود، عند تولي زيد بن ثابت لمهمة جمع القرآن في عهد الخليفة ابو بكر الصديق؟ وبالتالي اعتراضه على عزله في الجمع و التدوين على عهد عثمان بن عفان؟[2]

نجيب هنا، أولا: ان هناك فرقا جوهريا بين الجمعين. فالجمع الاول، كان القصد من ورائه جمع السور والايات من هنا وهناك في مكان او مصحف واحد. دون حذف او اضافة شيء. والمهمة هذه بطبيعتها تحتاج لهمة شاب وكاتب

---

(1) محمد شرعي ابو زيد، المرجع السابق، ص159.

(2) يورد باحثون كثيرون ان عبدالله بن مسعود قد رجع عن اعتراضه ووافق عثمان على اختياره لزيد وحرقه للمصاحف وذلك بعد مازال غضبه وعرف صواب الخليفة. ولكن دون ايراد رواية واحدة او دليل مقنع على هذا الكلام. راجع محمد صفاء حقي (الدكتور)، المرجع السابق، م2، ص99؛ محمد شرعي ابو زيد، المرجع السابق، ص162.

اكثر منه لحافظ للقرآن. ثانيا: لايعني هذا بالمقابل عدم مشاركة الاخرين في هذه المهمة، بل كما قلنا سابقا فقد شارك فيه الكثير من المسلمين سواء عن طريق النسخ التي كانت موجودة لديهم، او المشاركة الفعلية في عملية الجمع والكتابة، بأعتبار انه من الصعب ان لم يكن من المستحيل على شخص واحد القيام بهذه المهمة لوحده. ثالثا: اعتبرت هذه النسخة كأرشيف او نسخة شخصية اكثر منه نسخة رسمية للدولة، لهذا احتفظ كل واحد من الحفاظ بنسخته وقرائته. اما الجمع الثاني في عهد عثمان بن عفان وكما سناتي اليه في المبحث القادم، فقد كان عكس الجمع السابق في عهد ابي بكر الصديق. وذلك بسبب:

اولا: ان سبب الجمع في عهد عثمان كان لكثرة المصاحف والقراءات والتي تسببت في اختلاف المسلمين وتكفيرهم بعضهم للبعض الاخر.

ثانيا: بالتالي يحتاج هذا الجمع لمن هو احفظهم للقران وأعرفهم بالحروف السبعة التي نزل عليها القران.

ثالثا: اصبحت النسخة الجديدة هي النسخة الرسمية للدولة، وتم اِتلاف كل النسخ الاخرى وفرض قراءة او حرف واحد على كل المسلمين وترك ماسواه.

ولهذا نرى ان عبدالله بن مسعود قد اعترض على الجمع و التدوين اللذان تما في عهد عثمان بن عفان ولم يعترض على الجمع الذي حدث في عهد ابي بكر الصديق (رض).

السؤال الثاني: اِذا كانت كل الروايات و الاستنتاجات التي ذهبنا اليها تشير الى تفوق عبدالله بن مسعود، اذا لماذا لم يامره عثمان بالمهمة وهو يعرف كل هذه المناقب والخصال

بالتاكيد؟ او نعيد السؤال بشكل اخر، هل وفق عثمان بن عفان في اختياره لزيد رغم معرفته لكل مناقب وخصال ابن مسعود؟

برأينا ان الجواب هنا ذا شقين. فاذا ما اخذنا الموضوع من الناحية الاكاديمية نرى بان عثمان بن عفان قد أخطأ في اِختيار زيد بن ثابت دون عبدالله بن مسعود، بالاعتماد على ما هو متوفر بين أيدينا من الروايات.

الشق الثاني من الجواب هو، اذا ما اخذنا الموضوع من منظور سياسي وأمني، اي بمعنى الرجوع الى ذلك الوقت والنظر الى الاسباب التي ادت بعثمان بن عفان للاِقدام على خطوة جمع وتدوين القرآن من جديد والذي سناتي اليها في المبحث القادم. نرى بان عثمان بن عفان قد وفق في اختياره لزيد بن ثابت لهذه المهمة، دون عبدالله بن مسعود وذلك بسبب اننا نستطيع الاستنتاج من خلال الروايات المتعلقة بهذا الجمع، بان السبب الرئيسي في خطوة عثمان بن عفان هذه كانت اختلاف القراءات بين المسلمين وخاصة في الامصار الاسلامية مثل العراق والشام، والذي كان سببه اختلاف قراءة الصحابة للقرآن و خاصة عبدالله بن مسعود وابي موسى الاشعري وأُبي بن كعب. وبالتالي فان اختيار احد من هؤلاء الثلاثة لهذه المهمة يعني فرض قراءة من هذه القراءات على الاخرين، وهذا لن يحل المشكلة بل يمكن ان يعقدها اكثر لان اصحاب القراءات الاخرى لن يقبلوا بقراءة وحرف كانو قد اختلفوا معها وكفروها قبل ذلك، ولكانَ استحال تطبيقها وفرضها على المسلمين في الامصار الاسلامية الاخرى. وفي الجانب الاخر لم يكن لزيد بن ثابت قراءة خاصة به اولم يكن لقراءته علاقة بهذه الاختلافات

التـــي حـــدثت. وهـــذا مـــا اســـهل المهمـــة علـــى الخليفـــة فـــي فـــرض قـــراءة وحـــرف جديـــد علـــى كـــل الامصـــار الاســـلامية والغـــاء القراءات الاخرى، والتي كانت سببا في حدوث الاختلاف.

المبحث الثالث : جمع وتدوين عثمان بن عفان للمصحف

ان هذا الجمع هو اهم مرحلة من مراحل تأريخ القران. لانها كانت النقطة الحاسمة في فرض مصحف واحد وحرف واحد على المسلمين وترك مادونه من المصاحف والحروف وانهاء مهمتها، باتلافها. وهو ايضا اصل الرسم الحالي للمصحف الموجود، رغم ما طرأ عليه من اضافات كثيرة فيما بعد من تحريك و تنقيط الكلام.

وبسبب اهمية هذه المرحلة، رأينا ان نقسمه الى عدة اقسام حتى يسهل علينا دراسته وتوضيحه بالشكل المطلوب. وهذه الاقسام هي:

اولا: عملية الجمع و التدوين:

ان عملية الجمع والتدوين في عهد عثمان بن عفان، كان موضوعا للدراسة قديما وحديثا من قبل علماء و باحثين مسلمين اوغير مسلمين. وبشكل عام كانت لهذه الدراسات ثلاث اتجاهات: حاول أصحاب الاتجاه الاول الدفاع عن هذه المرحلة وما قام به عثمان بن عفان. اما الاتجاه الثاني، فقد حاول اظهار سلبيات هذه المرحلة وما قام به عثمان بن عفان ، وبالتالي نقد القرآن. اما الاتجاه الثالث، فقد حاول ان يدرس الموضوع بشكل اكاديمي واظهار الحقيقة.

رغم اننا نلتمس هذه الاتجاهات الثلاثة في كتب الباحثين قديما وحديثا ولكن لايمكننا تحديد الباحثين الذين يمثلون هذه الاتجاهات، لان كل واحد منهم يرى انه استطاع ان يظهر

الحقيقة دون غيره لذلك ساحاول ان أكون اكاديميا الى ابعد الحدود، وسنحاول استنتاج الحقائق من خلال دراسة الروايات المتعلقة بهذا الموضوع وعدم الاعتماد بشكل كلي على راي باحثين اخرين وان حاولنا ذكر البعض من تلك الاراء لاغناء البحث واعطاء صورة واضحة عن ماهية تلك الاراء.

والروايات الواردة في هذا الباب هي:

1- عن انس بن مالك قال: " ان حذيفة بن اليمان قدم على عثمان (بن عفان) وكان يغازي مع اهل الشام في فتح ارمينيا وادربيجان مع اهل العراق فافزع حذيفة اختلافهم في القراءة فقال حذيفة لعثمان: يا امير المؤمنين ادرك هذه الامة قبل ان يختلفوا في الكتاب اختلاف اليهود و النصارى فارسل عثمان الى حفصة ان ارسلي الينا بالمصحف ننسخها في المصاحف ثم نردها اليك فأرسلت حفصة الى عثمان فأمر زيد بن ثابت وعبدالله بن الزبير و سعيد بن العاص وعبدالرحمن بن الحارث بن هشام فنسخوها في المصاحف و قال عثمان للرهط القرشيين الثلاثة اذا اختلفتم انتم وزيد بن ثابت في شيء من القرآن فأكتبوه بلسان قريش فإنما نزل بلسانهم ففعلوا حتى اذا نسخوا الصحف في المصاحف رد عثمان الصحف الى حفصة وارسل الى كل افق بمصحف مما نسخوا وامر بما سواه من القران في كل صحيفة اوملحق ان يحرق... قال (زيد بن ثابت): فقدت آية من سورة الاحزاب حين نسخت المصحف قد كنت اسمع رسول الله (ص) يقرأ بها فالتمسناها فوجدناها مع خزيمة بن ثابت

الانصاري ﴿ مِنَ الْمُؤْمِنِينَ رِجَالٌ صَدَقُوا مَا عَاهَدُوا اللَّهَ عَلَيْهِ ﴾ فألحقناها في سورتها في المصحف. [1]

2- عن زيد بن ثابت قال: "... ان حذيفة بن اليمان قدم من غزوة كان غزاها بمرج ارمينيا فلم يدخل بيته حتى اتى عثمان بن عفان فقال: يا امير المؤمنين ادرك الناس! فقال عثمان: و ماذا؟ قال غزوت مرج ارمينيا، فجائها اهل العراق واهل الشام، فاذا اهل الشام يقرؤون بقراءة ابن مسعود، فيأتون بما لم يسمع به اهل الشام، فتكفرهم اهل الشام... قال زيد: فأمرني عثمان بن عفان (رض) ان اكتب له مصحفا، و قال: اني مدخل معك رجلا لبيبا فصيحا، فما اجتمعتما عليه فاكتباه وما اختلفتما فيه فأرفعاه ألي فجعل معه ابان بن سعيد بن العاص [2]، قال: فلما بلغنا ﴿...إِنَّ آيَةَ مُلْكِهِ أَن يَأْتِيَكُمُ التَّابُوتُ... ﴾ 248 ﴿ ﴾ [سورة البقرة 248] قال زيد: فقلت: التابوه وقال ابان بن سعيد: التابوت، فرفعنا ذلك الى عثمان فكتب: "التابوت" قال: فلما فرغت عرضته

---

(1) البخاري، المصدر السابق، ج6، ح4987، ص183؛ القرطبي، المصدر السابق، ج1، ص51. ويضيف هنا، ان رسول الله (ص) جعل شهادته (اي خزيمة الانصاري بشاهدة رجلين)؛ السجستاني، المصاحف، ج1، ص26. وما بعده؛ السيوطي، الاتقان...، ج1، ص164-165؛ الذهبي، المصدر السابق، ج3، ص476-477؛

-Nora Egges، op،cit،81-82.

(2) وهو ابان بن سعيد بن العاص بن امية بن عبد مناف القرشي الاموي شهد بدرا مشركا، اسلم ايام خيبر. يرى اكثر اهل النسب على انه قتل يوم اجنادين سنة ثلاث عشر، وقيل يوم اليرموك وقيل مات سبع وعشرين هـ في خلافة عثمان (رض)، وهو لم يعاصر جمع عثمان (رض) والاصح هو ابن اخيه سعيد بن العاص. راجع: ابن حجر العسقلاني، الاصابة ...، ج1، ص17.

عرضة، فلم اجد فيها هذه الاية: ﴿ **مِنَ الْمُؤْمِنِينَ رِجَالٌ صَدَقُوا مَا عَاهَدُوا اللَّهَ عَلَيْهِ فَمِنْهُم مَّن قَضَى نَحْبَهُ وَمِنْهُم مَّن يَنتَظِرُ وَمَا بَدَّلُوا تَبْدِيلً** ﴿23﴾﴾ [سورة الاحزاب:230]

قال: فأستعرضت المهاجرين أسألهم عنها فلم أجدها عند أحد منهم، ثم أستعرضت الانصار اسالهم عنها، فلم اجدها عند احد منهم، حتى وجدتها عند خزيمة بن ثابت الانصاري فكتبتها، ثم عرضته عرضة اخرى، فلم اجد فيها هاتين الايتين: ﴿ **لَقَدْ جَاءكُمْ رَسُولٌ مِّنْ أَنفُسِكُمْ عَزِيزٌ عَلَيْهِ مَا عَنِتُّمْ حَرِيصٌ عَلَيْكُم بِالْمُؤْمِنِينَ رَؤُوفٌ رَّحِيمٌ** ﴿128﴾ **فَإِن تَوَلَّوْاْ فَقُلْ حَسْبِيَ اللّهُ لا إِلَـهَ إِلاَّ هُوَ عَلَيْهِ تَوَكَّلْتُ وَهُوَ رَبُّ الْعَرْشِ الْعَظِيمِ** ﴿129﴾﴾ [سورة التوبة128-129]

فاستعرضت المهاجرين فلم اجدها عند احد منهم، ثم استعرضت الانصار اسالهم عنها فلم اجد عند احد منهم، حتى وجدتها مع رجل اخر يدعى خزيمة ايضا فاثبتها في براءة، ولو تمت ثلاثة ايات لجعلتها سورة على حدة. ثم عرضته عرضة اخرى، فلم اجد فيها شيئا[1]. ثم ارسل عثمان الى حفصة يسألها ان تعطيه الصحيفة، وحلف لها ليردنها إليها فأعطته إياه، فعرض المصحف عليها، فلم يختلفا في شئ، فردها اليها، و طابت نفسه، وامر الناس ان

(1) يقول القرطبي: بأن البخاري والترمذي ذهبا الى ان هذه الاية من سورة البراءة قد فقدت في الجمع الاول ايام ابو بكر الصديق (رض). اما الطبري فيذهب الى انه تم فقدان الاية من سورة الاحزاب والايتين من سورة براءة في الجمع الثاني على عهد عثمان (رض). ويرى بان الاول هو الاصح. راجع: القرطبي، المصدر السابق، ج1، ص51.

يكتبوا مصاحف. فلما ماتت حفصة أُرسل الى عبدالله بن عمر في الصحيفة بعزمة، فأعطاهم اياها فغسل غسلا".[1]

3- عن ابي قلابة قال: " لما كان في خلافة عثمان (بن عفان)، جعل المعلم يعلم قراءة الرجل والمعلم يعلم قراءة الرجل، فجعل الغلمان يلتقون فيختلفون، حتى ارتفع ذلك الى المعلمين حتى كفر بعضهم بعضا. فبلغ ذلك عثمان فقام خطيبا فقال: انتم عندي تختلفون فيه وتلحنون، فمن نأى عني من اهل الامصار اشد اختلافا ولحنا. اجتمعوا ياأصحاب محمد (ص)، فاكتبوا للناس اماما. قال ابو قلابة فحدثني انس بن مالك قال: كنت فيمن يملي عليهم، قال: فربما اختلفوا في الاية فيذكرون الرجل قد تلقاها من رسول الله (ص) ولعله يكون غائبا او في بعض البوادي. فيكتبون ما قبلها و ما بعدها، ويدعون موضعها، حتى يجيء او يرسل اليه، فلما فرغ من المصحف، كتب عثمان الى اهل الامصار: اني قد صنعت كذا وكذا ومحوت ما عندي فأمحوا ما عندكم"[2].

4-عن انس بن مالك قال: "... ففزع لذلك فزعا شديدا (اي فزع عثمان- رض- من اختلاف الناس في القراءة)، فأرسل الى حفصة فأستخرج الصحف التي كان ابو بكر امر زيدا بجمعها فنسخ منها مصاحف، فبعث بها الى الافاق"[3].

5- عن علي بن ابي طالب (رض) ان عثمان بن عفان (رض) قال: "ما ترون في المصاحف فان الناس قد اختلفوا

([1]) الطبري، المصدر السابق، ج1، ص59-61.

([2]) الطبري، المصدر نفسه، ج1، ص61-62.

([3]) نفس المصدر، ج1، ص62.

في القراءة حتى ان الرجل ليقول قراءتي خير من قراءتك و قراءتي افضل من قراءتك وهذا شبيه بالكفر. قلنا: ما الرأي عندك يا امير المؤمنين قال: الرأي عندي ان يجمع الناس على قراءة، فانكم اذا اختلفتم اليوم كان من بعدكم اشد اختلافا. قلنا الرأي رأيك يا امير المؤمنين فارسل عثمان الى حفصة ان ارسلي الينا بالصحف ننسخها في المصاحف ثم نردها اليك فأرسلت بها اليه فأمر زيد بن ثابت وعبدالله بن الزبير وسعيد بن العاص وعبدالرحمن بن الحارث بن هشام فنسخوها في المصاحف وقال للرهط القرشيين اذا اختلفتم انتم وزيد بن ثابت في شيء من القرآن فأكتبوه بلسان قريش فإنما نزل بلسانهم ففعلوا حتى اذا نسخوا الصحف في المصحف رد عثمان الصحف الى حفصة وارسل الى كل افق بمصحف فما نسخوا وأمروا بما سوى ذلك من القران في كل صحيفة او مصحف ان يحرق"(1).

6- عن انس بن مالك قال: "كانوا يختلفون في الاية فيقولون اقراءها رسول الله (ص) فلان بن فلان فعسى ان يكون من المدينة على ثلاث ليال فيرسل اليه فيجاء به فيقال كيف اقرأ ك رسول الله (ص) اية كذا وكذا فيكتبون كما يقال... و اختلفوا يومئذ في التابوت فقال زيد: التابوه وقال ابن الزبير وسعيد بن العاص: التابوت فرفع اعتراضهم الى عثمان فقال اكتبوه بالتاء، فانه نزل بلسان قريش"(2).

7- عن مخطوطة فارسية لتفسير الطبري جاء فيه: "يقولون اني أحرقت القرآن. لان الناس قد ملكوا اجزاء منه فقط،

---

(1) القرطبي، المصدر السابق، ج1، ص52؛ الينسابوري، المصدر السابق، ج1، ص28.

(2) القرطبي، المصدر السابق، ج1، ص54؛ السيوطي، الاتقان...، ج1، ص165.

وكل واحد منهم عد ما بحوزته هو الافضل بعد ذلك جمعتها كلها، ووضعت سورة طويلة في المقدمة، و اخرى متوسطة الطول في الوسط، وواحدة قصيرة في الخلف، ورتبتها كلها، واعطيتها للناس؛ أما ما كان بحوزتهم، فأخذته وأحرقته"[1].

8- عن محمد بن سيرين قال: كثير بن افلح قال: "لما اراد عثمان ان يكتب المصاحف جمع له اثني عشر رجلا من قريش والانصار فبعثوا الى الربعة التي في بيت عمر فجيء بها، وكان عثمان يتعاهدهم فكانوا اذا تدارؤوا في شيء اخروه قال محمد بن سيرين: فظننت انما كانوا يؤخرونه لينظروا احدثهم بالعرضة الاخيرة فيكتبونه على قوله"[2].

9- عن مصعب بن سعد بن ابي وقاص قال: " خطب عثمان بالناس فقال: ايها الناس، عهدكم بنبيكم بضع عشرة، و انتم تميزون في القرآن و تقولون قراءة أُبي(بن كعب) وقراءة عبدالله (بن مسعود) يقول الرجل والله ما تقيم قراءتك فأعزم على كل رجل منكم ما كان معه من كتاب الله شيء لما جاء به، فكان الرجل يجيء بالورقة والاديم فيه القرآن، حتى جمع من ذلك كثيرا، ثم دخل عثمان فدعاهم رجلا رجلا، فناشدهم: اسمعته من رسول الله (ص)، وهو املاه عليك فيقول: نعم، فلما فرغ من ذلك قال: من اكتب الناس قالوا: كاتب الرسول (ص) زيد بن ثابت، قال: فأي الناس اعرب قالوا: سعيد بن العاص، قال عثمان فليمل سعيد وليكتب زيد فكتب مصاحف ففرقها في الناس"[3].

---

(1) نقلا عن: ثيودور نولدكه، المرجع السابق، ج2، ص321، الهامش.

(2) السجستاني، المصاحف، ج1، ص33؛ السيوطي، الاتقان...، ج1، ص165.

(3) الذهبي، المصدر السابق، ج3، ص477.

10- عن عبدالله بن الزبير قال: "قلت لعثمان بن عفان: هذه الاية التي في البقرة ﴿ **وَالَّذِينَ يُتَوَفَّوْنَ مِنكُمْ وَيَذَرُونَ أَزْوَاجًا الى قوله غَيْرَ إِخْرَاجٍ** ﴾ قال نسختها الاية الاخرى فلم تكتبها قال: دعها يا ابن اخي لاغير شيئا من مكانه"[1].

11- عن أبي المليح قال: "قال عثمان عند كتابة المصاحف: تمل هذيل وتكتب ثقيف"[2].

12- عن اسماعيل بن ابي خالد "قال: لما نزل اهل مصر الجحفة (قرية على طريق المدينة) يعاتبون عثمان صعد عثمان المنبر فقال: جزاكم الله عني يا اصحاب محمد (ص) شرا... (فقال عثمان) أيكم يأتي هؤلاء القوم فيسألهم ما الذي نقموا ...فقام علي بن أبي طالب... فأتاهم فرحبوا به وقالوا: ما كان يأتينا احد احب الينا منك، فقال ما الذي نقمتم قالوا: نقمنا انه محا كتاب الله عز وجل، وحمى الحمى ... فرد عليهم عثمان: اما القرآن فمن عندالله انما نهيتكم لاني خفت عليكم الاختلاف فاقرؤا على اي حرف شئتم واما... فرضي الناس واصطلحوا ودخلوا المدينة..."[3].

---

(1)البخاري، المصدر السابق، ح4530و ح4536، ج6 ، ص229. مع وجود بعض الاختلاف في الحديثين.

(2) المتقي الهندي، المصدر السابق، ج2، ح4783، ص586؛ محمد شرعي ابو زيد، المرجع السابق، ص11.

(3) الذهبي، المصدر السابق، ج3، ص429-430. ويورد في رواية اخرى هكذا: "... قالوا كان القران كتبا فتركها الا واحدا..." ص437؛ السجستاني، المصاحف، ج2، ص45.

13- عـن علـي بـن ابـي طالـب (رض) قـال: "يـا معشـر النـاس اتقـوا الله وايـاكم فـي عثمـان وقولكم حـراق المصاحف فـوالله مـا حرقها الا عن ملأ منا اصحاب محمد (ص)"[1].

14- عـن علـي بـن ابـي طالـب (رض) قـال: "لـو كنتُ الـوالي وقت عثمان لفعلتُ في المصاحف مثل الذي فعل عثمان"[2].

15- عـن عبدالله بـن عبـاس قـال قلـت لعثمـان (رض): "مـا حملكـم علـى ان عمـدتم الـى الانفـال وهـي مـن المثاني والـى بـراءة وهـي مـن المئـين فقرنتم بينهمـا ولـم تكتبـوا سـطر بسـم الله الـرحمن الـرحيم[3] ووضـعتموها فـي السـبع الطـوال فقـال عثمان: كـان رسـول الله تنـزل عليـه السـور ذوات العـدد فكان اذا نـزل عليـه الشـيء دعـا بعـض مـن كـان يكتـب فيقـول ضعـوا هـؤلاء الايـات فـي السـورة التـي يـذكر فيهـا كـذا و كـذا وكانـت الانفـال مـن اوائـل مـا نـزل فـي المدينـة وكانـت بـراءة مـن اخـر القرآن نـزولا وكانـت قصتهـا شـبيهة بقصتها فظننـت انهـا منهـا فقبض رسـول الله (ص) ولـم يبيـن لنـا انهـا منهـا فمـن اجـل ذلـك

---

(1) القرطبـي، المصـدر السـابق، ج1، ص54؛ السـيوطي، الاتقـان... ، ج1، ص166؛ محمد صفاء حقي (الدكتور)، المرجع السابق، م2، ص96.

(2) القرطبـي، المصـدر السـابق، ج1، ص54؛ الـذهبي، المصـدر السـابق، ج3، ص477؛ النيسابوري، المصدر السابق، ج1، ص28؛ السجستاني، المصاحف، ج1، ص19.

(3) يـذكر عبدالرحمن عبدالعليم السـعدي، المرجـع السـابق، ص54، نقلا عـن كتـاب: التبيـان فـي اداب حملـة القـرآن لابـي زكريـا يحيـى، دون ذكـر للصفحـة او الجـزء واي شـيء اخـر، روايـة مفادهـا "ان العـرب فـي الجاهليـة اذا كـان بينهـم و بيـن قـوم عهـدا وارادوا نقضـه كتبـوا لهـم كتابـا، ولـم يكتبـوا البسـملة. فلمـا نزلـت (سـورة البـراءة) بنقـض العهـد الـذي كـان للكفـار، قرأهـا عليهـم علـي (ع) ولـم يبسـمل علـى مـاجرت بـه عـادتهم". وعـن عبدالله بـن عبـاس قـال: سـالت عليـا (ع) عـن ذلـك (اي البسـملة) فقـال: لان البسـملة أمـان، وبـراءة نزلـت بالسـيف لـيس فيهـا أمـان"؛ وقـد وردت بشـكل مختصـر عنـد: الزركشـي، المصـدر السـابق، ج1، ص262-263.

قرنت بينهما ولم اكتب بينهما بسم الله الرحمن الرحيم ووضعتها في السبع الطوال"[1].

عند النظر في هذه الروايات، تظهر بان هناك اكثر من موضوع داخل الرواية الواحدة. كما أنها متداخلة بعضها مع البعض الاخر احيانا، وهناك روايات تتناقض فيما بينها. وهذا ما سنتناوله فيما بعد بشيء من التحليل.

اما بالنسبة لتاريخ هذا التدوين والجمع، فلم تات الروايات بشيء عنها. وهذا ما سبب في اختلاف الدارسين لهذا الموضوع في تحديد السنة التي تم فيها ذلك. فيذهب ابن حجر العسقلاني انها سنة 24هـ واوائل 25هـ[2]. ويرى محمد حسين هيكل على ان تلك الحملات العسكرية على ارمينيا و اذربيجان حدثت في السنة الثانية او الثالثة من خلافة عثمان (رض)، وهو يميل الى رأي الطبري وابن

([1]) ابن كثير، تفسير القرآن، ج1، ص28؛ السيوطي، الاتقان...، ج1، ص168؛ يرى ثيودور نولدكه في سبب عدم ذكر البسملة بداية سورة التوبة (او براءة)، بعد ما بين عدم مصداقية التفسيرات الاسلامية للسبب، على ان مضمون السورتين يختلفان اختلافا تاما و نشئا في فترتين متباعدتين، وتبرز الاية الاولى من سورة التوبة بوضوح كبداية لمقطع جديد. لهذا يرى ان سبب عدم ذكر البسملة هو الصدفة بسبب سهو في اثناء الكتابة او سبب اختفائها نتيجة ضرر خارجي من دون ان يجرأ اللاحقون على اجراء تعديل على الوضع الذي نقل فيه النص. المرجع السابق، ج2، ص310؛ اننا نرى هنا بان ثيودورنولدكه لم يوفق فيما اذهب اليه وذلك لسببين: -

اولاً: عدم وجود نسخة واحدة للقرآن بل عدة نسخ، كما انه لم يكن هناك كاتب واحد لكل هذه النسخ بل كتاب عديدون. وبالتالي استحالة حدوث سهو او تضرر خارجي لمخطوطات المصاحف في نفس المكان من الصفحة والاية والجزء في كل المصاحف.

ثانياً: حسب الروايات كانت هناك اعادة لقراءة ما كتب عند الانتهاء. فلو كان الامر صدفة اوسهوا لاستطاعوا ايجادها واضافتها، فضلا على ان هناك من قرؤوه قبل البدأ بتوزيع النسخ المستنسخة.المؤلف.

([2]) عوض احمد الشهري، المرجع السابق، ص6؛ احمد عبدالعظيم الزرقاني، المرجع السابق، ص143؛ ابو خليل، شوقي، اطلس دول العالم الاسلامي، ط2، دار الفكر، دمشق 1424هـ- 2003م، ص9.

الاثير القائل بان الحملات كانت سنة 24هـ[1]. اما ثيودور نولدكة فيذهب الى ان تأريخ الحملات العسكرية هذه كانت سنة 30هـ، و تم اتمام نسخة القرآن سنة32-33 هـ[2]. يظهر هنا جليا اختلاف العلماء والباحثين المسلمين و المستعرب ثيودور نولدكه في تحديد السنة التي حدثت فيها الحملات على أرمينيا واذربيجان و بالتالي السنة التي تم فيها تدوين القرآن. وكما هو ظاهر هنا ان معرفة تأريخ هذه الحملات هو الطريق الوحيد لحد الان لمعرفة سنة تدوين القرآن.

وبعد ما حاولنا العثور على مصدر جديد يساعدنا في الوصول لسنة حدوث هذه الحملات، استطعنا الحصول على هذه المعلومات من خلال كتاب دائرة المعارف الكبرى. وبعد مقارنتنا لما جاء فيها وما جاء في المصادر العربيية والاسلامية ظهر لنا ان المؤرخين المسلمين مثل الطبري وابن الاثير والبلاذري واليعقوبي يحصرون الفتوحات الاسلامية الاولى لتلك المنطقة ما بين 20هـ-25هـ (641م-646م) و يذهبون الى ان الحملة الكبرى والتي هي موضوع الدراسة قد حدثت في نهاية 24هـ واوائل 25هـ (645م-646م) وذلك بقيادة حبيب بن مسلمة الفهري. اما التفسير الارمني للاحداث فهو يختلف عن التفسير الاسلامي لسير الاحداث، والتي تم تدوينها حسب رواية (السبيوس) وهو ارمني عاصر تلك الاحداث ودونها. والتفسير الارمني يذهب الى ان اول جيش عربي زحف عليهم عام642م ولم

---

(1) هيكل، محمد حسين، عثمان بن عفان، دار المعارف، القاهرة، بلا.ت، ص59 و109.

(2) ثيودور نولدكه، المرجع السابق، ج2، ص230.

يستطيع السيطرةعلى البلاد. وحدثت الغزوة الثانية بعد عام ولم تنجح ايضا. ووقعت البلاد بعدها تحت سيطرة الروم وتمت بعد ذلك عقد اتفاقية بين المسلمين وقسطنطين الثالث سميت بهدنة الثلاث سنوات انتهت عام653م. وعند انتهاء هذه الهدنة دخل امير ارمينيا في ذلك الوقت (ثيودور) في اتفاق مع معاوية بن ابي سفيان، على ان يعترف بسلطان المسلمين بشرط الاحتفاظ بالاستقلال. ولكن الامبراطور قسطنطين (امبراطور الروم) دخل ارمينيا مرة اخرى و انهى تلك الاتفاقية. ولكن المسلمون استطاعوا دخول ارمينيا وبمساعدة اميرها ثيودور عام 654م، واستطاعوا السيطرة على كل البلاد عام 655م، حتى تركوها مرة اخرى عام 657م خلال الحرب بين علي بن ابي طالب ومعاوية بن ابي سفيان[1].

وبعد ان اوردنا التفسيرين يظهر لنا ان التفسيرين يختلفان في نقطتين رئيسيتين:

1- الرواية الاسلامية تحصر كل تلك الاحداث ما بين 20هـ-25هـ(641م-646م). اما الرواية الارمنية فتحصرها مابين 642م-655م (23هـ- 33هـ).

---

(1) دائرة المعارف الاسلامية، مفتاح ...، م1، ص643-644، باب ارمينية. و يرى فننك كاتب الكتاب على ان ما ذكره المؤرخون العرب بالحملة الكبرى 24هـ-25هـ، لم يحدث الا بعد هدنة ال (3) سنوات اي بعد 653م؛ للاستزادة يمكن مراجعة أيضا: القرطبي، ابو عمر يوسف بن عبدالله بن محمد بن عبدالسر بن عاصم النمري، الاستيعاب في معرفة الاصحاب، حققه علي البهاوي، ج1، دار الجيل، بيروت، 1412 هـ، ص334-335؛ ابن حجر العسقلاني، الاصابة...، ج2، ص44.

2- ترى الرواية الاسلامية ان الحملة الكبرى حدثت في24هـ-25هـ. اما الرواية الارمنية فتذكر ان الحملة الكبرى حدثت في 654م-655م (32هـ-33هـ).

لذا نحن نرى هنا وحسب ما هو موجود بين أيدينا على ان هذه الحملة حدثت حوالي سنة 32-33هـ وكان تدوين القرآن ما بين 33هـ-34هـ. وقد توصلنا لهذا الاستنتاج من خلال ما يأتي:

1- ان صاحب الرواية الارمنية ليسبوس، شخص عاشَرَ الاحداث وهو شاهد عيان على تلك الاحداث.

2- اشارة بعض المصادر الاسلامية مثل ابن حجر العسقلاني في رواية ان تلك الاحداث كانت في سنة 30هـ اي ان هناك راي عند المؤرخين الاسلاميين يستبعد عامي 24هـ-25هـ.[1]

3- والشيء المهم هنا ايضا والذي لا يجب ان يغرب عن بالنا هو اتفاق اغلب المصادر على ان عبدالله بن مسعود قد عاصر عملية الجمع والتدوين وإِتلاف المصاحف، وانه قد توفي في الثلاثينات وعلى اكثر اعتقاد (32هـ-34هـ). وقد قام ابن مسعود بالاعتراض على عمل زيد بن ثابت في كتابة المصاحف كما عارض الخليفة عند حرقه للمصاحف واتلافها، وهذا ما عرضه لغضب الخليفة وتم احضاره للمدينة وعوقب وبقي في داره حتى وفاته. وتذهب الروايات على انه مات بعد عدة ايام من تلك الحادثة، وتورد في روايات اخرى على انه عاش سنة بعد هذه الحادثة. والمهم

(1) ابن حجر العسقلاني، الاصابة...، ج2، ص44.

هنا هو ان المدة بين موت ابن مسعود و تدوين القرآن ليست بالطويلة واكثر ما يمكن هو سنة(راجع هامش رقم 1 ص 185من الكتاب للاطلاع على الروايات بهذا الشأن). وهذا ما ينفي بالتالي الرواية الاسلامية القائلة بجمع القرآن في سنة 25هـ.

4- كان حرق المصاحف من أحد أسباب الفتنة التي حدثت ضد الخليفة عثمان حسب الروايات التي ذكرناها سابقا، فهل يعقل أن يأتي الناس ويعاتبوا عثمان على عمل قام به منذ أكثر من 9 سنوات.

5- بعد مراجعتنا لمجموعة من المراجع الاجنبية عن تأريخ ارمينية وأذربيجان، ظهر لنا بأن بعضهم أعتمد المصادر الاسلامية وأخذوا بالرواية الاسلامية، والاخرون أعتمدوا مصادر تلك البلدان وأخذوا بالرواية الاخرى، وبالتالي رأوا بأن الخليفة عثمان جمع القرأن ما بين 650م –654م.(1)

6- أذا ما أخذنا بالرواية الاسلامية، يعني هذا إن المشكلة حدثت أيام الخليفة عمر وقام الخليفة عثمان بالجمع بعد استلامه لمقاليد الامور. ولكننا ورغم كل المحاولات لم نعثر

---

(1)Esat Uras، The Armenians in history and the Armenian question، Translation Dr. Suheyla Artemel، Ducumentary publication،Istanbul، 1988، P. 289-290 and 349; Nils Petter Thuesan، Verdens histoia i årstall، Orion forlag، Oslo، 2002، P. 153-155; Claus Krog(prof)، Verdens historie 500-1000، Bind 4، Norahls trykeri، Oslo، 2000، P.81; Ronald Grigor Sunny، Transcaucasia-Nationalism and sosial change، University of Michigan press، 1996، P36; Lehmann Henning، Armenierne kultur og historie، Nyindsigt Centrum، Kobenhagen، 1984، P.48-52; Markus Hattstein and athers، Verdenss historie، Oversatt av Bjerte Kaldhol and athers، Spektrum forlag، Kina، 2006، P. 226; Historiens folk og Riker، Islam Fremmarsj 600-800 E.Kr، Oversatt av Kolbein Brede، Gyldendal Norsk forlag، Oslo،1988، P. 41-43.

على رواية واحدة تفيد بحدوث أختلافات في القراءات بين المسلمين في ولاية الخليفة عمر.

....

عودة للروايات، وكما قلنا سابقا وبسبب تداخل الروايات ووجود اكثر من موضوع في الرواية الواحدة. رأينا ان نقسم المواضيع الواردة فيها الى عدة اقسام، حتى يسهل علينا تحليلها و دراستها.

القسم الاول: المكلفون بمهمة الجمع و التدوين

ان الروايات كانت الى حد ما واضحة في هذا المسالة. رغم ان هناك بعض الاختلاف، فمنها ماتوردها بأربعة اشخاص ومنها ما تذهب الى انهم كانوا اكثر من ذلك ومنهم من ذهب الى انهم اقل. ولكن المتفق عليه بين الدارسين أربعة أشخاص هم: زيد بن ثابت وسعيد بن العاص وعبدالله بن الزبير وعبدالرحمن بن الحارث بن هشام[1] .

اما زيد بن ثابت فهو من اهل المدينة من بني النجار(خزرجي). والثلاثة الاخرين هم قريشيين ومن عائلات مكية مرموقة ومعروفة. ويذهب ثيودور نولدكه الى ان دور الاكثرية القريشية في اللجنة هو أمانة النص

---

(1) ثيودور نولدكه، المرجع السابق،ج2، ص280؛ احمد عبدالعظيم الزرقاني، المرجع السابق، ص143؛
Nora، op‫.‬cit.81.-

Eggen

للهجــة قـريـش بأعتبـارهـم مـن الضليعيـن بلهجــة قريـش، رغـم ان القرارات النهائية كانت تعود للخليفة نفسه[1].

امـا بالنسبـة للروايـات التـي تـذكرهـم بـأنهم كـانوا اثنـى عشـرة شخصــا، فهـي لاتـورد اسمـاء هـؤلاء الاشـخاص. ولكـن بعـض المراجـع ذكـرت اسمـاء هـؤلاء وهـم: الاسمـاء الاربعـة اعـلاه مضيفا اليهم، أُبـي بـن كعـب وأنس بـن مالـك وعبدالله بـن عبـاس ومالـك بـن ابـي عـامر وكثيـر بـن افلـح. ويضيـف بعضـهم الاخـر عبدالله بن عمر بن الخطاب وعبدالله بن عمروبن العاص[2].

امـا الروايـات البـاقيـة فتـذهـب الـى انهـم كـانوا اثنيـن همـا: زيـد بـن ثابـت وسعيـد بـن العـاص وفـي روايـة الطبـري يقـول انـه ابان بن سعيد بن العاص.

وفـي رأينـا وبعـد دراستنا لكـل الروايـات، رأينـا إن زيـد بـن ثابـت هـو الشخـص الرئيسـي فـي عمليـة الجمـع والتـدويـن هـذه والشخـص الثانـي والـذي هـو سعيـد بـن العـاص كـان مـن اجـل مسـاعدتـه فـي هـذا العمـل ومراقبـة اللغـة التـي ستكتـب بهـا، بأعتبـاره رجـلا فصيحا لبيبـا فـي اللغـة. و بالتـالي لانـرى صـواب الـرأي الـذي يقـول بـأن سعيـد بـن العـاص يملـي المصـحف وزيـد يكتـب (راجـع الروايـة رقـم 9) وذلـك لعـدة اسباب:

1- اتفـاق جميـع الروايـات والمصـادر والمراجـع علـى ان الشخـص الاول والرئيسـي هـو زيـد بـن ثابـت، فكيـف يكـون هـو

---

(1) ثيودورنولدكه، المرجع السابق، ج2، ص285-288.

(2) محمد شرعي ابو زيد، المرجع السابق، ص108-109.

بالتالي من يقوم بدور الكاتب وهذا عمل كان يستطيع ان يقوم به اي شخص اخر يتقن عملية الكتابة.

2- قول زيد بنفسه على ان عثمان بن عفان اختاره كي يكتب له مصحفا دون ذكر احد اخر.

3- قول زيد بن ثابت في اكثر من مرة على انه افتقد ايتين من سورة كذا وكذا. وهذا يعني ان دوره كان الاملاء والمراجعة وليس الكتابة. كما انه لم يقل افتقدنا بل قال افتقدت اية.

4- والاهم من كل هذا، هو اعتراض عبدالله بن مسعود على تولي زيد بن ثابت المهمة وليس احدا غيره. كما انه اعترض على فرض قراءة زيد على المسلمين دون قراءته، فاذا كان زيد كاتبا لما قال عبدالله بن مسعود قراءة زيد بن ثابت، لانها كانت ستكون قراءة سعيد بن العاص لذلك فان زيد هو الذي قام بهذا العمل او على الاقل هو الذي يملي وسعيد هو الذي يكتب.

لذا نرجع ونقول ان زيد بن ثابت هو من قام بالعمل في النسخة الاولى للمصحف بمساعدة سعيد بن العاص. اما الاشخاص الاخرون والتي ذكرت اسمائهم في المصادر والراوايات، انما قاموا بعملية نسخ المصاحف الاخرى بعد انتهاء زيد من النسخة الرسمية. فلولا ذلك لكانت الروايات جاءت على ذكر اسماء هؤلاء ولسمعنا ان اعتراض ابن مسعود ينالهم ايضا مثلما نال زيد بن ثابت.

القسم الثاني: ماهية مهمتهـم

هنـــاك مشـــكلات رئيســـية تواجهنـــا فـــي مثـــل هـــذه الروايـــات، وهـــي عـــدم تصـــريحها او ذكـــر شـــيء عـــن عمـــل هـــؤلاء الاشـــخاص وكيفيـــة ســـير عمليـــة الجمـــع والتـــدوين هـــذه. وقـــد حـــدث الاخـــتلاف بـــين الدارســـين فـــي مـــا اذا كانـــت هـــذه العمليـــة عبـــارة عـــن نســـخ المصـــحف الموجـــود عنـــد حفصـــة زوجـــة الرســـول والتـــي تـــم جمعـــه ايـــام ابـــي بكـــر، او تعـــداها لجمـــع ثـــان من اضافة او نقص وشهود وما الى ذلك؟

ولغـــرض معرفـــة كـــل هـــذا رجعنـــا الـــى الروايـــات ودرســـناها بتـــأن وخرجنا منها بالحقائق التالية:

1- فيمـــا يخـــص المصـــحف الـــذي جمـــع ايـــام ابـــو بكـــر الصـــديق والـــذي كـــان موجـــودا عنـــد حفصـــة بنـــت عمرزوجـــة الرســـول،فقد اختلف فيه على ثلاثة اتجاهات:

أ- الروايـــات التـــي تقـــول بأنهـــا نســـخت منـــه هـــي الروايـــات رقـــم (1،4،5،8).

ب- الروايـــة التـــي تقـــول بأنهـــا جمعـــت ودونـــت ومـــن ثـــم تـــم عرضـــها علـــى المصـــحف الموجـــود عنـــد حفصـــة، هـــي الروايـــة رقم(2).

ج- الروايـــات التـــي لـــم يـــتم فيهـــا ذكـــر المصـــحف الموجـــود لـــدى حفصـــــة، هـــــي الروايـــــات رقـــــم (3،6،7،9،10، 11،12،،13،14،15).

وبـــين هـــذا وذاك هنـــاك روايـــات غيـــر كاملـــة لـــم تتحـــدث إلا عـــن جزء من العملية.

2- اما ما يخص سير عملية الجمع والتدوين، نستطيع أن نوجزها بما ياتي:

أ- نسخ المصاحف من المصحف الموجود لدى حفصة، وعند حدوث الاختلاف يكتب بلغة قريش. الروايات رقم (1،4،5).

ب- مراجعة ما تم تدوينه ومن ثم عرضه ومطابقته للمصحف الموجود لدى حفصة، رواية رقم (2).

ج- عند الاختلاف في آية من آيات القرآن، يحاولون ايجاد مصدر تلك الاية والذي هو قد سمعه من الرسول مباشرة، وفي حالة عدم تواجده في المدينة يترك المكان خاليا لحين حضوره، الروايات رقم (3،6). اما في حالة وفاة ذلك الشخص اوعدم معرفته، فلم تدون الروايات شيأ بخصوص ذلك.

د- تتحدث رواية عن قيام عثمان بن عفان بجمع ما هو موجود من المصاحف او اجزاء منه، ومن ثم توزيعه وترتيبه حسب الطول، الرواية رقم(7).

هـ- وفي رواية اخرى يورد فيها، انه عند الاختلاف يؤخرونه ولايكتبونه، حتى ينظرون فيما بعد احدثهم بالعرضة الاخيرة، الرواية رقم (8).

و- قيام عثمان بن عفان بجمع المدونات القرآنية الموجودة عند المسلمين، و من ثم سؤال كل واحد لوحده عمى اذا كان سمعه من الرسول ام لا. ومن ثم امر الاخرين بتدوينه في المصحف، الرواية رقم (9).

3- قول زيد بن ثابت، تذكرت آية من سورة الاحزاب: آية 23 ﴿ **مِنَ الْمُؤْمِنِينَ رِجَالٌ صَدَقُوا مَا عَاهَدُوا اللَّهَ عَلَيْهِ...** ﴾.

فوجدتها عند خزيمة بن ثابت الانصاري، فالحقتها بسورتها في المصحف، الرواية رقم (1). وفي الرواية رقم (2) يرد فيها ان زيد بن ثابت راجع المصحف ثلاث مرات بعد الانتهاء من نسخه، ففي المرة الاولى افتقد فيها آية هي الآية 23: سورة الاحزاب. ووجدها عند خزيمة بن ثابت فثبتها في مكانها. وفي المراجعة الثانية افتقد آيتين هما الاية: 128-129: سورة التوبة ﴿ **لَقَدْ جَاءَكُمْ رَسُولٌ مِّنْ أَنفُسِكُمْ عَزِيزٌ عَلَيْهِ مَا عَنِتُّمْ حَرِيصٌ عَلَيْكُم بِالْمُؤْمِنِينَ رَؤُوفٌ رَّحِيمٌ** ﴿128﴾ **فَإِن تَوَلَّوْاْ فَقُلْ حَسْبِيَ اللّهُ لا إِلَـهَ إِلاَّ هُوَ عَلَيْهِ تَوَكَّلْتُ وَهُوَ رَبُّ الْعَرْشِ الْعَظِيمِ** ﴿129﴾﴾. فوجدهما عند خزيمة اخر، فاثبتهما اخر البراءة (التوبة)، وقال: لوانهما كانتا ثلاثة ايات لجعلتها سورة واحدة.

4- كتابة عدة نسخ من المصحف الجديد، لم يأت ذكر لعددها، ارسلت الى الامصار الاسلامية[1].

5- اتلاف المصاحف. ذلك الامر الذي فرضه الخليفة عثمان بن عفان و بموافقة من حوله من الصحابة، و انهاء مهمتها ما عدا المصحف الموجود عند حفصة زوجة الرسول.

([1]) اختلف العلماء والمؤرخون المسلمون في عددها، فذهب ابو داود السجستاني الا انها سبعة مصاحف اما ابو عمرو الداني فقال انها اربعة (وهذه اراء الاكثرية)، اما ابن حجر العسقلاني و السيوطي فقالا انها خمسة. ومن ثم تم ارسال النسخ الى (البصرة والكوفة ودمشق و احتفظت بواحدة للمدينه) و اضاف اخرون مكة، واضاف اصحاب السبعة مصاحف اليمن و البحرين و بعضهم مصر. راجع: القرطبي، الجامع...، ج1، ص54؛ السيوطي، الاتقان..، ج1، ص167؛ محمد صفاء حقي (الدكتور)، المرجع السابق، م2، ص91-92؛ ثيودورنولدكه، المرجع السابق، ج2، ص336؛

-Nora Eggen، op، cit.88.

والروايات تختلف حول كيفية اتلاف المصاحف، و نستطيع تقسيمها الى:

أ- احراق المصاحف[1]، الروايات رقم (1،5،7،13).

ب- محو المصاحف (مسحها دون ذكر كيفية القيام بذلك)، الروايات (3،12).

ج- غسل المصاحف (حالة خاصة بمصحف حفصة بعد وفاة عثمان بن عفان، الرواية رقم (2).

هذا و بعد ان أخرجنا هذه الحقائق من الروايات، نستطيع الآن تحليلها والخروج منها بالنتائج الاتية:

1- يبدو لنا انه قد تم الاستعانة بالمصحف الموجود لدى حفصة عند القيام بالتدوين الجديد في عهد عثمان بن عفان، ونعتقد بانه قد تم الاستعانة به في البداية وليس في النهاية فقط. ولكن لم يدون المصحف الجديد كما هو موجود في النسخة القديمة، بل الظاهر من خلال الروايات، انه تم اجراء تعديلات عليها اهمها:

أ- تدوين المصحف الجديد على حرف واحد (قراءة واحدة)، وذلك كي يتم الانتهاء من المشكلة الرئيسية التي وراء هذا الجمع والتدوين الجديد. والذي كان السبب من وراء الاختلاف في القراءة بين المسلمين . وهذا ما يدل عليه

([1]) يقول طه حسين: "ان النبي (ص) قال: نزل القران على سبعة احرف كلها شاف كاف وعثمان (رض) حين حظر ما حظر من القران، وحرق ما احرق من المصاحف، انما حظر نصوصا انزلها الله وحرق صحفا كانت تشمل على قران اخذه المسلمون عن رسول الله (ص) وما كان ينبغي للامام ان يلغي من القران حرفا ويحذف من نصوصه" . المرجع السابق، ص182.

اعتــراض ابـــن مســعود ايضــا، وذلـك بفــرض قـراءة وحـرف واحد على المسلمين.

ب- إن حـدوث الاخــتلاف بــين مـن قــاموا بتـدوين المصـحف الجديـد، يـدل عـلى إن المصـحف الـذي كـان موجـودا عنـد حفصـة، لـم يكـن مرتبـا حسـب الحـروف، بـل اختلطـت الحـروف التـي نزلـت عليهـا القـرآن، وبالتـالي ظهـر الاختلافـات، والا لكـانوا نقلـوا حرفـا واحـدا مـن تلـك الحـروف دون الحاجـة للاختلاف.

2- الاسـتعانة بالمـدونات والمخطوطـات القـرآنيـة الموجـودة لدى المسلمين.

3- يبـدو لنـا ان قضـية مراجعــة وعـرض المصـحف الجديـد عـلى مصـادرها شـيء لا بـد منـه، وذلـك مـع: المصـحف الموجـود لـدى حفصـة والمـدونات والمخطوطـات القـرآنيـة الموجـودة والمصـاحف الاخـرى المستنسـخة مـن المصـحف الجديـد. وهـذه المراجعـات والمطابقـات الثلاثـة للمصـحف الجديـد، هـي مـن بـديهيات العمليـة بشـكل عـام. فـلا يمكـن ان يهمـل هـذا الجانـب وهـم يدونـون النسـخة الرئيسـية والتـي سـتعتمد فـي انحـاء الـبلاد الاسـلامية. فمطابقتهـا للمصـادر التـي دونـت منهـا ومراجعــة المشـاركين لمـا كتبـوه ومطابقـة المصـاحف المستنسـخة مـع النسـخة الاصـلية قبـل ارسـالها للامصـار، لا تحتـاج الـى دلائـل تثبتهـا، حسـب رؤيتنـا للموضوع.

4- بعـد دراسـتنا بـتمعن للروايـات الخاصـة بفقـدان زيـد بـن ثابـت لايـات ومـن ثـم ايجادهـا عنـد شخصـين مختلفـين يسـميان بخزيمـة. وبالتـالي مقارنتهـا بمـا جـاء فـي هـذا الموضـوع عنـد

الجمع الذي حدث في عهد ابي بكر الصديق. راجع الفصل الثاني المبحث الثاني. ظهر لنا ان هذه الايات هي نفسها التي وجدت في الجمع الاول وهذان الشخصان هما نفسهما وفي كل الروايات. وهذا مايدل على تناقص الروايات وبالتالي فقدان مصداقيتها التاريخية. و نحن نرى بأن هذه الروايات قد اختلطت بعضها بالبعض الاخر وهذا القسم من الرواية خاص بالجمع الاول في عهد ابي بكر الصديق وليس لها علاقة بالجمع الثاني في عهد عثمان بن عفان. وذلك للاسباب التالية:

أ- قرب عهد ابي بكر لعهد الرسول، وامكانية معرفة الايات المفقودة عند المراجعة.

ب- امكانية فقدان الايات في الجمع الاول، لانها تمت من خلال جميع المدونات والمخطوطات والاستعانة بالحفاظ وما شابه. اما الجمع العثماني فيظهر انه كان نسخا و تدوينا اكثر منه جمعا، لذا فأمكانية ضياع ايات باكملها ضعيف جدا في عهد عثمان.

ج- لو اخذنا بالروايات القائلة انها كانت في الجمع على عهد عثمان. لاصبحت فرضية عدم وجود هذه الايات في المصحف الموجود عند حفصة واقعا. وهذا ما يناقض الروايات التي تقول: تم عرضها على المصحف الموجود لدى حفصة فتطابقا.

د- قول زيد بن ثابت: "فقدت اية من سورة الاحزاب حين نسخنا المصحف قد كنت اسمع رسول الله (ص) يقرأ بها ...". وهذا القول يدل على انه كان في عهد ابي بكر الصديق. والا لقال كنت قد كتبتها في الجمع الاول او ما

شابه ذلك. لانه كان عليه ان يتذكرها عند الجمع الاول وليس بعد عقد او عقدين من الزمن.

5- يظهر من خلال الروايات انه تم حرق المصاحف بشكل عام. ولكن يبدو انه كانت هناك حالات خاصة باستخدام طرق اخرى لاتلافها مثل الغسل وماشابه[1]، كما في حالة مصحف حفصة بعد موت عثمان وحفصة زوجة الرسول، راجع الرواية رقم (2). ولكن هناك روايات اخرى على انها شققت او احرقت. فقد جاء عن سالم بن عبدالله قال: "ان مروان (ابن الحكم، والي المدينة أيام معاوية بن ابي سفيان) كان يرسل الى حفصة يسألها الصحف التي كتبت فيها القرآن فتأبى حفصة ان تعطيه اياها. فلما توفيت حفصة ورجعنا من دفنها ارسل مروان بالعزيمة الى عبدالله بن عمر ليرسلن اليه بتلك الصحف، فارسل بها اليه عبدالله بن عمر، فامر بها مروان فشققت، فقال مروان: انما فعلت هذا لان ما فيها قد كتب وحفظ بالمصحف فخشيت ان طال بالناس زمان ان يرتاب في شان هذه الصحف مرتاب او يقول انه كان شيء منها لم يكتب". وفي رواية اخرى "... انه طلبها

([1]) ذهب ابو داود السجستاني على ان الاتلاف ثم عن طريق الغرق. المصاحف،ج1، ص26؛ ويقول القرطبي، تحرق او تخرق ورواية منقوطة احسن (اي تخرق) بمعنى تدفن. الجامع لاحكام القران، ج1، ص54؛ اما موسوعة العالم للاديان فقد اوردت انها تم سلقها بالماء الحار والخل و قيل احرقت ماعدا مصحف عبدالله بن مسعود. المرجع السابق، ص129؛ اما عباس محمود العقاد فقد قال: " فاباد ما عداها احراقا ومحوا، واخذ العسب واللخاف والجلود (اي المخطوطات) التي لم تختلف ولم تجتمع على ترتيب فدفنها..." المرجع السابق، ص159؛ اما ثيودور نولدكه فيرى ان اتلاف المصاحف يجب حصرها في العراق وسوريا لان الولاة هناك كانوا يملكون سلطة تنفيذ اجراءت كهذه. المرجع السابق، ج2، ص338؛ ولكننا نرى خطاء ما ذهب اليه ثيودور نولدكه وذلك لسببين: اولا- لكانت بعض من تلك المصاحف في الامصار الاخرى قد وصلت الينا.ثانيا- رواية رقم (12) تورد فيها معاتبة اهل مصر لعثمان على احراق مصاحفهم.المؤلف.

ليحرقها خشية ان يكون ما فيها مخالفا لبعض الكتاب..." [1].

6- اما بالنسبة لعدد النسخ القرآنية والتي وزعت على الامصار. فاننا نعتقد بانها كانت اربعة في الدفعة الاولى، احتفظت بواحدة منها في المدينة (النسخة الاصلية) وارسلت الثلاث الاخرى للبصرة والكوفة والشام، باعتبار ان المشكلة الرئيسية كانت هناك. ومن ثم تم نسخ مصاحف اخرى ارسلت الى الامصار الاسلامية الاخرى. فلا يمكن ان يكون هناك مصر من الامصار الاسلامية دون ان يكون لها مصحفها، و خاصة بعد قرار اتلاف المصاحف الاخرى [2].

([1]) ابن كثير، تفسير القران، ج1، ص33؛ السجستاني، المصاحف، ج1، ص28 و 32.

([2]) يقول المستعرب ثيودور نولدكه في شان نسخ القرآن هذه، بانها لا تلعب دورا في علوم القرآن، لان مصيرها جميعا غير معروف ما عدا نسخة المدينة(المصحف الامام) ففيها روايات فمثلا يقول مالك بن انس انها تغيبت، وفي قول الكندي يؤكد انها احترقت في ثورة ابي السرايا عام 200هـ. راجع. المرجع السابق، ج3، ص447-455؛ وقد جاء في جريدة الشرق الاوسط، لكاتبه احمد عثمان، عدد 8503، الاحد 25، ذو الحجة. 1422هـ- 10 مارس 2002. خير مفاده. هو العثور على اقدم نسخة للقرآن بسقف الجامع الكبير في صنعاء وذلك اثناء اعمال الترميم اثر سقوط امطار غزيرة عام1972. عندها عثر العمال على مخبأ سري بين السقف الداخلي والسقف الخارجي للجامع. يحمل الالاف من القصاصات والدفاتر والكتب البالية وكميات هائلة من الرقوق الجلدية مكتوب عليها بخطوط عربية قديمة. وقد استلم العمل في هذه المخطوطات الخبراء الالمان وبدأوا بتنفيذ مشروع النظر في المخطوطات منذ عام 1983 حتى 1996. حتى بلغت المخطوطات المرقمة من نسخ القرآن (15) الف صفحة بينها (12) الف رق جلدي قرآني، وهي معروضة بدار المخطوطات بصنعاء. وهي تعتبر صفحات من نسخ قرآنية متعددة وصلت الى (800) مصحف ترجع الى ما بين القرنين الاول والثاني الهجري وقد اكتشف المؤلف الالماني (غيرد بوين) المشرف على العملية والمتخصص في الخطوط العربية بجامعة سارلاند الالمانية، أن هناك بعض المخطوطات كتبت بالخط الحجازي النادر وهو اول خط كتب به القرآن قبل الخط الكوفي. كما يمكن مراجعة اصل النص باللغة الانكليزية والتي يبدوا بان جريدة الشرق الاوسط ترجمت عنه دون الاشارة .لذلك: The Atlantic,toby Lester, what is Koran, Jenuary -1999.

كما يمكن مراجعة النسخة الالكترونية -

www.thearlatntic.com/doc/199901/koran

القسم الثالث: ترتيب السور والايات في المصحف العثماني

لقد اختلف العلماء المسلمون في ترتيب السور في المصحف العثماني على ثلاثة اقوال:

القول الاول: ان توزيع السور في القرآن توفيقي. وقع باجتهاد من الصحابة، اي هو من عمل الخليفة عثمان بن عفان وزيد بن ثابت ومن عمل معهم. وذلك على قول أبي بكر الباقلاني وابن عطية و ابن جزي الكلبي. **القول الثاني:** ان توزيع السور في القرآن توقيفي بامر من الرسول. و ذلك على قول القرطبي والخازن واخرون. **القول الثالث:** ان توزيع اكثر سور القرآن هو توقيفي من الرسول، والباقي هو باجتهاد من الصحابة. وذلك على قول ابن عطية. (1)

وبهذا الشأن يرى ثيودورنولدكه بان البنية الوعظية لغالبية السور تجعل الولوج في سر تأليف سور القران في غاية الصعوبة، كما تحول دون القدرة على الحكم الى اي مدى تعود جمع تلك الايات في سورة واحدة، الى النبي نفسه او الى محررين لاحقين. ويذهب الى ان الوحدة الادبية في بعض السور الطويلة محتملة، ونستطيع ان نجد تشابها وتوافقا في المضمون، كما في سورة يوسف وسورة الكهف. وفي حالات اخرى كما في سورة الشعراء وسورة الواقعة والمعراج والمرسلات. او عندما يتطابق الايات في الاسلوب والوزن والقافية تطابقا ملفتا، كما في سورة الصافات.

---

(1) محمد صفاء حقي (الدكتور)، المرجع السابق، م2، ص114-117.

اما ما يتعلق بسور مثل البقرة والانفال والمنافقون وسورة التوبة، يصبح من المستحيل اتخاذ اي قرار بهذا الشان.[1]

اما توزيع الايات في السور فيذهب المسلمون على انه توقيفي بامر الرسول ولا يحق لاحد أن يغير فيه. وذلك بالاعتماد على بعض الروايات والاحاديث التي وردت على إن جبريل كان يبين للرسول مكان الاية فور نزولها وبالتالي كان الرسول يأمر الكتاب بما أُمر به.[2]

فقد جاء عن ابن وهب قال: "إنما الف القرآن على ما كانوا يسمعونه من النبي (ص)".[3] و قد ذهب ابو بكر الباقلاني ان ترتيب الايات امر لازم وحكم واجب.[4]

اما بالنسبة لما جاء في الروايات التي اوردناها سابقا وماتوصلنا اليها من تحليل للروايات في الفصل الثاني المبحث الاول على عهد الرسول والمبحث الثاني على عهد ابي بكر الصديق، باعتبار ان ترتيب السور والايات لم تتغير منذ عصر الرسول ومرورا بالجمع الذي حدث ايام الخليفة ابي بكر الصديق والجمع الاخر الذي حدث في عهد

([1]) المرجع السابق، ج2، ص293 و ما بعده. و يضيف ثيودورنولدكه هنا، بان الترتيب حسب الطول و الذي يذهب اليه العلماء المسلمون، هو الطول من خلال النظر اي عدد الصفحات التي تحتلها السورة الواحدة وليست عدد الايات. فمثلا سورة الاعراف تزيد سورة النساء بثلاثين اية وسورة طه تزيد سورة التوبة بخمس ايات وهكذا. وهناك اختلافان اثنان عن هذا المبدأ احداهما سورة الفاتحة (خمسة سطور) وسورة الكوثر (سطر واحد فقط) وهي ليست موجودة في النهاية. وهناك فقط ست سور في مكانها الصحيح من القرأن (أل عمران، يوسف، الانبياء، الذاريات، عبس، الانشقاق). ولغرض مراجعة هذان الترتيبان اي حسب الصفحات والايات، يراجع ص293-297. وبعد مراجعتنا للقران رأينا صحة ما ذهب اليه ثيودور نولدكه فيما يخص الترتيب أعلاه. المؤلف

([2]) لمراجعة تلك الروايات، يراجع: احمد عبد الاخر (الدكتور)، المرجع السابق، ص124 و ما بعده.

([3]) أحمد عبدالاخر(الدكتور)، المرجع نفسه، ص126؛ للمزيد راجع: الفصل الثاني، المبحث الاول.

([4]) نفس المرجع، ص 126.

عثمان بن عفان ، لانه لايمكن الفصل بين مراحله هذه في هذا الموضوع. فقد توصلنا لما يلي:

1- اِن ترتيب السور ليس توقيفا من النبي للاسباب التالية:

أ- بعد تحليل الروايات التي جائت في الفصل الثاني بمبحثيه سواء في عصر الرسول او عصر ابو بكر الصديق، لم نجد فيه ما يؤكد على إن السور توقيفي من النبي.

ب- إختلاف العلماء المسلمين في هذه النقطة لهو دليل على عدم ورود رواية تؤكد على ذلك او بالاحرى عدم صحة تلك الاراء.

ج- عدم ذكر هذا الشيء (التوزيع التوقيفي للسور) في الروايات الرئيسية الواردة في كتب الصحاح والتفاسير.

2- اما فيما يخص الروايات الواردة في الجمع والتدوين الذي حدث في عهد عثمان بن عفان يظهر مايلي:

أ- عدم تاكيد رواية واحدة على ان ترتيب السور والايات قد دونت بامر من الرسول (توقيفي).

ب- وجود روايات تفيد بانها لم تكن بتوقيف من الرسول راجع الروايات رقم (2،7،15).

ج- وجود الاختلافات في الروايات الخاصة بهذا الموضوع، وورود حالات على ان بعض الايات والسور توقيفي وفي حالات اخرى غير توقيفي، وخاصة في حالة السور الطويلة، حيث انها لم تكن مجموعة في سورة واحدة ايام الرسول وانما ضمت لبعضها البعض في فترات لاحقة. وهذا ما اثبتناه سابقا في الفصل الثاني، المبحث الاول

والثاني، وهذا يؤدي بالتالي الى عدم صحة فكرة انها توقيفية من الرسول.

3- اختلاف مصاحف الصحابة الاخرين عن المصحف العثماني من حيث ترتيبه، حسب ما ذهبت اليه اكثر الروايات (سناتي الى تلك المصاحف بشيء من التفصيل في الفصل الخامس)، مثل مصحف علي بن ابي طالب المرتب حسب النزول. وان هؤلاء الصحابة الذين نتحدث عنهم كانوا من اعلم الناس بالقرآن في ذلك الوقت امثال علي بن ابي طالب وعبدالله بن مسعود وأُبي بن كعب و اخرين. واذا كان القول، بأن السور والايات توقيفي من الرسول صحيحا، لكان هؤلاء اول من طبقوه في كتابة مصاحفهم.

4- ان قول زيد بن ثابت في الرواية رقم (2): "... فاثبتها في اخر براءة، ولو تمت ثلاثة ايات لجعلتها سورة على حدة ..." وورود نفس الكلام على لسان عمر بن الخطاب في الجمع على عهد ابي بكر الصديق. وتاكيده على هذه الكلام، يمكن مراجعة الروايات رقم (7،10،15) للمزيد من الامثلة. وكل هذه الروايات تدل على ان توزيع السور والايات هو توفيقي وليس توقيفي.

القسم الرابع : الاحرف السبعة والمصحف العثماني

وهو ايضا من المواضيع المهمة في هذا الجمع والتدوين. و قد اختلف على وروده في المصحف العثماني على ثلاثة اقوال:

القول الاول: ان المصاحف العثمانية اشتملت على حرف واحد من الاحرف السبعة وهو حرف قريش. اما الاحرف الاخرى فهي اما نسخت ايام النبي، او اتفق الصحابة على تركها درءا للفتنة التي كادت تفتك بالامة عندما اختلف في قراءة القرآن. **القول الثاني:** ان المصاحف اشتملت على جميع الاحرف السبعة. ولم تهمل منها حرفا واحدا. **القول الثالث:** ان المصاحف العثمانية اشتملت على ما يحتمله رسمها من الاحرف السبعة، متضمنة لما ثبت في العرضة الاخيرة. [1]

ويذكر السيوطي في هذا الصدد قول جماهير العلماء الى ان القرآن مشتمل على ما يحتمل رسمه من الاحرف السبعة، الجامعة في العرضة الاخيرة التي عرضها النبي على جبريل متضمنة لها لم تترك حرفا واحدا. [2]

اما ابن عبدالبر فيذهب الى ان عثمان بن عفان اجمع الناس على حرف واحد بكتابة زيد بن ثابت و ذلك بسبب اختلاف المسلمين من اهل العراق والشام باعتبار انها " كلها كاف شاف". حيث كان راي عثمان والصحابة على ان يجمع القرآن على حرف وتترك الاحرف الستة الاخرى. [3]

---

[1] محمد شرعي ابو زيد، المرجع السابق، ص206-207.

[2] السيوطي، الاتقان ...، ج1، ص139.

[3] محمد عبدالله القحطاني، المرجع السابق، ص191. ويورد القحطاني ايضا انه اجمع العلماء واتفقوا على ان من قرا على حرف غير حرف القران لا يصل ورائه. واورد مثلا عن مالك بن انس قوله (من قرا في صلاته لقراءة ابن مسعود اوغيره من الصحابة مما يخالف المصحف لم يصل ورائه. وهذا على ان السبعة احرف والتي تشير اليها الحديث او الرواية لاتوجد في ايدي الناس اليوم، الا الحرف الذي جمع عليه القران ايام عثمان. المرجع السابق، ص172. و عند مراجعة الكلام اعلاه و اراء العلماء يرى المؤلف ان -

وعند مراجعتنا للروايات بتأني، ظهر لنا مايلي:

1- اتفاق الروايات على ان الاختلاف في قراءة القرآن بين المسلمين. كان السبب الرئيسي في الجمع والتدوين الجديد على عهد عثمان بن عفان.

2- ان وجود المصحف الذي جمع ودون ايام ابو بكر الصديق، لم يستطيع حل المشكلة التي حدثت من اختلاف بين المسلمين. لذا ظهرت الحاجة الى ايجاد مصحف جديد يستطيع انهاء المشكلة، حتى كان مصحف عثمان هو الحل. وهذا يؤدي بنا الى القول ان المصحفان لم يكونا متشابهين والا لما ظهر الحاجة الى كتابة مصحف عثمان. ومايؤكد كلامنا هذا كما اوضحناه سابقا وورود قول عثمان بن عفان للجامعين على ان يدونوا المصحف الجديد بعربية قريش عند الاختلاف.

وهو دليل على ان المصحف الذي جمع ايام ابو بكر الصديق لم يكن يشبه المصحف الذي جمع ودون ايام عثمان بن عفان، كما انه يدل على ان المصحف الجديد دون بحرف واحد.

3- قول عثمان وبصراحة، على انه اراد ان يجمع المسلمين على قراءة واحدة وموافقة الصحابة له. راجع الرواية رقم (5).

- هذه الاراء تناقض بعضها البعض مناقضة تامة وكل اعتمد على دليل ما، وهذه هي المعضلة التي تواجهنا هنا. فكل الاراء موجودة في مثل هذه المواضيع.المؤلف

4- كذلك قول عثمان: " اما القران فمن عند الله انما نهيتكم لاني خفت عليكم الاختلاف فاقرؤا على أي حرف شئتم ...". راجع الرواية رقم (12). ويظهر جليا ان المعنى هنا واضح ولا يمكن تاويله بشكل اخر. فهو يصرح مرة اخرى بانه امر المسلمين وفرض عليهم قراءة واحدة وحرف واحد.

5- ان حرق مروان بن الحكم للمصحف الذي كان موجودا عند حفصة زوجة الرسول، يدل على انه كان يحوي شيئا مختلفا لا يوجد في المصحف العثماني.

6- وقبل الانتهاء من الاستنتاجات نريد توضيح شيء مهم الا وهو ان القراءات المشهورة عند القراء اليوم، ليست هي المقصودة بالحروف السبعة عند جمع القرآن وتدوينه على عهد عثمان، كما وضحنا ذلك سابقا. وهذا ما يجعلنا ان نستنتج استنتاجا اخر وهو، ان الاختلاف في عهد عثمان لم يكن اختلاف قراءات فقط وانما اختلاف حروف القرآن، لانه لو كان اختلاف قراءات فقط فمعناه ان عثمان لم يحل المشكلة لان القراءات ظلت بعده ولحد اليوم. ولكن الاختلاف في الحروف ادى بعثمان الى اقرار حرف واحد وقراءة واحدة ومن ثم انهاء مهمة الحروف الاخرى.

لذا يمكننا القول هنا بان المصحف العثماني استطاع ولحد بعيد انهاء المشكلة التي طرأت على المجتمع الاسلامي في ذلك الحين، لاختلاف الناس في قراءة القرآن.[1] واستطاع بالتالي ان يؤسس لمن بعده مصحفا

([1]) يرى ثيودور نولدكه ان الحروف الاخرى ظلت لفترة من الزمن متداولة عند المسلمين بشكل او باخر ويظهر ان اول من رفض بنص عبدالله بن مسعود في الصلاة هو انس بن مالك (ت179هـ). ويذهب الى ان اول معارضة وصل الينا على النص العثماني ماذكره القاضي ابو اسحاق اسماعيل المالكي الازدي البغدادي (ت382هـ) وذلك بظهور مقريء في بغداد اسمه ابو الحسن محمد بن ايوب الملقب. بابن شنبوذ (ت328هـ) الذي حاول القراءة في الصلاة بغير النص العثماني. حتى مثل امام المحكمة عام 323هـ برئاسه الوزير ابن مقلي، ودعي للتوبة فرفض وتعرض للضرب حتى اجبر على التوقيع للتمسك بالنص العثماني في المستقبل. ومن بعده جاء تلميذه (ابن مقسم العطار) ابو بكر محمد بن حسن بن يعقوب (ت354هـ) والذي كان يصح كل قراءة يطابق المعنى وصحيحة لغويا -

رسميا للدولة اتفق عليه المسلمون فيما بعد وحافظوا عليه وطوروه حتى وصل الى ماهو عليه اليوم. ولكن المصحف هذا لم يستطيع الافلات من الاعتراضات والتي سنأتي اليها في المبحث القادم. ومهما يكن فقد انتهت مهمة النسخ القرآنية الاخرى بعد اعتماد نسخة عثمان الرسمية. ولم تبق من هذه النسخ الا اثارا ضئيلة. و بهذه الخطوة استطاع عثمان بن عفان انهاء المشكلة الى حد بعيد ووحد كتابة و قراءات القرآن، رغم انه اتلف المخطوطات القرانية الاصلية والتي كانت خسارة كبيرة لتأريخ وعلوم القرآن فيما بعد.

ـــ وتتفق مع النص الغير المشكل (التنقيط والتحريك) حتى ولو لم يقرأ به احد القدامى. ولكنه تراجع ايضا عن دعوته بعد محاكمته وتهديده مثل استاذه. ولكن يبدو انه عاد الى ما كان عليه بعد موت (ابن مجاهد) والذي كان قد رفع الدعوة ضده وضد استاذه من قبل. المرجع السابق، ج3، ص548-560.

المبحث الرابع: المصاحف العثمانية

لقد اصبحت المصاحف العثمانية جاهزة، وارسلت الى الامصار الاسلامية. حيث ان اول دفعة كانت الى الشمال حيث البصرة والكوفة والشام حسب رأينا، بأعتبار ان المشكلة الرئيسية والتي كانت السبب الرئيسي للجمع والتدوين الجديدين، قد بدأت في تلك الامصار. و من ثم تم نسخ المصاحف تباعا وارسلت الى الامصار الاسلامية الباقية. وقد تقبل معظم المسلمين للمصحف الجديد، بل ان بعظهم دعمه بشكل كبير وراؤوا بانها الخطوة الاولى في سبيل الانتهاء من الخلافات التي عصفت بالمجتمع الاسلامي من جراء الاختلافات في قراءة القرآن.

ان الاجراءات التي قام بها الخليفة عثمان من اتلاف المصاحف الاخرى وفرض مصحف واحد وحرف واحد على المسلمين لم تجابه بالكثير من الاعتراض من قبل الصحابة الكبار. فالاعتراض الوحيد والذي سجلته الروايات كانت من قبل عبدالله بن مسعود[1] . اما المرجعيات الاخرى للقرآن كأُبي بن كعب فأنه كان متوفيا في ذلك الحين.

([1]) فقد قام عبدالله بن مسعود كما اشرنا سابقا، على الاعتراض على تولي زيد بن ثابت للمهمة واعتراضه ايضا على حرق المصاحف الاخرى وفرض حرف واحد، و نصح المسلمين بالحفاظ على مصاحفهم وعدم تسليمها للسلطة، حيث لم يسلم هو نفسه مصحفه. مما عرضه لغضب الخليفة وتاتي الروايات على انه ضرب وعنف به او اخرج من المسجد وضرب حتى كسر له ضلعان، و تذهب احدى الروايات على انه لم يقبل مقابلة الخليفة بعد ذلك ولم يرضى عنه حتى توفي بعد عدة ايام من الضرب. للمزيد راجع: موسوعة عالم االاديان، المرجع السابق، ج17؛ ص129-130؛ جرجس سال، المرجع السابق، ص7، طه حسين، المرجع السابق، ص163؛ ويذهب ثيودورنولدكه انه لايمكن التعويل على هذه الروايات، لانها تذكر ان الوالي الذي طلب المصحف من عبدالله بن مسعود هو عبدالله بن عامر، رغم انه كان واليا على البصرة، وكان سعيد بن العاص هو والي في الكوفة حتى 34هـ. المرجع السابق، ج2، ص339.

والصحابي الاخر والمعروف كمرجعية للقران هو ابو موسى الاشعري (ت 41 او 42هـ) فكان ما يزال حيا، و يظهر انه كان مقتنعا بخطوة الخليفة، والا ما كان ليرفعه الخليفة الى منصب والي الكوفة بعد سعيد بن العاص[1]. أما المرجعيات الباقية في المدينة ومكة والامصار الاسلامية الاخرى، فلم تورد المصادر اية اعتراضات من جانبهم على المصحف الجديد ويبدو انهم دعموا الخطوة هذه.

اما بالنسبة للاعتراضات التي وجهت للمصحف العثماني بعد ذلك، فكانت كثيرة، سواء من قبل المسلمين انفسهم او المستعربين. ومن الاعتراضات على المصحف العثماني، هي:

الاعتراض الاول:

وردت روايات عن عثمان بن عفان، انه وبعد ان راجع النص المدون من المصحف الجديد، راى فيها حروفا من اللحن لم يغيرها. فقد جاء عن عبدالله بن عامر القرشي قال: " لما فرغ من المصحف اتى به عثمان فنظر فيه فقال: احسنتم واجملتم، ارى فيه شيئا من اللحن ستقيمه العرب بالسنتها"[2].

---

(1) ثيودور نولدكه، المرجع السابق، ج2، ص339-340.

(2) السجستاني، المصاحف، ج2، ص41-43؛ اِبن قتيبة، المصدر السابق، ج1، ص25. ويضيف في احدى الروايات "... لو كان الكاتب من ثقيف والممل من هذيل لم يوجد فيه هذه الحروف"؛ المتقي الهندي، المصدر السابق، ج2، ح4784- 4787، ص586-587.

الاعتراض الثاني:

المآخذ اللغوية والتي وردت في المصحف العثماني. فعن هشام بن عروة عن ابيه قال: " سألت عائشة عن لحن القران ﴿... إِنْ هَـذَانِ لَسَاحِرَانِ...﴾ و قوله تعالى ﴿...وَالْمُقِيمِينَ الصَّلاَةَ وَالْمُؤْتُونَ الزَّكَاةَ...﴾ وعن قوله ﴿...وَالَّذِينَ هَادُواْ وَالصَّابِؤُونَ...﴾ فقالت: يا ابن اخي هذا عمل الكتاب، اخطأوا في الكتاب"[1].

يقول ثيودور نولدكه بأن عائشة زوجة الرسول اشارت الى ثلاثة مواضع في سورة البقرة: اية 177 ﴿ ...وَالْمُوفُونَ ... وَالصَّابِرِينَ... ﴿177﴾﴾ بدلا من و الصابرون. و في سورة النساء: اية 162 ﴿ لَّكِنِ الرَّاسِخُونَ ... وَالْمُقِيمِينَ... وَالْمُؤْتُونَ ... ﴿162﴾﴾ بدلا من المقيمون. و في سورة المائدة: اية 69 ﴿... إِنَّ الَّذِينَ آمَنُواْ ... وَالصَّابِؤُونَ...﴿69﴾﴾ بدلا من والصابئين. وفي سورة طه: اية63 ﴿... إِنْ هَـذَانِ لَسَاحِرَانِ...﴿63﴾﴾ بدلا من هذين.[2] وعن الزبير بن خالد قال: " قلت لابان بن عثمان: كيف صارت ﴿ لَّكِنِ الرَّاسِخُونَ فِي الْعِلْمِ مِنْهُمْ وَالْمُؤْمِنُونَ

---

(1) السجستاني، المصاحف، ج2، ص43؛ إبن قتيبة، المصدر السابق، ج1، ص25؛ عبدالمنعم الحفني(الدكتور)، المرجع السابق، ص19.

(2) ثيودور نولدكه، المرجع السابق، ج3، ص444. ويضيف ان المحدث ابراهيم النخعي يرى غرابة في التهجئة حيث ان (هذان و الصائبون و الراسخون) كانت يجب ان تكون مع الياء. ص446.

يُؤْمِنُونَ بِمَا أُنزِلَ إِلَيكَ وَمَا أُنزِلَ مِن قَبْلِكَ وَالْمُقِيمِينَ الصَّلَاةَ وَالْمُؤْتُونَ الزَّكَاةَ ... ﴿162﴾ (سورة النساء: اية 162)، ما بين يديها و ما خلفها رفع وهي نصب؟ قال: من قبل الكتاب (من عمل الكتاب) ..."[1].

الاعتراض الثالث:

من حيث المحتوى، مثل كتابة {تستأنسوا} في سورة النور: اية 27، بدلا من "تستأذنوا" و { قضى} في سورة الاسراء: اية 23، بدلا من "ووصى" [2].

الاعتراض الرابع:

خطأ في الكتابة او التعبير، حيث يعلق ثيودور نولدكه على هذا الاعتراض بأعتباره نقدا جريئا اكثر من الاعتراضات الاخرى، حيث ورد في سورة النور: اية 35 ﴿...**مَثَلُ نُورِهِ كَمِشْكَاةٍ**... ﴿35﴾﴾، باعتبار انه من الخطأ مقارنة نور الله العظيم بنور المصباح.[3]

الاعتراض الخامس:

اختلاف المصاحف، فعن مسلم بن جماز الازهري قال: "سمعنا خالد بن اياس بن حمز بن ابي الجهم يذكر انه قرأ مصحف عثمان بن عفان فوجد

---

(1) السجستاني، المصاحف، ج2، ص43؛ ويروي الكليني في الكافي، ج4،ص439، مايشبه هذا القول في أن الخطأ هو من الرواة.

(2) ثيودور نولدكه، المرجع السابق، ج3، ص444.

(3) المرجع السابق، ج2، ص46؛ للمزيد راجع: إبن قتيبة، المصدر السابق، ج1، ص27.

فيه ما يخالف مصاحف اهل المدينة اثني عشر حرفا منها في البقرة ... (ثم يورد الاختلافات)"[1]. ومثال هذه الاختلافات ماجاء في سورة البقرة: اية 132 ﴿وَ(أ) وَصَّى بِهَا إِبْرَاهِيمُ ...﴿132﴾﴾ اما اهل الكوفة والبصرة ﴿وَوَصَّى بِهَا...﴾ بغير الف. كما انه يورد حالات تشابه فيها المصاحف بزيادة او نقص في كتابة حرف من الحروف، و قال ذلك ماجاء في سورة البقرة: اية 231 ﴿...وَاذْكُرُواْ نِعْمَتَ اللهِ...﴿231﴾﴾، حيث كان يجب ان تكون نعمت بالتاء المربوطة. ووردت في سورة البقرة الاية 245 ﴿...وَاللهُ يَقْبِضُ وَيَبْصُطُ ... ﴿245﴾﴾ و يبصط كانت يجب ان تكون بالسين. وورد في سورة ال عمران: اية 20 ﴿...وَالأُمِّيِّنَ... ﴿20﴾﴾ بياء واحد، وكانت يجب ان تكون بيائين.[2]

الاعتراض السادس:

عدم كتابة ايات كاملة في القران. فعن عبدالله بن عمر قال: " ليقولن احدكم قد اخذت القرآن كله، و ما يدريه ماكله؟ قد ذهب منه قرآن كثير، ولكن ليقل: قد اخذت منه ما ظهر"[3] وعن ابو سفيان الكلاعي: " ان مسلمة بن مخلد الانصاري قال لهم ذات يوم" اخبروني بآيتين في القرآن لم يكتبا في

([1]) و قد ورد بطرق عديدة. راجع: السجستاني، المصاحف، ج2، ص49-51.

([2]) راجع السجستاني، المصاحف، ج4، ص49-51. و يورد 25 حالة في اختلاف المصاحف و 232 حالة تشابه فيها المصاحف بزيادة او نقصان في حرف من الحروف. راجع : ص116-128؛ للمزيد: إبن قتيبة، المصدر السابق، ج1، ص24؛ ويرى عوض احمد الناشري الشهري، المرجع السابق، ص3. انه وعند الاختلاف في وجوه القراءة مثل (ووصى، واوصى)، وعدم امكانية رسمه في الخط، يكتب في نسخة بوجه و في النسخة الاخرى بوجه اخر.

([3]) عبدالكريم فضل الله، المرجع السابق، ص18 ومابعده؛ احمد عبدالعظيم الزرقاني، المرجع السابق، ص159 ومابعده.

المصحف فلم يخبروه، وعندهم ابو الكنود سعد بن مالك، فقال ابن مسلمة: (ان الذين امنوا وهاجروا وجاهدوا في سبيل الله باموالهم وانفسهم الا ابشروا انتم المفلحون والذين اؤوهم ونصروهم وجادلوا عنهم القوم الذين غضب الله عليهم اولئك لاتعلم نفس ما اخفي لهم من قرة اعين جزاء بما كانوا يعملون)"[1].

الاعتراض السابع:

ما ورد في عدم كتابة بعض السور وزيادة سور اخرى وذلك بالاعتماد على مصاحف الصحابة، مثل سورتي الحفد والخلع في مصحف أبي بن كعب والذي لم يكتب في المصحف العثماني. وسورة النورين في مصحف علي بن ابي طالب. اما الزيادة مثل كتابة المعوذتين والتي لم يكتبهما عبدالله بن مسعود.[2] و سنأتي اليها بشكل من التفصيل في الفصل الخامس وذلك عند التحدث عن مصاحف الصحابة.

الاعتراض الثامن:

هوما ورد في بعض كتب الشيعة مثل كتاب (تفسير القمني) لعلي بن ابراهيم القمني و (الكافي) لمحمد يعقوب الكليني و (الاحتجاج) لطالب الطبرسي و(مجمع البيان) للشيخ ابو علي الطبرسي[3] على ان القرآن الحالي ليس كاملا.[4] اما

---

(1) عبدالكريم فضل الله، المرجع السابق، ص21-22.

(2) احمد عبدالعظيم الزرقاني، المرجع السابق، ص150-156.

(3) طه حامد الدليمي(الدكتور)، تحريف القران عند الشيعة تهمة باطلة ام حقيقة ثابتة، الانبار، 2004م، ص5؛ جرجس سال، المرجع السابق، ص14.

(4) يقول الدكتور الدليمي ان هذا الامر (اي التحريف) ثابت لديهم ثبوت الامامة. ويصرح محققوا الشيعة بالقول: ان روايات التحريف متواترة كتواتر روايات الامامة وطرقها -

اعتراضـات الشيعة فقد شمـلت مفردات وايـات وسور. فمثلا ان عـدم وجـود القداسـة لعلـي بـن ابـي طالـب او اسرتـه فـي اي موضـع مـن القـرآن، يعنـي هـذا ان جامعـي ومدونـي القـرآن قـد عدلـوا فـي القـرآن وحـذفوا منـه. بالاضافـة الـى ذلـك فانهـم يعتبـرون ان المواضـع التـي ضاعـت مـن القـرآن حسـب الروايـات والتـراث السـني، علـى انهـا كانـت تتنـاول عليـا بـن ابـي طالـب كـذلك حـذف منهـا ايـات كانـت تـلام المهاجريـن والانصار علـى تصرفـات معيبـة باعتبـار انهـم وقفـوا ضـد علـي بـن ابـي طالـب.(1) ومـن الامثلـة علـى هـذا الاعتـراض:

- عـن ابـو جعفـر قـال: " دعـا رسـول الله (ص) فقـال: ايهـا النـاس ، انـي تـارك فيكـم الثقليـن، امـا ان تمسـكتم بهمـا لـن تضلـوا: كتـاب الله وعترتـي والكعبـة البيـت الحـرام" ثـم قـال ابـو جعفـر: " امـا كتـاب الله فحرفـوا، وأمـا الكعبـة فهدمـوا، و أمـا العتـرة فقتلـوا، وكـل ودائـع الله قـد نبـذوا، ومنهـا قـد تبـراؤا"(2).

___

— واحـدة. راجـع: المرجـع السـابق، ص5؛ امـا ثيـودور نولدكـه فيـرى ان هـذه الانتقـادات لا تقـوم علـى اسـاس النقـد التـاريخي العلمـي بـل علـى احكـام مسـبقة مـن نـوع عقائـدي. المرجـع السـابق،ج2، ص323.

(1) راجـع: البحرانـي، عـدنان بـن السـيد علـوي آل عبدالجبار الموسـوي، مشـارف الشمـوس الدريـة فـي احقيـة مـذهب الاخباريـة، المكتبـة العدنانيـة، البحريـن، بـلا.ت، ص127؛ طـه حامـد الدليمـي (الـدكتور)، المرجـع السـابق، ص8و11؛ ثيـودور نولدكـه، المرجـع السـابق، ج2، ص323. ويعلـق ثيودورنولدكـه علـى ان الشـيعة وبصـرف النظـر عـن كـل تلـك التـهم فهـم يعتبـرون مصحـف عثمـان كتابـا مقدسـا، ولكـن باعتبـاره حـلا مؤقتـا الـى حيـن زمـن مملكـة المهـدي المنتظـر، وعندمـا يظهـر القـرآن الصحيـح والـذي هـو فـي حـوزة خلفـاء علـي بـن ابـي طالـب، الائمـة الاثنـي عشـر. راجـع: ج2، ص223.

(2) عبدالكريـم فضـل الله، اللمرجـع السـابق، ص260.

191

وانـه جـاء ايضـا "لـو قـرأ القـرآن - كمـا انـزل. لالفينـا مسمين"(1).

- حـذف الكلمـات والعبـارات مثـل: ﴿وَسَيَعْلَمُ الَّذِينَ ظَلَمُوا [ال محمـد حقهـم] أَيَّ مُنقَلَبٍ يَنقَلِبُونَ ﴿227﴾﴾ سـورة الشعـراء ايـة 227. (2). تغيـر الايـات، مثـل: سـورة ال عمـران: ايـة 110 ﴿كُنتُمْ خَيْرَ أُمَّةٍ أُخْرِجَتْ لِلنَّاسِ تَـأْمُرُونَ بِـالْمَعْرُوفِ وَتَنْهَـوْنَ عَـنِ الْمُنكَـرِ... ﴿110﴾﴾. حيـث ان (امـة) هنـا هـي (أئمـة) و يدعم الشيعة رأيهـم هنـا، بـان الصيغة الـواردة {الامـر بـالمعروف والنهـي عـن المنكـر} تشـير بدقـة اكبـر الـى الائمـة بوصفهم حكاما اكثر من الامة في قدرتها المشتركة. (3)

- فـي ترتيـب الايـات مثـل: سـورة البقـرة: 61 ﴿...قَـالَ أَتَسْتَبْدِلُونَ الَّـذِي هُـوَ أَدْنَـى بِالَّـذِي هُـوَ خَيْـرٌ اهْبِطُـواْ   مِصْراً فَـإِنَّ

---

(1) المرجـع نفسـه، ص29. وللمزيـد مـن هـذه الروايـات يراجـع: ص23-29؛ وورد بطريقـة أخـرى راجـع: أيـة الله سـيد محسـن خـرازي، ترجمـة بدايـة المعـارف الالهيـة فـي عقايـد الاماميـة، ترجمـة مرتضـى متقـي نـزادن، م2، أنتشـارات عصـر غيبـت،قم، 1383هـ، ص40.

(2) جـرجس سـال، المرجـع السـابق، ص16. و قـد اورد هنـا رقميـن لـنفس الايـة وذلـك بسـبب أختـلاف تـرقيم الايـات بـين الطبعـات العربيـة والمترجمـة. للمزيـد راجـع: جـدول ترقيـم آيـات القـرآن وفـق طبعتـي فلوغـل 1834 والقاهـرة،1925، مـارس 2007، نقـلا عـن الصفحـة الالكترونيـة:. www.muhammodanism.org

- Mats Berg horn، op، cit.29.

.

(3) راجـع البحرانـي، المصـدر السـابق، ص127 و مابعـده؛ جـرجس سـال، المرجـع السـابق، ص16.

﴿لَكُم مَّا سَأَلْتُمْ ...﴾. و يذهبون الى انه في القرآن الصحيح تتبع هذين الايتين ايات موجودة في سورة المائدة: اية 22 ﴿قَالُوا يَا مُوسَى إِنَّ فِيهَا قَوْمًا جَبَّارِينَ وَإِنَّا لَن نَّدْخُلَهَا حَتَّى يَخْرُجُواْ مِنْهَا فَإِن يَخْرُجُواْ مِنْهَا... ﴿22﴾﴾.[1]

- حذف سور مثل: سورة النورين وعدد آياتها 42 آية نورد منها على سبيل المثال[2]: " يا ايها الذين امنوا امنوا بالنورين انزلناهما يتلوان عليكم اياتي ويحذرانكم عذاب يوم عظيم ..." و قد جاء ذكر على بن ابي طالب فيها بالشكل التالي: " ... وإن عليا لمن المتقين. وإنا لنوفيه حقه يوم الدين. وما نحن عن ظلمه بغافلين. وكرمناه على اهلك اجمعين. و أنه وذريته لصابرون. وإن عدوهم إمام المجرمين ... إن عليا قانتا بالليل ساجدا يحذر الاخرة ويرجوا ثواب ربه. قل هل يستوي الذين ظلموا وهم بعذابي يعلمون... [وتنتهي السورة بـ] والحمدلله رب العالمين امين".[3]

- اعتراضات اخرى مثل: ماجاء في سورة آل عمران: الاية123 ﴿وَلَقَدْ نَصَرَكُمُ اللهُ بِبَدْرٍ وَأَنتُمْ أَذِلَّةٌ... ﴿123﴾﴾،

(1) جرجس سال، المرجع السابق، ص16.

(2) وردت السورة كاملة في الفصل الخامس عند التحدث عن مصحف علي بن أبي طالب.

(3) راجع: ابراهيم عوض (الدكتور)، سورة النورين، دار زهراء الشرق، القاهرة، بلا.ت، ص5-4؛ ولغرض تحليل السورة راجع: ثيودور نولدكه، المرجع السابق، ج2، ص327-336؛ و يضيف أجنتس جولدتسهير، المرجع السابق، ص394، انه فضلا عن هذه السورة هناك سورة اخرى من سبع ايات تسمى سورة الولاية (اي الموالاة لعلي بن ابي طالب والائمة) وهي موجودة بمكتبة بانكيبور بالهند.

وهم يذهبون انها لم تنزل هكذا وعلى هذا النحو، لان الله ما كان يقول لهم (أذلة) ورسول الله بينهم ومنهم.[1]

الاعتراض التاسع:

ما ورد في القرآن من لغات غير لغات العرب. و قد اختلف علماء المسلمون في وقوع المعرب في القرآن، فيرى الامام الشافعي والطبري واخرون بعدم وقوعه. اما الفريق الاخر مثل عبدالله بن عباس ومجاهد وسعيد بن جير واخرون، ذهبوا الى وقوعه في القرآن.[2] ويرى ابن الجوزي بأن الفريقان مصيبان فيما ذهبا اليه، لان في القرآن حروفا بغير لغة العرب في الاصل، ولكن العرب لفظت بها فعربتها، فصارت عربية بتعريبها اياها، فهي عربية في هذه الحال؛ اعجمية الاصل.[3]

وعن ابي ميسرة قال: " في القرآن من كل لسان".[4] وعن عبدالله بن عباس ومجاهد وعكرمة: "إن في القرآن من غير

---

(1) اجنتس جولدتسهير، المرجع السابق، ص309.

(2) السيوطي، الاتقان ...، ج1، ص393-394. ويضيف السيوطي ان له كتابا خاصا حول هذا الموضوع سماه (المهذب في ما وقع في القرآن من معرب)، لخصه في كتابه الاتقان بعدة صفحات. وللاسف لم نستطيع الحصول على اصل الكتاب.المؤلف؛ راجع أيضا: نجم الدين، أحمد علم الدين (الدكتور)، من تراث لغوي مفقود لابي زكريا الفراء، معهد البحوث العلمية وأحياء التراث الاسلامي، جامعة أم القرى، السعودية، 1410هـ، ص141-148.

(3) إبن الجوزي، فنون الافنان ...، ص343-344.

(4) الطبري، المصدر السابق، ص14.

لسان العرب".[1] و عن سعيد بن جبير قال: " ما في الارض من لغة الا انزلها الله تعالى في القرآن".[2]

و قال جماعة منهم ابو عبيدة معمر بن المثنى البصري النحوي اللغوي ت208 هـ: " من زعم إن في القرآن لسانا سوى العربية فقد اعظم على الله القول" واحتج بقوله تعالى" ﴿إِنَّا جَعَلْنَاهُ قُرْآنًا عَرَبِيًّا لَّعَلَّكُمْ تَعْقِلُونَ ﴿3﴾﴾ [3] سورة الزخرف: اية 3. و يقول الامام الشافعي: "ان لسان العرب اوسع الالسنة مذهبا واكثرها الفاظا، ولانعلمه يحيط بجميع علمه انسان غير النبي ... واولى الناس بالفضل في اللسان من لسان النبي. ولايجوز- والله اعلم – ان يكون اهل لسانه اتباعا لاهل لسان غير لسانه في حرف واحد، بل كل لسان تبع لسانه ... (و قد اقام حجته بان كتابه عربي من خلال الايات القرآنية مثل الزخرف: اية 1-3 و الزمر: اية 28. ثم اكد ذلك بان نفى عنه جل ثناؤه كل لسان غير لسان العرب في ايتين سورة النحل: اية 103 وسورة فصلت: اية 44) ... ان القرآن نزل بلسان العرب دون غيره : لانه لا يعلم من ايضاح جمل علم الكتاب احدا جهل لسانها. فكان تنبيه العامة على ان القرآن نزل بلسان العرب خاصة – نصيحة للمسلمين والنصيحة لهم فرض لا ينبغي تركه ..."[4]

ومن الامثلة على هذه الكلمات المعربة، هي:

---

(1) ابن الجوزي، فنون الافنان ... ، ص341.

(2) المصدر نفسه، ص341.

(3) نفس المصدر، ص341-342.

(4) الشافعي، محمد بن ادريس، الرسالة، درسه وحققه احمد شاكر، ج1، مكتبة الحلبي، مصر، 1358هـ-1940م، ص37-45.

- ما جاء بلسان الحبشة {كفلين} اي بمعنى ضعفان من الاجر. و { نَاشِئَةَ } اي قيام الرجل في الليل. و { قَسْوَرَةٍ } اي الاسد. (1)

- ما جاء بلسان الفرس: {سجيل} اي حجارة وطين.(2) و {استبرق} اي غليظ الديباج. وكلمات اخرى مثل: التنور و الدينار و الزنجبيل و السندس.(3)

- ماجاء بلسان اعجمي(اجنبي) مثل: إسحاق و آزر و إنجيل و إبليس و جالوت و جهنم و جبريل.(4)

- كما جاء ايضا، إن اسماء كل الانبياء اعجمية إلا اربعة هم (ادم و صالح و شعيب و محمد)(5)

****

هذه هي اهم الاعتراضات والشبهات التي وردت على مصحف عثمان. اورد كل باحث اوعالم جزءا من هذه الاعتراضات، فمنهم من لم يتحدث عن اعتراضات الشيعة

(1) الطبري، المصدر السابق، ص13-14.

(2) الطبري، المصدر نفسه، ص13-14؛ السيوطي، الاتقان ... ، ج1، ص396-408. ويذكر السيوطي هذه الالفاظ جميعها مرتبة حسب حروف الهجاء، حيث يبدأها بكلمة (اباريق) و يختمها بكلمة (اليم) و يقول انها اكثر من مائة كلمة. و يورد أبيات من الشعر يذكر فيها هذه الكلمات.

(3) ابن الجوزي، فنون الافنان ... ، ص343-345 وما بعده للمزيد.

(4) المصدر نفسه، ص343 و ما بعده. ولغرض معرفة ما في القرآن من اللغات (الاخرى مثل العبرية او السريانية او الرومية). يراجع: ص346.

(5) نفس المصدر، ص346؛ ويضيف السيوطي الاتقان ... ،ج1، ص378 وما بعده، ما وقع في القرآن من لغات اخرى غير الحجاز كاليمنية والعمانية و ما الى ذلك.

ومنهم من اعطاه كـل الاهمية، ومنهم من لـم يـورد الروايات، ومنهم مـن اكتفـى بـالقول ان الملاحـدة والكفـار قـالوا باعتراضـات و شبهات واهيـة لايحتـاج الـرد عليها، ومـا الـى ذلك من هذا الكلام وغيره.

و قبـل ان نناقش هـذه الاعتراضات، نريد ان نقول إن جـزءا مـن هـذه الاعتراضـات قـد وردت قبـل الان وناقشـناها فـي اماكنهـا عنـد التحـدث عـن عمليـة جمـع وتـدوين القـرآن فـي عصـر ابـو بكـر الصـديق وعثمـان بـن عفـان ولانـرى ضـرورة اعادته هنا. اما ما توصلنا اليه هنا هو:

1- ظهـر لنـا مـن خـلال الاطـلاع علـى الاراء المختلفـة للعلمـاء المسـلمين والمسـتعربين او البـاحثين علـى ان اكثـر العلمـاء حـاولوا الـرد فقـط علـى الاعتراضـات دون ايـراد ادلـة مقنعـة تثبـت مـا ذهبـوا اليـه او اهملـوا روايـات او حـاولوا التهديـد والتخويـف والتوعيـد لقائلـه بمـا لايحمـل عقبـاه. امـا المسـتعربون فقـد حـاول اكثـرهم اثـارة كـم هائـل مـن الشـبهات دون محاولـة مناقشـتها بطريقـة علميـة اكاديميـة او حتـى محاولـة الـرد علـى الشبهات والاعتراضات الضعيفة.

2- هنـاك روايـات تحـدثت عـن اللحـن[1] فـي القـرآن او بعـض الحـالات الاخـرى اللغويـة والقواعديـة، وهـي حـالات و شبهات مـن الصـعب علينـا تاكيـدها او تكـذيبها، لانهـا تقـع ضـمن اختصاصـات اخـرى مثـل اللغـة والنحـو والصـرف ومـا الـى

---

(1) اللحـن هنـا بمعنـى اللغـة، وجمعهـا (الحـان: لغـات). حيـث قـال عمـر بـن الخطـاب: " إنـا لنرغـب عـن كثيـر مـن لحـن أبـي (بـن كعـب) – اي لغتـه". راجـع: السجسـتاني، المصـاحف، ج2، ص41.

ذلـك مـن اسـاليب الكـلام. وهـي تحتـاج لبحـوث خاصـة لتوضيحها.

3- امـا مايخص موضوع بحثنـا هـذا مثـل اختلاف مصاحف الامصـار والمدينـة فـي بعـض الحـالات والكلمـات. فاننـا نـرى إن هـذا وارد عمليـا وهـو شـيء مـن الصـعب تفاديـه فـي هـذه الحالة، وذلك لعدة اسباب:

اولا: الطريقـة التـي كتـب بهـا تلـك المصـاحف، حيـث إن احـدهم يملـي والاخـرون يكتبـون، فلابـد ان يحـدث بعـض الاخطـاء او الاختلافـات مـن كاتـب لاخـر. كمـا إن طريقـة النطـق والسـماع عنـد الـذين املـوا والـذين كتبـوا ليسـت واحـدة. والمشـروع نفسـه ضخم جدا وليس عملا صغيرا.

ثانيـا: عـدم ورود نظـام معيـن لكتابـة القـرآن او المصـاحف فـي الروايـات وعـدم ذكـر نظـام معيـن لمراجعـة ومراقبـة ومقارنـة المصـاحف المكتوبـة فـي الروايـات، ممـا يـوحي للباحـث بعـدم وجـود هـذا النظـام مـن اصـله. ولكننـا كنـا قـد ذهبنـا قبـل الان الـى حتميـة وجـود نظـام مراقبـة مـا، ولكـن هـذا لايعنـي التـخلص مـن كل الاخطاء والنواقص الموجودة.

ثالثـا: إن مثـل هـذه الاخطـاء الكتابيـة صـعب تفاديهـا، فأنـه ورغـم التكنولجيـا المتطـورة والمسـتخدمة فـي كتابـة وطبـع الكتـب اليـوم نجـد فيهـا مـن الاخطـاء الكتابيـة الكثيـر الكثيـر فـي النسـخة الواحـدة او بـين الطبعـات المختلفـة. فمثـلا، فقـد نشـرت جريـدة الاخبـار المصـرية خبـرا بعنـوان " الازهـر بـريء مـن الاخطـاء فـي المصـاحف" حيـث اكـد رئيـس لجنـة مراجعـة المصـحف الشـريف بمجمـع البحـوث الاسـلامية الـدكتور احمـد عيسـى، علـى انهـم لـم يتقاعسـوا فـي مراجعـة المصاحف وإن مـا

نشر عن وجود اخطاء في المصاحف سببه اخطاء فنية مرجعها عدم الدقة في ترتيب الملازم والصفحات وهو اهمال من قبل عمال المطبعة اثناء التجميع والتجليد.[1] وهذا يعطينا دليلا على إن هذا ممكن من الناحية العملية، ولكن هذا في اعتقادنا لا يمكن ان يعتبر نقصا في النص القرآني، فهذا شيء و ماحدث للنص عند نسخه في المصاحف شيء اخر.

4- اما الاعتراضات الشيعية او الذي قال بها بعض كتابهم فهي:

اولا: اِن اكثرها افتراضات كما تبينها المصادر.

ثانيا: عدم احتجاج علي بن ابي طالب على كل هذه التغييرات والتحريفات رغم مرور فترة ليست بالقصيرة منذ جمع القرآن وحتى وفاته. و بالعكس تماما فنرى ان المصادر التاريخية زاخرة بالروايات التي تشير الى تأييده لعثمان بن عفان في خطوته هذه. كما انه عند دراسة شخصية علي بن ابي طالب يظهر لنا بانه ماكان ليسكت على تحريف القرآن بهذا الشكل، خاصة اذا ما مس هذا التحريف شخصه نفسه واهل بيته.

ثالثا: اما اذا ماتحدثنا عن آل محمد فكانوا كثيرين وليست هذه الكلمة مختصرة على علي بن ابي طالب واولاده وحده. فهناك اهله وازواجه وخاصة بناته والتي كانت اثنتان منهن زوجات لعثمان بن عفان نفسه، فكيف له ان يسلب زوجتيه حقهما.

([1]) بقلم الفت الخشاب، السنة 55 ، العدد 17586، 4 /2007/1م.

رابعا: لا يجب ان يغرب عن بالنا إن علي بن ابي طالب قد اصبح الخليفة بعد عثمان واستلم زمام الامور، الـم يكن يستطيع في ذلك الوقت تصحيح تلك التحريفات.

واذا مارد احدهم وقال بان هذه التحريفات حدثت بعد مقتل علي بن ابي طالب اي في العصر الاموي؟ لاصبح الامر في هذه الحالة مستحيلا، وذلك لاستحالة جمع كل المصاحف الموجودة من الامصار الاسلامية[1]، وخاصة بعد ان اصبح لـه محبوه وشيعته، لكان استطاع احدهم الاحتفاظ بواحدة من هذه النسخ او على الاقل لوجدنا رواية تؤكد على هذا الكلام.

5- اما ما يخص قضية وجود لغات اخرى في القرآن. فاننا نميل هنا لرأي ابن الجوزي والذي صوب الفريقان بوجود كلمات ترجع في اصلها للغات اخرى غير عربية ولكن العرب استعملتها وعربتها، وهذا في اعتقادنا حالة صحية لغويا، وليست هناك لغة نقية مائة بالمائة فاللغات في تطور دائم، وهذا لاينقص من مصداقية او قيمة القرآن.

---

[1] يورد المستعرب ثيودور نولدكه ما يؤكد كلامنا هذا، عندما استنتج بان عدد المصاحف اصبح كثيرا في وقت قصير بعد وفاة عثمان بن عفان، و ذلك من خلال تحدثه عن معركة صفين بين جماعة علي بن ابي طالب ومعاوية بن ابي سفيان والي عثمان على الشام، حيث اصبح عدد المصاحف كثيرا بايدي الناس حتى استطاع جيش معاوية رفع المصاحف على اسنة الرماح. راجع: المرجع السابق، ج3، ص558.

الفصل الرابع

تشــكيل و تنقـيط المصحف العثماني

تشكيل و تنقيط المصحف العثماني:

نعني بهذا الكلام ما تم إضافته(1) الى المصحف العثماني بعد ارساله الى الامصار الاسلامية، من نقط وإشارات وتقسيم للسور والايات وترقيمها وكتابة اسماء السور وما هو موجود الان مضيفا الى الرسم العثماني(2) والذي كتب به القرآن ايام عثمان بن عفان. وقد كانت هذه الاضافات للمصحف مثار جدل بين العلماء فظهرت اربعة اتجاهات او اراء هي:

الرأي الاول: لا يجوز كتابة المصحف على الرسوم الاولى وذلك تيسيرا على العامة من المسلمين . تفرد بهذا الرأي العز بن عبدالسلام.

الرأي الثاني: إن الرسم العثماني كان بأجتهاد من الرهط الاول من الصحابة والذي تم تعينهم من قبل الخليفة عثمان بن عفان وبقيادة زيد بن ثابت. ولهذا لامانع من كتابته برسم آخر، على قول ابوبكر الباقلاني وإبن خلدون.

---

(1) جاء عن عبدالله بن مسعود قوله: لاتخلطوا بكتاب الله ما ليس منه. وقال قتادة: وددت إن ايديهم قطعت (اي من نقط المصاحف). راجع: السجستاني، المصاحف، ج4، ص154و159.

(2) ويقصد به الوضع الذي ارتضاه عثمان بن عفان في كتابة كلمات وحروف القرآن. راجع: احمد عبدالعظيم الزرقاني، المرجع السابق، ص204؛ غانم قدوري الحمد، المرجع السابق، ص83؛ لقد وجدت في زيارتي لمتحف طوب قابي باسطنبول مخطوطتين كتب على احدهما (المصحف الذي كان يقرأ فيه عثمان يوم مقتله وعليه اثار دمه) والثاني آية بالخط الكوفي كتبه الخليفة عثمان بيده) والمخطوطتان كانتا فيهما من التشكيل مثل النقط والورود الحمراء دليل انتهاء الاية وبدأ اية اخرى وبخط احمر. وهذا ما يؤكد عدم مصداقية ان هذه المخطوطات من حيث رجوعها لعثمان بن عفان او على أنه بخط يده، باعتبار ان المصحف الاول والمخطوطات الاولى كانت غير مشكلة ومنقطة. إلا أذا ما تم إدخال التنقيط والتشكيل عليها بعد مرور فترة عليها، وهذا ما لم يوضحوه في شرح المخطوطتين. لمشاهدة المخطوطتين راجع: حلمي ايدن، المرجع السابق، ص92-95.

الـرأي الثالـث: إن الرسـم اصطلاحـي مـن الصحابـة، غيـر انـه لقـي قبـولا بالاجمـاع مـن الصـدر الاول ولـم يخالفـه احـد ولهـذا يجـب اتباعـه باتفـاق الائمـة، كالامـام مالـك واحمـد والـداني وغيرهم.

الـرأي الرابـع: الرسـم تـوقيفي، امـر بـه الرسـول لا يمكـن مخالفتـه، قـال بـه عبدالعزيز الدبـاغ. [1]

ولغـرض السيطـرة علـى الموضـوع وتوضيحـه بالشـكل المطلـوب رأينـا ان نقسمـه الـى قسميـن:

أولا: الاسباب التي أدت الى هذ الاضافات:

لقـد كانـت المصاحـف العثمانيـة غيـر مشكلـة بأتفـاق الروايـات والاثـار. لـذا كـان مـن الصعـب قـراءة القـرآن وخاصـة لغيـر العـرب واللـذين لـم يكونـوا يحفظـون القـرآن، وهـذا مـا سـبب فـي ظهـور قـراءات كثيـرة، فقـد كانـت الحـروف سـاكنة تحتمـل معانـي عديـدة، فكـان مـن الصعـب علـى القاريء التفرقـة بيـن الاحـرف مثـل (ب، ن، ث، ت، ي) و ذلـك فـي حركـة اول الكلمـة ومنتصفـها، و (ب، ت، ث) فـي نهايـة الكلمـة، وبيـن (ف، ق) فـي اول الكلمـة و منتصفـها، و بيـن كـل مـن (ج، ح، خ) و (د، ذ) و (ر، ز) و (س، ش) و (ص، ض) و (ط، ظ) و (ع، غ). فضـلا عـن هـذا فـان الرسـم الـذي كتـب بـه القـرآن فـي ذلـك الوقـت، لا يقـدم ايـة مسـاعدة لفهـم كيفيـة نطـق

---

[1] راجـع: محمـد صفـاء حقـي (الـدكتور)، المرجـع السـابق، م2، ص125؛ احمـد عبدالعظيـم الزرقانـي، المرجـع السـابق، ص212 ومابعده؛ مناع القطان، المرجع السابق، ص131.

الاحــرف الا فـــي حـــالات قليلـــة، وكمـــا إن الكلمـــات لـــم تكـــن تنفصل عن بعضها البعض انفصالا مناسبا[1].

ولهـذا دخلـت اخطـاء كثيـرة فـي قـراءة القـرآن وخاصـة عنـد اهـل الامصـار الاسـلامية حيـث تكونـت فـي فتـرة ليسـت بالقليلـة قراءات كثيرة خرجت من ذلك النص المكتوب.

كمـا يبـدو لنـا إن هـذا كـان مـن الاسـباب التـي ادت بـالتفكير فـي خطـوة تشـكيل المصـحف مـن تنقـيط وتحريـك وتقسـيم ومـا الـى ذلـك. وهـي ليسـت بالبعيـدة أيضـا عـن الاسـباب التـي كانـت وراء الجمـع والتـدوين الـذي حـدث فـي عهـد عثمـان بـن عفـان، غيـر ان طبيعـة المشـكلة ليسـت واحـدة. فـالاختلاف فـي عهـد عثمـان كـان بسـبب الاخـتلاف فـي قـراءة الحـروف التـي نزلـت علـى القـرآن، أمـا المشـكلة الان فهـي بسـبب عـدم وجـود التشـكيل والـذي يصـعب قـراءة الحـرف المـدون عليـه المصـحف العثمـاني بـين شـخص وآخـر بـنفس الطريقـة. ويبـدو ان خطـوة تشـكيل المصـحف هـذه تعتبـر وبحـق الخطـوة التكميليـة لمـا قـام بـه عثمـان فـي جمـع وتـدوين القـرآن. لان هـذا الجمـع لـم يسـتطيع انهـاء المشـكلة مـن جـذورها، ولكنهـا غيـرت مـن طبيعـة المشـكلة وسـهلت علـى المسـلمين الامـر فـي تشـكيل حـرف متفـق عليـه بـين الامصـار الاسـلامية. لـذا فـنحن نـرى بانهـا خطـوة تكميليـة كانـت يجـب القيـام بهـا فـور الانتهـاء مـن مهمـة التـدوين الجديـدة ولكـن الخطـوة هـذه تـأخرت حتـى ظهـرت الخلافـات فـي القـراءة واضـطر المسـلمون لتشـكيل المصـحف. ويبـدو ان الامـر سـرى بـين المسـلمين وتقبلـوه ولـم تشير الروايات الى من عارض أو حارب هذه الخطوة بقوة.

---

(1) ثيودور نولدكه، المرجع السابق، ج3، ص490-491.

ثانيا: خطوات تشكيل المصحف:

لم تكن هذه الخطوة بالسهلة والبسيطة، فالمصاحف لم تشكل فور تدوينها وانما مضت عليها عشرات السنين حتى بدءوا بها وانتهوا منها. ويظهر بان البدايات كانت على شكل عمل فردي ومن ثم حتى تدخلت السلطة [1] وقامت بأجراء تنفيذي في هذا المجال واسرعت في تنفيذ المهمة.

و قد بادر الى ذهني سؤال لم اجد له للاسف جوابا الا وهو، ما سبب عدم تشكيل او تنقيط المصحف فور تدوينه في عهد الخليفة عثمان بن عفان؟ وخاصة بعدما علمنا بأن النقط كانت معروفة لديهم قبل ذلك، وذلك من خلال دليلين:

اولهما: قول عبدالله بن مسعود: لا تخلطوا بكتاب الله ماليس منه. وكما هو معلوم فهو لم يعاصر عملية التشكيل هذه ومات بعد تدوين القرآن بفترة قصيرة.

ثانيهما: ما ذكره ثيودور نولدكه عن استخدام العرب للنقط قبل تلك الفترة من خلال استدلاله بقطع نقدية قديمة كتب عليها بالعربية المنقطة[2].

([1]) يورد بعض الباحثين خطأ، بان الذي امر بتشكيل المصحف هو الخليفة عبدالملك بن مروان اوالحجاج بن يوسف الثقفي. مثل:دائرة المعارف الاسلامية، أصدرها بالعربية أحمد الشنتاوي وابراهيم زكي وعبدالحميد يونس، م7، دار المعرفة، بيروت، بلا.ت، ص315؛ فوزي، فاروق عمر (الدكتور)، تاريخ العراق في عصور الخلافة العربية الاسلامية، مكتبة النهضة، بغداد، 1988، ص43؛ ووجه الخطأ هنا هو استخدام كلمة التشكيل بمفهومه الشامل عن كل مادخل على المصحف من اضافات (النقطة والحركة والتقسيم وما الى ذلك)، وهو في تصورنا خطأ كبير يجب الحذر منه، فلقد قام بهذه الخطوة كثيرون من قبلهم ولايجب ان ننكر حقهم في هذا.لاننا راينا بان الكثير من المصادرالاجنبية قد اخذت هذا الكلام بحرفيته. المؤلف

([2]) ثيودور نولدكه، المرجع السابق، ج3، ص684.

ويظهر من خلال الروايات إن اول ما بدأ به المسلمين هي النقط. قال قتادة: " بداءوا فنقطوا ثم خمسوا ثم عشروا"[1] . وجاء عن يحيى بن كثير قوله: " فأول ما احدثوا فيه النقط على الياء والتاء والثاء، فقالوا لاباس به، وهو نور له، ثم احدثوا فيه نقطا عند منتهى الاي، ثم احدثوا الفواتح والخواتم"[2].

وقد اختلفت الروايات حول اول من قام بهذا العمل أي نقط المصحف. فقد جاء فيه إن اول من فعل هذا على اكثر الاقوال هو ابو الاسود الدؤولي[3]، وبعضهم يقول بأمر من علي بن ابي طالب والبعض الاخر يقول بأمر من عبدالملك بن مروان (ت 86هـ). وبعضهم يرى بأمر زياد بن ابي سفيان (ت57هـ). وقيل إن اول من قام بهذا العمل هو الحسن البصري[4]. ويحيى بن يعمر[5] بامر من الحجاج بن يوسف الثقفي[6]. والي عبدالملك بن مروان

---

(1) ابن كثير، التفسير، ج1، ص51؛ القرطبي،الجامع...، ج1، ص63؛ السيوطي الاتقان ...، ج2، ص454.

(2) ابن كثير، التفسير، ج1، ص51؛ القرطبي، الجامع...، ج1، ص63.

(3) وهو ظالم بن عمرو علي الاشهر، قاضي البصرة، صاحب النحو، توفي بالطاعون 69هـ وله 58 سنة. راجع: الذهبي، المصدر السابق، ج5، ص278.

(4) وهو ابن الحسن يسار ابو سعيد مولى زيد بن ثابت، ويقال مولى جميل بن قطبة امام اهل البصرة ولد بالمدينة سنة 21 هـ في خلافة عمر بن الخطاب، توفي اول رجب 110هـ. راجع: الذهبي، المصدر السابق، ج7، ص63.

(5) وهو تلميذ ابو الاسود الدؤولي توفي قبل سنة 90 هـ. راجع: ثيودور نولدكه ، المرجع السابق، ج3، ص688.

(6) وهومن ساسة بني امية ولد في بلدة الطائف حوالي عام 41 هـ/ 661م وهو حفيد الصحابي الثقفي عروة بن مسعود. توفي عام 95 هـ/714م. راجع: دائرة المعارف الاسلامية، م7، ص313.

على العراق وبأمر منه. وقيل نصر بن عاصم الليثي[1] وقيل محمد بن سيرين وقيل هو الخليل بن احمد(ت 170-177 هـ).[2]

اما الروايات الواردة في هذا المجال هي:

1- عن المازني ان ابا اسود الدؤولي اخبر عليا (علي بن ابي طالب-ع) بان الناس قد لحنوا، فأعطاه اصولا بنى منها وعمل بعده عليها، وهو اول من نقط المصاحف.[3]

2- عن ابي الاسود الدؤولي قال: " دخلت على علي (بن ابي طالب) فرايته مطرقا، فقلت فيم تفكر يا امير المؤمنين قال: سمعت ببلدكم لحنا، فأردت ان اضع كتابا في اصول العربية، فقلت: ان فعلت هذا احييتنا، فأتيته بعد عدة ايام فالقى الي صحيفة فيها: الكلام كله: اسم وفعل وحرف ... ثم قال تتبعه وزد فيه ما وقع لك، فجمعت اشياء ثم عرضتها عليه" [4]

3- "سمع ابو الاسود الدؤولي قارئا يقرأ إن الله برئ من المشركين ورسوله فقال: ما ظننت ان امر الناس قد صار الى هذا. فقال لزياد (بن ابي سفيان) الامير: ابغيني كاتبا لقنا، فأتى به، فقال ابو الاسود: اذا رايتني قد فتحت فمي بالحرف فانقط نقطة اعلاه، واذا رايتني ضممت فمي فانقط

---

(1) وهو تلميذ ابو الاسود الدؤولي توفي سنة 90/89 هـ. راجع ثيودور نولدكه، المرجع السابق، ج3، ص658؛ غانم قدوري الحمد (الدكتور)، المرجع السابق، ص84.

(2) راجع: ابن كثير، التفسير، ج1، ص51؛ الذهبي، المصدر السابق، ج5، ص278؛ السيوطي الاتقان ... ،ج2، ص454.

(3) ابن كثير، التفسير، ج1، ص34؛ الذهبي، المصدر السابق، ج5، ص279.

(4) ابن كثير، التفسير، ج1، ص34؛ الذهبي، المصدر السابق، ج5، ص279.

نقطة بين يدي الحرف، وان كسرت فانقط تحت الحرف، فاذا اتبعت شيئا من ذلك غنة فاجعل مكان النقطة نقطتين فهذا نقط ابو الاسود". (1)

4- قال ابن عطية: "روي ان عبدالملك بن مروان امر بشكل المصحف ونقطه وعمله، فتجرد لذلك الحجاج بواسط، وجَدَّ فيه وزاد تحزيبه، وامر وهو والي العراق، الحسن البصري ويحيى بن يعمر بذلك". (2)

5- عن المبرد قال:" إن اول من نقط المصاحف هو ابو الاسود الدؤولي ثم ذكر إن ابن سيرين كان له مصحف نقطه له يحيى بن يعمر."(3)

6- واورد الجاحظ إن نصر بن عاصم هو اول من نقط المصاحف فكان يقال له: نصر الحروف. (4)

7- عن هارون بن موسى قال: إن اول من نقط المصاحف هو يحيى بن يعمر. (5)

هذه الروايات التي استطعنا جمعها فيما يخص النقط. ويذهب ثيودور نولدكه وبعد مراجعته للمخطوطات القرآنية القديمة ان النقطة كانت تكتب دائما على شكل شرطة

---

(1) الذهبي، المصدر السابق، ج5، ص278.

(2) القرطبي، الجامع...، ج1؛ ص63.

(3) المصدر نفسه، ج1، ص63.

(4) محمد صفاء حقي (الدكتور)، المرجع السابق، م2، ص129.

(5) السجستاني، المصاحف، ج4، ص159.

تقريبا. ويرى بانهم كتبوا النقطة في المخطوطات القديمة بنفس حبر الحروف الساكنة، حيث بدا في وقت متأخر كتابة السواكن وحروف المد بالوان حبر مختلفة.[1] ويقول الداني في هذا المجال بانه لايجيز كتابة النقط بالسواد لما فيه من تغيير لصورة الرسم.[2]

واننا نرى وحسب ما هو موجود من الروايات بان ابا الاسود الدؤولي، هو الذي قام بهذا العمل اول مرة و بامر او اقتراح أو تشجيع من قبل علي بن ابي طالب. وقد رأينا هذا لعدة اسباب:

اولا: ماجاء في الروايات اعلاه عن ان ابا اسود الذي قام بهذا العمل وبمساعدة علي بن ابي طالب.

ثانيا: ان شخصية علي بن ابي طالب مناسبة جدا لمثل هذا العمل، وانه صاحب علم بالقرآن واللغة وهذان الامران يؤهلانه لمثل هذا، مقارنة بالاخرين مثل زياد بن ابي سفيان او عبدالملك بن مروان او الحجاج بن يوسف الثقفي.

ثالثا: ان على من يقوم بهذا الامر منذ البداية، ان يكون مطلعا ومتبحرا في اللغة وهذا ما ينطبق على ابا الاسود الدؤولي.

ولكن مع هذا يظهر ان هذا العمل بقي شخصيا ولم يتعدى مجموعة من المصاحف لبعض من هم حول ابا الاسود مثل طالبه يحيى بن يعمر.

---

[1] المرجع السابق، ج3، ص685.

[2] السيوطي، الاتقان ... ، ج2، ص456.

اما الروايات الاخرى والمتعلقة بعبدالملك بن مروان وواليه الحجاج بن يوسف الثقفي والاخرون، فيظهر انهم قاموا بعمل اكبر واوسع بما قام به ابا الاسود وعلي بن ابي طالب، وانه كان عملا على مستوى الدولة لا شخصيا مثل سابقه.

اما ما يخص الحركات والخواتيم والفواتح وتقسيم الايات وتخميسها او تعشيرها وتقسيم القرآن الى اجزاء واحزاب، فكل هذا اخذ وقتا لاباس به، ويظهر ان مثل هذا العمل كان يحتاج لسلطة الدولة حتى يتمكنوا من نشره بين الناس دون معارضة، من مناصري شكل الرسم العثماني للمصحف.

وقد جاء في هذا الصدد عن عبدالله بن مسعود: انه كان يكره التعشير في المصاحف وانه كان يحكه وكذا روي عن مجاهد ومالك.[1]

ويظهر لنا من خلال هذا الكلام ان مثل هذه التقسيمات كانت موجودة بشكل من الاشكال ايام عبدالله بن مسعود والذي توفي ايام الخليفة عثمان بن عفان. ولكن يبدو ان عبدالله بن مسعود كان من القليلين في من عارض هذا وذلك لعدم ورود اسماء اخرى وقفوا ضد هذا من الصحابة الكبار. ويضيف الداني في هذا المجال ويقول:" بأن هذه الاخبار كلها تؤذن بان التعشير والتخميس وفواتح السور ورؤوس الايات هي من عمل الصحابة قادهم اليه، الاجتهاد."[2]

([1]) اِبن أبي شيبة،المصدر السابق، ج10، ح 30868 – 30871، ص551؛ محمد صفاء حقي (الدكتور) م2، ص132.

([2]) القرطبي، الجامع...، ج1، ص64.

ويذهب ثيودور نولدكه من خلال اطلاعه على المخطوطات القرآنية القديمة، بأن اجزائها كانت مفصولة عن بعضها البعض بشرط مختلفة (ثلاث نقط) وتم وضع وردة حمراء في وقت متأخر، ووجدت مصاحف قسمت فيها الايات حسب النظام الخمسي والعشري اي كل خمس ايات او عشر ايات او حسب حروف الهجاء (ابجدهوز) ويرى بان هذا النظام ينسب الى نصر بن عاصم الليثي وقاومه فيه ذلك مراجع عديدة مثل ابراهيم النخعي وحسن البصري وغيرهم. اما التجديد الاخر كان كتابة اسماء السور في اعلى السورة بعدما كان يكتب في اسفله مع اضافة فاتحة سورة كذا وخاتمة سورة كذا. ويرى بانه لم تكن هناك اسماء للسور في المصاحف الاولى القديمة مثل المخطوط السمرقندي ومخطوط الاوقاف والمخطوط القاهري الكبير. اما المصاحف فقد كانت مقسمة الى سبعة اجزاء او اقسام تبرز الزخارف نهاية كل قسم منها وهي تعود الى الحجاج بن يوسف الثقفي. اما وضع علامات التشديد والهمزة والروم والاتمام (اي نطق وقف خاص) فهي تنسب الى الخليل بن احمد (ت 177/170 هـ) ويقال بان واضعها هو نصر بن عاصم او يحيى بن يعمر. و قد عارض هذه الخطوة ايضا بعض المراجع مثل ابراهيم النخعي والحسن البصري وابن سيرين.[1] وكان التشكيل هذا يكتب على المصحف

([1]) يظهر لنا من خلال هذا الكلام ان من بدا هذا العمل هو اما عاصم او يحيى بدليل معارضة ابراهيم النخعي وابن سيرين والحسن البصري، باعتبار انهم لم يعاصروا الخليل بن احمد، ويبدو ان عمل الخليل لم يكن الا تكملة لما قام به من سبقه مثل عاصم او يحيى. واننا نرى ترجيح نصر بن عاصم على يحيى في قيامه بهذا العمل، باعتبار ان اسم يحيى جاء مع الحسن البصري في الروايات عندما قاموا بالتنقيط ولا تورد في الروايات ما يدل على معارضة الحسن البصري له في اية مناسبة اخرى. وهذا ما يبرر ذكر نصر بن عاصم في الروايات المتعلقة بالتشكيل . المؤلف

بـألوان اخـرى مختلفـة للمحافظـة علـى الحـروف السـواكن بـدون تغييـر، فكانـت الحركـات تكتـب بـالاحمر والاصفـر والاخضـر وحتـى الازرق والبرتقالـي فـي بعـض الاحيـان.[1] وبالنسبة للالـوان يـذهب الـداني الـى عـدم اجـازة جمـع قـراءات شتـى فـي مصـحف واحـد وبـألوان مختلفـة لانـه مـن اعظـم التخليـط والتغييـر للمرسـوم وارى ان تكـون الحركـات والتنـوين والتشديد والسكون والمد بالحمرة والهمزات بالصفرة.[2]

اما الروايات التي وردت بهذا الشان فهي:

1- عـن ابـي حمـزة قـال: "راى ابـراهيم النخعـي فـي مصـحفي فاتحـة كـذا وكـذا فقال:امحـه فـان ابـن مسـعود قـال: لاتخلطـوا فـي كتاب الله ما ليس منه." [3]

2- عن ابي بكر السراج قال: " قلت لابي رزين: أأكتب في مصحفي سورة كذا وكذا؟ فقال: اني اخاف ان ينشا قوم لا يعرفونه يظنونه من القرآن."[4]

3- جمع الحجاج بن يوسف الثقفي جمعا من الحفاظ والقراء و قال: "اخبروني عن القرآن كله، كم حرفا هو؟ ... قال فاخبروني الى اي حرف ينتهي نصف القرآن؟ فحسبوا واجمعوا انه ينتهي الى الفاء مـن

---

(1) ثيـودور نولدكـه، المرجـع السـابق، ج3، ص685-688. ولمراجعـة كيفيـة اسـتخدام تلـك الالوان وحالاتها راجع: ج3، ص690.

(2) السيوطي، الاتقان ... ، ج2، ص456.

(3) القرطبي، الجامع...، ج1، ص63.

(4) المصدر نفسـه، ج1، ص63؛ وجـاء فـي مثـل هـذا المعنـى عـن إبـن سـيرين ايضـا،راجع: إبن أبي شيبة، المصدر السابق، ج10، ح 30940، ص565.

﴿...وَلْيَتَلَطَّفْ... ﴿19﴾﴾ (سورة الكهف: اية 19) قال فاخبروني باسباعه على الحروف؟ ..."[1] ومن ثم الاثلاث والارباع.

4- جاء عن ابن عطية قوله: "مر بي في بعض التواريخ ان المأمون العباسي امر بذلك، وقيل الحجاج."[2] (اي وضع الاعشار).

وجدنا رواية أخرى في كتاب المصاحف عن الحجاج بن يوسف الثقفي وعمله في المصحف، تحت باب ما كتب الحجاج في المصحف، حيث جاء فيه ان الحجاج قد غير احدى عشر حرفا من المصحف العثماني مثال ذلك في سورة البقرة: اية 259 "يتسن" غيره الى ﴿...يَتَسَنَّهْ... ﴿259﴾﴾ و في سورة المائدة: اية 48 غير "شريعة" الى ﴿...شِرْعَةً... ﴿48﴾﴾ [3] ومثل هذا. كما يروي عن عبيدالله بن زياد مثل هذا القول وانه قد زاد في المصحف الفي حرف وذلك باضافة (الف وواو والف) الى (قل) فاصبحت (قالوا) واضافة (الف وواو والف) الى (كن) فاصبحت كانوا.[4] ولكن دون ذكر شيء عن التشكيل في

---

(1) القرطبي، الجامع...، ج1، ص64.

(2) القرطبي، المصدر نفسه، ج1، ص10؛ لقد وقع صاحب كتاب علوم القرآن من خلال مقدمات التفاسير، الدكتور محمد صفاء حقي، ص131. في خطاء عند نقله لهذه الرواية فقال: " ان اول من وضع الاعشار في المصحف هو المأمون العباسي وتم ذلك على يد الحجاج". وقد اخطاء فيه من حيث نقل الرواية، والخطاء الآخر تاريخي، حيث ان هذان الشخصيتان لم يعاصرا بعضهما البعض فالحجاج توفي 95 هـ و المأمون العباسي عاش ما بين (170 هـ -218 هـ).المؤلف

(3) السجستاني، المصاحف، ج2، ص59.

(4) المصدر نفسه، ج3، ص129.

المصحف. لكننا نرى بان هاتين الروايتين غير صحيحتان و بعيدتان عن التصديق وذلك بسبب:

1- ان سلطة هذين الشخصيتن لاتؤهلاهما للقيام بمثل هذا التغيير في المصحف، باعتبار ان هذا يلزم عليهما تغيير جميع المصاحف الاخرى للمسلمين والدولة، الا اذا كان هذا التغيير على اساس شخصي. واذا ما اخذنا جدلا بقدرتهم على ذلك فكيف بمصحف الخليفة وامرائه وولاته.

2- ورد في رواية عن ابي عبدالرحمن بن هاني مولى الخليفة عثمان قال: "كنت عند عثمان وهم يعرضون المصاحف فارسلني بكتف شاة الى ابي بن كعب فيها "لم يتسن" و فيها " لا تبديل للخلق" ... فدعا (ابي بن كعب) بدواة فمحا احد اللاميين وكتب "لخلق الله" وكتب "لم يتسنه" بدلا من "لم يتسن" فالحق فيها الهاء."[1] و تؤكد هذه الرواية هنا انه ليست المرة الاولى التي جائت فيها هذه الكلمة (يتسنه) في الروايات. ورغم هذا فأننا لا نستطيع الاخذ بهذه الرواية ايضا لان المصادر تذهب الى ان وفاة ابي بن كعب كان قبل جمع وتدوين عثمان للمصحف.

3- ان ماكسبه الحجاج من كره المسلمين له من اعدائه، جعلهم يتقولون عليه زيادة على ما فعله. وتجد من هذه الاقوال الكثير في المصادر التاريخية، فتشويه صورته كان من احب الاشياء الى الكثيرين من المسلمين. فعلى سبيل المثال: يروى ان رجلا جاء الى الحسن البصري يستفتيه لانه حلف بالطلاق على ان الحجاج سيدخل النار. فقال له

([1]) راجع: احمد عبدالعظيم الزرقاني، المرجع السابق، ص214.

الحسن البصري: ما ادري ما اقول لك. لقد كان الحجاج فاجرا فاسقا لكن رحمة الله وسعت كل شيء. فتوجه الرجل الى شيخ المعتزلة عمرو بن عبيد فقال له عمرو: اقم مع زوجتك فان غفر الله للحجاج فلن يضرك الزنا.[1] لذا فان ما قام به الحجاج في فترة ولايته للعراق جعل الناس يخلقون القصص حوله، فمن الخطأ الاخذ بمثل هذه الروايات والتي تنافي الواقع والحقائق التاريخية الموجودة بين ايدينا.

---

[1] راجع: العلوي، هادي، شخصيات غير قلقة في الاسلام، ط2، دار الكنوز الادبية، بيروت، 1997، ص262.

الفصـل الخـامس

مصـاحف الصـحابة و التابعين

مصاحف الصحابة و التابعين:

عندما كان المسلمون يحاولون جمع وتدوين القرآن منذ ايام الخليفة الاول ابو بكر ومرورا بعهد الخليفة الراشدي الثالث عثمان بن عفان، وحتى بعد ذلك وبفترة ليست بالقصيرة. كان هناك في الجانب الاخر صحابة كبار و تابعين لهم اسمائهم يمتلكون مصاحف خاصة بهم يقرؤون فيه ويعلمون المسلمون من حولهم عليه. وكانت بعض تلك المصاحف وحسب ما تخبرنا بها الروايات، تختلف عن المصحف العثماني سواء من حيث عدد سوره او آياته او ترتيبها او طريقة رسم كلماته وحروفه وما الى ذلك من الاختلافات.

يقول ابي بكر بن ابي داود السجستاني: "إنما قلنا مصحف فلان لما خالف مصحفنا هذا من الخط او الزيادة والنقصان اخذته عن ابي- رحمه الله- هكذا فعل في كتاب التنزيل". (1)

ومنذ البداية كانت هناك اربع مصاحف شهيرة غير مصحف حفصة. وهذه المصاحف هي: مصحف أُبي بن كعب حيث اعتمد اهل دمشق نسخته هذه، ومصحف عبدالله بن مسعود وقد اعتمدها اهل الكوفة، ومصحف ابو موسى الاشعري حيث اعتمدها اهل البصرة، ومصحف المقداد بن الاسود حيث اعتمدها اهل حمص. (2) وسنأتي للتحدث عن مصاحفهم فيما بعد.

---

(1) المصاحف، ج2،ص60.

(2) ثيودور نولدكه، المرجع السابق، ج2، ص259- 260.

217

اما المصاحف الخاصة بالصحابة والتابعين بشكل عام والتي جاء ذكرها في المصادر والمراجع هي:

1- مصحف عمر بن الخطاب:

لم احصل على الكثير من المعلومات التي تخص مصحف عمر بن الخطاب غير ما وجدته في كتاب المصاحف فقد روي:

- عن ابراهيم بن سويد النخعي وعبدالرحمن بن الاسود وبطرق عديدة أخرى قالوا: إنهم صلوا خلف عمر و سمعوه يقرأ سورة الفاتحة: اية 7 " صراط من انعمت عليهم غير المغضوب عليهم وغير الضالين" حيث قرأ "صراط من" بدلا من ﴿ صِرَاطَ الَّذِينَ... ﴾ وقرأ "غير الضالين" بدلا من ﴿ ...وَلاَ الضَّالِّينَ ﴾ (1)

- وعن عبدالرحمن بن الاسود عن ابيه: إن عمر (رض) قرأ في الصلاة سورة آل عمران: آية 1-2 " الـم الله لا الـه الا هو الحي القيام " فقرأ " القيام" بدلا من ﴿ ...الْقَيُّومُ ﴿2﴾ ﴾. (2)

- وعن عبدالله بن الزبير قال: قرأ عمر (رض) سورة المدثر: آية 40-42 هكذا " في جنات يتسألون يا فلان ماسلكك في سقر" وهي في القرآن ﴿ فِي

---

(1) راجع: السجستاني، المصاحف، ج2، ص60- 61.

(2) المصدر نفسه، ج2، ص611- 62.

جَنَّاتٍ يَتَسَاءلُونَ ﴿40﴾ عَنِ الْمُجْرِمِينَ ﴿41﴾ مَا سَلَكَكُمْ فِي سَقَرَ ﴿42﴾﴾[1]

ويبدو إن هذه الروايات غير كافية بالمرة لمعرفة مصحفه، ولكن على الاقل يعطينا فكرة عن اختلاف قراءته عن القراءة الموجودة اليوم، في هذه الحالات اعلاه.

ولكننا نرى في نفس الوقت على انه من الصعب القول انه كان لعمر بن الخطاب مصحفا مستقلا يختلف عن المصاحف ألاخرى. وذلك لسببين:

اولا: انه و بعد وفاة الرسول وقبل ان يكون هناك مصاحف للصحابة، اقتنع عمر ابو بكر الصديق بضرورة جمع المخطوطات القرآنية في مصحف واحد، حيث كان له ذلك، لذا فليس هناك من حاجة ان يكون له مصحفه المستقل.

ثانيا: يبدو لنا إن هذه الروايات ما هي الا قراءة من القراءات للحروف السبع لهذه الايات، ولايعني هذا بحال من الاحوال، أن يكون صاحب مصحف مستقل كي يقرأ قراءة تختلف عما هو موجود اليوم.

ولهذا لاتورد في المصادر شيئا من مصحفه هذا، لانه لا بد وان يكون قد التزم بالمصحف الجديد وما ورد فيه.أو ان ذلك المصحف الذي تتحدث عنها الروايات ما هو الى المصحف الذي جمعه زيد أيام الخليفة أبو بكر.

---

(1) نفس المصدر، ج2، ص62.

2- مصحف علي بن ابي طالب:

لقد اوردنا روايات في الفصل الثاني تفيد بأنه كان اول من بدأ بجمع المصحف. وهو نفسه، ذلك المصحف الذي يعتقد بعض فرق الشيعة على انه المصحف الصحيح الغائب والذي ورثه الائمة الاثني عشر من نسل علي، حيث سيظهره بقدوم المهدي المنتظر.

فعن محمد بن ابن سيرين قال:" لما توفي النبي (ص) اقسم علي ان لا يرتدي ردائه الا لجمعة، حتى جمع القرآن في مصحف فارسل اليه ابو بكر. بعد ايام اكرهت امارتي يا ابا الحسن؟ قال: لا، والله الا اني اقسمت ان لا ارتدي برداء الا لجمعه فبايعه ثم رجع."[1] وفي رواية اخرى تاتي: انه جمع في مصحفه الناسخ والمنسوخ.[2] و تاتي في روايات اخرى انه كتب مصحفه هذا حسب نزول الايات.[3]

---

(1) السجستاني، المصاحف، ج2، ص16؛ السيوطي، تأريخ الخلفاء، ص120.

(2) راجع: شيرازي، المصدر السابق، م2، 401؛ محمد شرعي ابو زيد، المرجع السابق، ص93.

(3) ابن كثير، التفسير، ج1، ص48؛ جولد تسهير، المرجع السابق، ص396. ويضيف نقلا عن ابن عنابة (ت1425 هـ) بان المصحف ما يزال محفوظا في النجف عند قبر الامام علي. ص399؛ ثيودور نولدكه، المرجع السابق، ج2، ص278. و يعلق على الرواية بانها رواية لاتستحق التصديق، لان هذا الترتيب يفترض فترة عمل تفسيري علمي طويل، هذا ان لم يكن هذا الترتيب مستحيلا. لان محمد نفسه كان يربط الايات الحديثة بالقديمة. ولايجب ان ننتظر من اي من اصحاب النبي ان يكون قام بهذا العمل العلمي التاريخي. ص278؛ ويذهب الى هذ الراي الدكتور عبدالرحمن بدوي ايضا ويؤكد على عدم قدرة احدهم على ذلك. كما يدون تفاصيل قوائم الايات حسب النزول للمؤرخين المسلمين والمستعربين للاستزادة راجع: دفاع عن القرآن ضد منتقديه، ترجمة كمال جادالله، الدار العالمية للكتب والنشر، مصر بلا.ت، ص109 ومابعده.

- عن علي بن ابي طالب (ع) قال: "يا طلحة، ان كل آية انزلها الله تعالى على محمد (ص) عندي منها بأملاء رسول الله (ص) وخط يدي، وتاويل كل اية انزلها الله تعالى على محمد (ص) وكل حلال او حرام او حكم او اي شيء تحتاج اليه الامة الى يوم القيامة، فهو عندي مكتوب باملاء رسول الله (ص) وخط يدي حتى ارش الخدش ..." [1]

وتورد روايات الشيعة كما اشرنا اليه سابقا على ان عثمان حذف سورا كاملة من مصحفه مثل سورة النورين وسورة الولاية، غير اننا لم نعثر الا على سورة النورين في المراجع، والتي يعتبرون انها موجودة في مصحف علي هذا. والسورة هي:

بسم الله الرحمن الرحيم

يا ايها الذين آمنوا آمنوا بالنورين انزلناهما يتلوان عليكم اياتي ويحذرانكم عذاب يوم عظيم. نوران بعضهما من بعض وانا لسميع عليم. ان الذين يوفون بعهد الله ورسوله في ايات لهم جنات نعيم. والذين كفروا من بعد ما امنوا بنقضهم ميثاقهم وما عاهدهم الرسول عليه يقذفون في الجحيم. ظلموا انفسهم وعصوا لوحي الرسول اولئك يسقون من حميم. ان الله الذي نور السموات والارض بما شاء واصطفى من الملائكة وجعل من المؤمنين. اولئك من خلقه يفعل الله ما يشاء لا اله الا هو الرحمن الرحيم. قد مكر الذين

([1]) عبدالكريم فضل الله، المرجع السابق، ص61. ويضيف بانهم يقصدون بهذه الجامعة والتي جمع فيها كل شيء وطولها سبعون ذراعا باملاء الرسول وخط علي وبجانبها الجفر وهو وعاء او جلد ثور مملوء علما. وهناك مصحف فاطمة وفيه بقدر 3 مصاحف اليوم. ص126؛ للمزيد: شيرازي،المصدر السابق، م1، ص84- 85؛ أية الله سيد محمد خرازي، المصدر السابق، م2، ص94-95.

مـن قـبلهم برسـلهم فاخـذتهم بمكـرهم ان اخـذي شـديد الـيم. ان الله قـد اهلـك عـادا وثمـود بمـا كسبوا وجعلهـم لكـم تـذكرة فـلا تتقـون. وفرعـون بمـا طغـى علـى موسـى واخيـه هـارون اغرقتـه ومـن تبعـه اجمعـين. ليكـون لكـم ايـة وان اكثـركم فاسـقون. ان الله يجمعهـم فـي يـوم الحشـر فـلا يسـتطيعون الجـواب حـين يسـألون. ان الجحـيم مـاواهم وان الله علـيم حكـيم. يـا ايهـا الرسـول بلـغ انـذاري فسـوف يعلمـون. قـد خسـر الـذين كـانوا عـن آيـاتي وحلمـي معرضـون. مثـل الـذين يوفـون بعهـد لـه انـي جـزيتهم جنـات النعـيم. ان الله لـذو مغفـرة واجـر عظـيم. وان عليـا مـن المتقـين. وانـا لنوفيـه حقـه يـوم الـدين. مـا نحـن مـن ظلمـه بغـافلين. وكرمنـاه علـى اهلـك اجمعـين. فانـه وذريتـه لصـابرون. وان عـدوهم امـام المجـرمين. قـل للـذين كفـروا بعـدما آمنـوا طلبـتم زينـة الحيـاة الـدنيا واسـتعجلتم بهـا ونسـيتم مـا وعـدكم الله ورسـوله ونقضـتم العهـود مـن بعـد توكيـدها وقـد ضـربنا لكـم الامثـال لعلكـم تهتـدون. يـا ايهـا الرسـول قـد انزلنـا اليـك ايـات بينـات فيهـا مـن يتوفـاه مؤمنـا ومـن يتـولاه مـن بعـدك يظهـرون. فـاعرض عـنهم انهـم معرضـون. انـا لهـم محضـرون. فـي يـوم لا يغنـي عـنهم شـيء ولا هـم يزحمـون. ان لهـم فـي جهـنم مقامـا عنـه لا يعـدلون. فسـبح باسـم ربـك وكـن مـن السـاجدين. ولقـد ارسـلنا موسـى وهـارون بمـا اسـتخلف فبغـوا هـارون فصـبر جميـل فجعلنـا مـنهم القـردة والخنـازير ولعنـاهم الـى يـوم يبعثـون. فاصـبر فسـوف يبصـرون. ولقـد اتينـا بكـم الحكـم كالـذين مـن قبلـك مـن المرسـلين. وجعلنـا لكـم منهـا وصـيا لعلهـم يرجعـون. ومـن يتـولى عـن امـري فـاني مرجعـه فليتمتعـوا بكفـرهم قليلا فـلا تسـأل عـن النـاكثين. يـا ايهـا الرسـول قـد جعلنـا لـك فـي اعنـاق الـذين امنـوا عهـدا فخـذه وكـن مـن الشـاكرين. وان عليـا قانتـا بالليـل سـاجدا يحـذر الاخـرة ويرجـوا ثـواب ربـه قـل هـل يسـتوي الـذين ظلمـوا وهـم بعـذابي يعلمـون. سـيجعل

الاغلال في اعناقهم وهم على اعمالهم يندمون. انا بشرناك بذريته الصالحين. وانهم لامرنا لا يخلفون. فعليهم مني صلوات ورحمة احياء وامواتا يوم يبعثون. وعلى الذين يبغون عليهم من بعدك غضبي انهم قوم سوء خاسرين وعلى الذين سلكوا مسلكهم مني رحمة وهم في الغرفات امنون. والحمدلله رب العالمين.امين.[1]

وظهر لنا من خلال التحليل الذي كتبه الباحثون عن السورة مسلمين او مستعربين، بان السورة مزيفة وليست حقيقية. وكما قلنا سابقا فليس من السهل قيام الجامعين بحذف سورة كهذه وعلي ما زال بين اظهرهم وهو لم يحاول حتى الاعتراض على هذا الامر. وقد ناقشنا هذا في الفصل الثالث عند التحدث عن الاعتراضات على المصحف العثماني.

ويقول ميرزا كاظم بيك الذي جاء بالنسخة الكاملة لهذه السورة بالاصل العربي:"ان السورة هي محاكاة ضعيفة للقرآن وهي لا تحوز على سند تاريخي موثوق، ولم يتعرض مؤلف في القرون الاولى له ولم يسمع باسم النورين قبل القرن السابع الهجري. وحتى لو افترضنا بان عثمان لم يكن يرغب باثبات ذلك لصالح علي، لم يكن ضروريا اسقاط سورة كاملة فاسقاط بعض الجمل كان كفيلا بتلبية الغرض."[2]

---

(1) راجع: ابراهيم عوض (الدكتور)، المرجع السابق، ص 4-5؛ ثيودور نولدكه، المرجع السابق، ج2، ص328-330.

(2) راجع: جرجس سال، المرجع السابق، ص19- 20؛ ولغرض تحليل السورة يراجع: ابراهيم عوض (الدكتور)، المرجع السابق، ص6 ومابعده؛ ثيودور نولدكه، المرجع السابق، ج2، ص331- 336.

3- مصحف ابي بن كعب: (1)

وهو المصحف الـذي كـان اهـل الشـام يقـرأون علـى حرفـه، وبالتـالي هـو مـن أحـد تلـك المصاحف اوالحـروف التـي كانـت سـببا فـي حـدوث الاخـتلاف فـي قـراءة القرآن بـين المسلمين فـي الامصـار الاسـلامية. وكـان مصـحفه هـذا يختلـف عـن المصحف العثمـاني فـي حرفـه ولكنـه كـان يتبعـه فـي الترتيـب من الاكبر الى الاصغر وخاصة في البداية والنهاية.(2)

ويتكـون مصـحف ابـي بـن كعـب مـن مائـة وسـتة عشـرة سـورة،(3) و ذلـك بأضـافة سـورتي الخلـع والحفـد. ويقـول السـيوطي ان الصـواب هـو مائـة وخمسـة عشـرة سـورة لانـه كـان يجمـع بـين سـورتي الفيـل ولا ايـلاف قـريش فـي سـورة واحدة.(4)

ويخبرنـا المسـتعرب ثيـودور نولدكـه علـى انـه اسـتطاع مـن خـلال المصـادر التـي تحـدثت عـن مصـحف ابـي ان يجمـع (157) اختلافـا عـن المصـحف العثمـاني بـدأ مـن الفاتحـة

---

(1) كـان وفـات أبـي فـي خلافـة عمـر وقيـل سـنة تسـعة عشـر وقيـل سـنة اثنـين وعشـرين وقيـل انـه مـات فـي خلافـة عثمـان سـتة وثلاثـين وقـال علـي بـن المديني مـات العبـاس وابـو سـفيان بـن حرب وابـي بـن كعـب قريبـا بعضـهم عـن بعـض فـي صـدر خلافـة عثمـان والاكثـر انـه مـات فـي خلافة عمر. راجـع: القرطبي، الاستيعاب...، ج1، ص69.

(2) راجـع: ابـن كثيـر، التفسـير، ج1، ص48؛ ثيـودور نولدكـه، المرجـع السـابق، ج2، ص268.

(3) ابن الجوزي، فنون الافنان ... ، ص235.

(4) السيوطي، الاتقان ... ، ج1، ص178.

ووصولا الى سورة طارق. رغم انه يؤكد على عدم امكانية القول فيما اذا كانت حقا هذه الكتابات تعود لأُبي ام لا.[1]

ولقد جاء عن ابي الدرداء قال: ركب نفر من اهل الشام الى المدينة لعرض مصحفهم على ابي بن كعب وعلي (ع) وزيد، فقراءوا على عمر بن الخطاب (سورة الفتح: آية 26) " اذا جعل الذين كفروا في قلوبهم الحمية حمية الجاهلية ولو حميتم كما حموا لفسد المسجد الحرام"[2] فقال عمر: من اقرأكم قالوا: ابي بن كعب فطلبه للحضور، فلما حضر قرأوا عليه ما قالوا فقال أُبي: اني اقرأتهم. فقال عمر (رض) لزيد: اقرا فقرأ زيد قراءة العامة فقال: اللهم لا اعرف الا هذا. فقال أُبي: والله يا عمر انك لتعلم اني كنت احضر ويغيبون وادعا ويحجبون ويصنع بي والله لئن احببت لالزمن بيتي فلا احدث احدا بشيء.[3]

من الامثلة على الاختلافات التي كانت موجودة بين مصحف أُبي بن كعب والمصحف العثماني هي:

وجد في مصحف أُبي، سورة النساء: اية 24 " فما استمتعتم به منهن الى اجل مسمى" بزيادة (الى اجل مسمى). وفي سورة البقرة: اية 158 " فلا جناح عليه الا

([1]) لمراجعة الاختلافات بالامثلة: ثيودور نولدكه، ج3، ص523 – 533. وكان موت أُبي بن كعب المبكر سببا في عدم انتشار نسختة مثل نسخة عبدالله بن مسعود.

([2]) وسورة الفتح: اية 26 هي، قال تعالى: ﴿**إِذْ جَعَلَ الَّذِينَ كَفَرُوا فِي قُلُوبِهِمُ الْحَمِيَّةَ حَمِيَّةَ الْجَاهِلِيَّةِ فَأَنزَلَ اللَّهُ سَكِينَتَهُ عَلَىٰ رَسُولِهِ وَعَلَى الْمُؤْمِنِينَ وَأَلْزَمَهُمْ كَلِمَةَ التَّقْوَىٰ وَكَانُوا أَحَقَّ بِهَا وَأَهْلَهَا وَكَانَ اللَّهُ بِكُلِّ شَيْءٍ عَلِيمًا ﴿26﴾**﴾.

([3]) السجستاني، المصاحف، ج4، ص174 -175.

يطوف بهما" وهو في القرآن ﴿ ... **أَن يَطَّوَّفَ بِهِمَا...** ﴿158﴾ ﴾. و في سورة المائدة: اية 89 " فصيام ثلاثة ايام متتابعات في كفارة اليمين" وهي في القرآن ﴿ ... **فَصِيَامُ ثَلاثَةِ أَيَّامٍ ذَلِكَ كَفَّارَةُ أَيْمَانِكُمْ...** ﴿89﴾ ﴾.[1]

ومن اكثر ما ورد حول الاختلافات بين المصحفين هو وجود سورتين كاملتين في مصحف أُبي لا توجدان في المصحف العثماني هما سورتا القنوت. او دعاء القنوت وتسميان سورة الخلع وسورة الحفد.[2]

و يعلق المستعرب ثيودور نولدكه على هذين السورتين بانها صلوات شكلا ومضمونا، ففيه يخاطب الانسان الله وليس الله الانسان، لذلك لا يمكن نسبهما الى الوحي، كما انه لم تورد في بداية السورة كلمة (قل) والذي يستعين به القرآن كما في سورتي الفلق والناس.[3]

([1]) نفس المصدر، ج2، ص64.

([2])راجع هامش 1 ص 78 من الكتاب، لقراءة نص السورتين. أبو بكر الباقلاني، المصدر السابق، ص183؛ ويروي عن الطبري رواية تفيد بان مصحف علي بن ابي طالب (ع) كانت تحتوي هذين السورتين. واخرج عن طريق سفيان الثوري بان عمر بن الخطاب (رض) قنت بهما (قراءهما) بعد الركوع. واخرج البيهقي وابو داود بان جبريل انزلهما على الرسول (ص) وهو في الصلاة. السيوطي، الاتقان...، ج2، ص178.

([3]) ثيودور نولدكه، المرجع السابق، ج2، ص266 -268. يراجع للمزيد من التحليل حول السورتين.

4- مصحف عبدالله بن مسعود:

يعتبر ابن مسعود الاسم الاكبر من بين الصحابة فيما يخص القرآن. وكان من بين الاربعة الذين امر النبي بأُخذ القرآن منهم. كما قال النبي ان من اراد ان يأخذ القرآن رطبا كما انزل فليأخذه من ابن ام عبد(اي عبدالله بن مسعود) كما انه الشخص الوحيد والذي تتحدث عنه الروايات، فيمن عارض تدوين المصحف في عهد عثمان على حرف زيد بن ثابت او على حرف واحد دون ان يكون له هذه المهمة. كما عارض حرق المصاحف، وتعرض بسببه لغضب الخليفة، وهذا ما مر علينا في الفصول السابقة بشيء من التفصيل.

اما مصحف ابن مسعود فقد عدت سوره بمائة واحدى عشرة سورة وفي بعض الروايات مائة واثنتي عشرة سورة.[1] وان سبب الاختلاف في الروايتين هو ان بعضهم يقول بأنه لم يكن يكتب المعوذتين والفاتحة في مصحفه ولا يعتبره قرآنا، والروايات الاخرى تقول بانه لم يكن يكتب المعوذتين فقط.

ويعد السجستاني ما يقارب ال (159) اختلافا بين المصحفين.[2] اما ترتيب مصحفه فكان يختلف عما هو في المصحف العثماني. و يعد ثيودور نولدكه ما يقارب (281)

([1]) راجع: ابن الجوزي، فنون الافنان ... ، ص235؛ السيوطي، الاتقان ... ، ج1، ص213؛ ويذكر المستعرب جولدتسهير انه و في سنة 398هـ/ 1007-1008م قدم الشيعة نسخة من القرآن اعتبروه النسخة الصحيحة والتي تعود الى عبدالله بن مسعود. وقد قضت محكمة علماء الدين (اهل السنة) برئاسة الفقيه الشافعي الشهير، ابي حامد الاسفراييني، على ذلك المصحف بالحرق: المرجع السابق، ص295.

([2]) المصاحف، ج2، ص67 ولمراجعة الاختلافات يراجع ما بعده حتى ص82.

حالة اختلاف مابين المصحف العثماني ومصحف ابن مسعود، بدءا من سورة الفاتحة وحتى سورة الاخلاص.(1) ويصل نولدكه الى نتيجة مفادها بأن معظم ما ينسب الى ابن مسعود من قراءات يرجع فعلا الى نسخته القرآنية.(2)

ومن الامثلة على هذه الاختلافات هي:

عن الاعمش قال: من قرائتنا في سورة البقرة: آية 36 ﴿**فَأَزَلَّهُمَا... ﴿36﴾**﴾ وفي مصحف ابن مسعود " فوسوس" وفي الاية 48 ﴿ **...لاَ يُقْبَلُ مِنْهَا شَفَاعَةٌ... ﴿48﴾**﴾ وعند ابن مسعود " لايؤخذ منها شفاعة" وفي الاية 85 ﴿**...إِن يَأتُوكُمْ أُسَرَى تُفَادُوهُمْ... ﴿85﴾**﴾ وعند ابن مسعود " و ان يؤخذوا تفدوهم" و في الاية 177 ﴿**لَّيْسَ الْبِرَّ أَن تُوَلُّواْ... ﴿177﴾**﴾ وعند ابن مسعود " لاتحسبن ان البر".(3)

وعن ميمون بن مهران تلا سورة العصر﴿**وَالْعَصْرِ ﴿1﴾ إِنَّ الْإِنسَانَ لَفِي خُسْرٍ ﴿2﴾**﴾ [وانه فيه الى اخر الدهر]. **إِلَّا الَّذِينَ آمَنُوا وَعَمِلُوا الصَّالِحَاتِ وَتَوَاصَوْا**

---

(1) ظهر لنا تناقضا واضحا هنا، فرغم قول الباحثين و المصادر على انه لم يكتب في مصحفه الفاتحة و المعوذتين الا انه في مقارنة ثيودور نولدكه للاختلافات بدأها بالفاتحة و انتهى بالمعوذتين دون ان يقول بعدم وجودهم في مصحف ابن مسعود. المؤلف

(2) المرجع السابق، ج2، ص497. ولمراجعة الاختلافات يراجع مابعده حتى ص523.

(3) السجستاني، المصاحف، ج2، ص68.

بِالْحَقِّ وَتَوَاصَوْا بِالصَّبْرِ ﴿3﴾ ﴾. حيث ذكر إنها كذلك في قراءة ابن مسعود.(1)

وبسبب مكانة ابن مسعود جعل العلماء يذهبون مذاهبا شتى حول انكاره للفاتحة والمعوذتين. فهناك من العلماء من انكر هذا الكلام على ابن مسعود واعتبروا ان ما نقل عنه باطل وكذب مثل النووي وابن جزم. ويقول الامام الفخر الرازي بهذا الصدد: "نقل في بعض الكتب القديمة ان ابن مسعود كان ينكر سورة الفاتحة والمعوذتين من القرآن وهو في غاية الصعوبة. لإننا إن قلنا إن النقل المتواتر كان حاصلا في عصر الصحابة ويكون ذلك من القرآن فإنكاره يوجب الكفر. وإن قلنا إن النقل المتواتر كان حاصلا في ذلك الزمان فيلزم إن القرآن ليس بمتواتر في الاصل قال ، والاغلب على الظن إن نقل هذا المذهب عن ابن مسعود نقل باطل وبه يحصل الخلاص من هذه العقدة."(2)

و بالمقابل فيرى الطبراني وابن حجر العسقلاني وابن حبان واخرون بأن الروايات التي تقول بأن ابن مسعود لم يكتب المعوذتين في مصحفه صحيحة، بإعتبار أن النبي امر ان يتعوذ بهما. واسانيدها صحيحة لا تقبل الطعن فيها ولكن التأويل محتمل.(3)

---

(1) السجستاني، المصاحف، ج2، ص65؛ للمزيد راجع: إبن أسحاق، المصدر السابق، ج2، ص 66 و77.

(2) راجع السيوطي، الاتقان ... ، ج1، ص212-213.

(3) السيوطي، الاتقان...، ج1، ص213.

وذهب البعض الاخر في محاولة تكذيب الروايات ابعد من هذا فأتهموا ابن مسعود بعدم حفظ القرآن حتى مماته ولم يختمه.[1] ورأى ابن قتيبة بأنه لم يكتب الفاتحة لأنها مأمونة من الضياع واوجبة التعلم على كل واحد. لأن القرآن كتب ودون بين اللوحين مخافة الشك والنسيان والزيادة والنقصان وهذا مأمون عليه في سورة الحمد.[2]

اماالمستعرب ثيودور نولدكه فيرى اِن ابن مسعود لم يرفض السور الثلاثة بشكل اعتباطي، بل لانها تختلف شكلا ومضمونا عن سائر السور. فالفاتحة تظهر قربا كبيرا للصلاة اليهودية والمسيحية وللمعوذتين خلفية وثنية واضحة.[3] أي أنها كانت كالكلام الذي كان يقال على أيام الاوثان.

وبعد قرائتنا لآراء الفريقين وبتمعن، رأينا بأن السور الثلاث وحسب الروايات الموجودة هي سور قرآنية متواترة، وبالمقابل لا يرى العلماء مجالا للشك في الروايات القائلة بعدم كتابة ومسح ابن مسعود لهذه السور من مصحفه. لذا توصلنا الى قناعة بأن الفريقان مصيبان الى حد ما فيما ذهبا اليه. لأننا نرى بأن ابن مسعود لم يقل ان هذه السور او الكلمات ليس وحيا وانما كان يقول ليس قرآنا. بمعنى آخر انه لم ينكر سماويتها وانما انكر كتابتها في القرآن

([1]) محمد صفاء حقي (الدكتور)، المرجع السابق، م2، ص68 -71.

([2]) أبن قتيبة، المصدر السابق، ج34،1-35؛ السيوطي، الاتقان ... ، ج1، 214؛ وقد ذهب لمثل هذا ابو بكر الباقلاني ايضا، المصدر السابق، ص183.

([3]) المرجع السابق، ج2، ص274.

بأعتبار واحدة منها صلاة ودعاء والاخريتان كلام يقال للتعوذ به (الاستعاذة).

ويمكن أن يكون هذا هو السبب الذي أدى بجامعي القرآن لكتابة الفاتحة في بداية القرآن كصلاة ودعاء عند البدء بقراءة القرآن ووضعوا السورتان الاخريتان في نهاية القرآن للاستعاذة عند الانتهاء من قراءة القرآن[1]، والا لكانوا قد وضعوا هذه السور في مكانها الصحيح من القرآن ولم تكن الفاتحة لتأتي قبل سورة البقرة. فجميل ان نفتح المصحف بصلاة ودعاء وإن نختمه بأستعاذة. وبرأينا إن هذه العادة متبعة عند المسلمين حتى في حياتهم اليومية فعند الكثيرين من المسلمين عادة بدأ يومهم بالدعاء والشكر لله ومن ثم يختمونه عند النوم بآيات ويتعوذون.

5- مصحف عبدالله بن عباس:

لم اجد في المصادر شيئا عن مصحفه غير ما ورد من روايات في كتاب المصاحف للسجستاني وهي لم تكن بالكثيرة. وقد اورد ما يقارب ال (18) إختلافا بين مصحفه والمصحف العثماني.[2] ومن الامثلة على هذه الإختلافات هي:

ما جاء في سورة البقرة: آية 158 فيورد " فلا جناح عليه ان لا يطوف بهما" وفي المصحف العثماني بدون (لا). وتورد في الآية 198 " ولا جناح عليكم ان تبتغوا فضلا

---

(1) وهو ما دهب اليه المستعرب نولدكه ايضا، المرجع السابق، ج2، ص298.

(2) السجستاني، المصاحف، ج2، ص83.

من ربكم في مواسم الحج" وفي المصحف العثماني بدون جملة " في مواسم الحج". وتورد في النساء: آية 24 " فما استمتعتم به منهن الى اجل مسمى" وفي المصحف العثماني بدون " الى اجل مسمى".(1)

6- مصحف ابو موسى الاشعري:

ولم استطيع الحصول على معلومات عن هذا المصحف، غير ما اوضحناه سابقا على ان مصحفه وقرائته كانتا مشهورتان عند اهل البصرة. وجاء عند ثيودور نولدكه إن ابو موسى تلا آية شبهها بالمسبحات وهي: " يا ايها الذين امنوا لم تقولون ما لاتفعلون. فتكتب شهادة في اعناقكم فتسألون عنها يوم القيامة".(2) وهي لا توجد في المصحف العثماني.

7- مصحف المقداد بن الاسود:

ولاتاتي المصادر بشيء عن مصحفه هذا، غير ما اوردناه سابقا على ان قرائته كانت مشهورة عند اهل حمص.

8- مصحف عبدالله بن الزبير:

ولم تورد معلومات عن مصحفه غير ماوجدته في كتاب المصاحف، فيورد (9) إختلافات عما هو موجود في المصحف العثماني. مثل ما جاء في سورة آل عمران: آية 104 " ... ويستعينون بالله على ما اصابهم ..." وهو غير

(1) راجع: المصدر نفسه، ج2، ص83-88.

(2) ثيودور نولدكه، المرجع السابق، ج2، ص277.

موجود في المصحف العثماني. وفي الفاتحة " صـراط من انعمت عليهم" وهـي في المصحف العثماني ﴾ صِـرَاطَ الَّذِينَ... ﴿ .(1)

9- مصحف عائشـة بنت ابـو بكـر وزوجة الرسول:

و قـد روينـا عنهـا سـابقا الكثير مـن الروايـات في نقدهـا لمدوني وجـامعي المصحف العثمـاني واتهامهـا ايـاهم بعـدم كتابـة آيـات كثيرة فيه وأخطاء كتابية في بعض الاحيان الاخرى.

فـقد انفـردت عائشـة بمصـحفها الخـاص كمـا انفـردت بقراءات ذاعت عنها وخالفت المصحف العثماني.(2)

وقـد وردت بعـض الاختلافـات مـا بيـن مصـحف عائشـة والمصحف العثمـاني، فـفي سـورة البقـرة: آيـة 238 " حـافظوا علـى الصـلوات والصـلات الوسطى وصـلات العصـر" وتضـيف بعـض الروايـات " وقومـوا لله قـانتين " و فـي مصحف العثماني بـدون " صـلاة العصـر". ووردت فـي سـورة الاحـزاب: آيـة 56 " إن الله وملائكتـه يصـلون علـى النبـي والـذين يصلون فـي الصفوف الاولـى" ولا يوجـد فـي المصحف العثماني "الذين يصلون في الصفوف الاولى".(3)

---

(1) السجستاني، المصاحف، ج3، ص92- 93.

(2) عبدالمنعم الحفني(الدكتور)، المرجع السابق، ص19.

(3) راجـع: السجسـتاني، المصاحف، ج3، ص94-95؛ المتقـي الهنـدي، المصـدر السـبق، ج2، ح4274 و 4275، ص370.

10- مصحف حفصة بنت عمر بن الخطاب وزوجة الرسول:

ولم تورد في مصحفها غير اختلاف واحد وهي في سورة البقرة: آية 238: "حافظوا على الصلوات والصلاة الوسطى وصلاة العصر" حيث لا توجد "صلاة العصر" في المصحف العثماني.[1]

ولكننا نرى هنا بأنه قد اخطأ الرواة في القول بمصحف حفصة، لان المعلوم انها لم تكن تملك غير مصحف واحد الا وهو الذي جمع ايام خلافة ابو بكر الصديق، حيث ورثته عن ابيها عمر بن الخطاب.

11- مصحف عقبة بن عامر بن عبس الجهني (ابو حماد):[2]

وورد عنه رواية عن ابي سعيد بن يونس قال: "إن مصحفه موجود بخطه، على غير تأليف مصحف عثمان. وكان في اخره قد كتب: كتبه عقبة بن عامر بيده. ولم ازل اسمع شيوخنا يقولون انه مصحف عقبة."[3]

---

(1) راجع: السجستاني، المصاحف، ج3، ص95-97. و قد جاء الحديث عن مصحف ام سلمة زوجة الرسول بمثل ما جاء في مصحف حفصة. ص98؛ المتقي الهندي، المصدر السبق، ج2، ح4272 و4277، ص369 و371.

(2) وهو من صحابة الرسول المجتهدين وكان من الموالين لعثمان، وعمل تحت خلافة معاوية بن أبي سفيان واليا على مصر. راجع: الذهبي، المصدر السابق، ج4، ص272.

(3) المصدر نفسه، ج4، ص272؛ وفي رواية أخرى قيل انه وجد مصحف بخط يده عند ابن خريج(ت 925م) وغير موافق للترتيب العثماني. راجع: جولد تسهير، المرجع السابق، ص397.

وقـد ورد فـي كتـاب المصـاحف، اسـماء عديـدة اخـرى لتـابعين كانـت لهـم مصـاحفهم الخاصـة بهـم، دون ذكـر تفاصيـل عنهـا. لذا رأينا ان نورد أسماء أصحاب هذه المصاحف، وهي:

1- مصحف عبيد بن عمير الليثي.

2- مصحف عطاء بن ابي رماح.

3- مصحف عكرمة ، مولى عبدالله بن عباس.

4- مصـحف مجاهـد، ابـي الحجـاج ابـن جبيـر الكـوفي، مـولى بني مخزوم.

5- مصحف سعيد بن جبير.

6- مصحف الاسود بن يزيد.

7- مصحف علقمة بن قيس.

8- مصحف محمد بن ابي موسى الشافعي.

9- مصحف حطان بن عبدالله الرقاشي المصري.

10- صالح بن كيسان المديني.

11- مصحف طلحة بن مصرف الايامي.

12- مصحف سليمان بن مهران الاعمش.(1)

_____

(1) راجع: السجستاني، المصاحف، ج3، ص98-102.

المناقشة و الاستنتاجات

يبدو أَنه من الصعب كتابة خاتمة لمثل هذه الدراسات، لما تحمل في طياتها من مواضيع مهمة و خطيرة بالنسبة للمسلمين و التأريخ الاسلامي بشكل عام و تأريخ القرآن بشكل خاص. و لكننا سنحاول أن نكون أكاديميين و علميين في طرحنا لبعض النقاط التي توصلنا اليها من خلال مشوارنا الطويل مع هذا البحث. نرجوا أن نكون قد تمكنا من المشاركة ولو بالقليل في سبيل إنارة الطريق لباحثين آخرين، وفي نفس الوقت أن نكون قد شاركنا في رفع الستار عن الكثير من المواضيع الخاصة بتأريخ القرآن، و أضفنا شيئاُ جديداُ لما هو معروف لحد الآن.

أما ما توصلنا اليه من خلال بحثنا هذا نجمله في النقاط التالية:

أولاً: ظهر لنا بأن تأريخ القرآن يحتاج لإعادة دراسة من قبل باحثين أكاديميين همهم الاول و الاخير الحقيقة التاريخية. و ذلك لما يشوبه من أخطاء تأريخية.

ثانياُ: بما أُن التأريخ الاسلامي و تأريخ القرآن يعتمدان بشكل كلي على الروايات و الاحاديث، فلا بد من إعادة النظر في ما هو موجود لحد الآن ووضعها تحت المجهر التأريخي العقلاني، حتى يمكن تنقية الروايات و الأحاديث مما علق به من تلفيقات و أكاذيب، و الذي يسبب بالتالي في إضاعة الباحث عن الحقيقة و توجيهه للوجهة الخاطئة. وفي راينا أن سبب وجود هذا الكم الهائل من الروايات الملفقة هي الاعتماد في تقييمها على الاسانيد و سلسلة الرواة دون المحتوى. لذا نرى بأن الروايات كثيراُ ما تناقض بعضها البعض.

ثالثاً: فيما يخص بحثنا هذا، و كما مر معنا سابقاً فأن جمع القرآن و تدوينه قد مر بمراحل عدة. ففي عصر الرسول لم يكن الوحي كله مدوناً كما يذهب اليه الباحثون و المؤرخون، و إنما دون البعض منه فقط حسب ما هو موجود بين أيدينا من الدلائل، و بالتالي لم يكن هناك ترتيب للقرآن لا من حيث السور ولا الآيات و لا ألاسماء.

أما في عصر الخليفة أبو بكر الصديق، فقد تم تدوين و جمع القرآن لاول مرة بشكل عام. غير أنه لم يكن بالشكل الموجود حالياً وغير مرتب كما هو الان. و لكنه شكل مصدراً جيداً لما جاء من تدوين بعده. كما إن المصحف لم يشكل مصحفاً رسمياً للدولة و بقي متداولاً على الصعيد الشخصي للخليفة و من هم حوله، و بالتالي كان للصحابة ألآخرين مصاحفهم الخاصة بهم، و أختلفت هذه و ذاك بشكل أو بآخر عما هو موجود بحوزة الخليفة.

و في عصر الخليفة عثمان بن عفان تم التدوين و الجمع النهائي لشكل المصحف الذي هو موجود بين أيدينا اليوم، رغم دخول الكثير من التغييرات عليه، من حيث التشكيل و الرموز و أسماء السور و ما الى ذلك.

رابعاً: أما ألأحرف السبعة و التي تتحدث عنها الروايات، ظهر لنا ومن خلال دراستنا لها بتمعن،أن تلك الروايات تناقض بعضها البعض و تناقض في الكثير من الحالات الواقع التأريخي في ذلك الوقت. لذا لانجد تفسيراً معقولاً لماهية هذه ألأحرف حتى وصلت آلآراء فيه الى ما يقارب الاربعين رأياً. لذا ومن خلال النظر للروايات التي جاءت في الجمع و التدوين القرآني في عهد الخليفتين أبو بكر الصديق و عثمان بن عفان، لم نعثر على شيء يسمى ألأحرف السبعة و ما هية هذه الأحرف. لذا رأينا بأن السبب وراء هذه الروايات هي إختلاف القراء ألأوائل في قراءة القرآن و تملكهم لمصاحف تختلف بعضها عن البعض الاخر. فاراد اصحاب هذه الروايات إضافة الشرعية على هذه الاختلافات، فكانت هذه الروايات.

خامساً: القضية الاخرى و المهمة، هي قضية الناسخ و المنسوخ و التي تدل عليها الروايات، فهي حقيقة واقعة تدل عليها آيات قرآنية و روايات بعضها تتفق مضامينها و الحقائق الموجودة. و لكن الشيء الاكيد هنا بأن جامعي و مدوني القرآن لم يكن لهم فلسفة واضحة او اسلوب خاص للتعامل مع هذه الايات سواء أكانت الناسخة أو المنسوخة عند تدوين القرآن. فيوجد اليوم في السور القرآنية من اللونين و موزعة على أغلب السور القرآنية و الذي أدى بالمؤرخين و العلماء المسلمين الى متاهات لم يستطيعوا الخروج منها او اعطاء السبب المعقول لذلك.

إن هذه الاشكاليات أدت بالعلماء و المؤرخين المسلمين الى ثلاثة اتجاهات حسب رأينا. إتجاهان رئيسيان، أحدهما اتجه الى التهديد و الوعيد لكل من يفكر و يناقش في هذه الاشكاليات بأسلوب لا يرضاه هؤلاء. أما الاتجاه الثاني، فحاول إيجاد الحلول و الاسباب و الحجج و حتى تلفيق الروايات لتبرير ما قام به هؤلاء او للتغطية على تلك الاشكاليات. أما الاتجاه الثالث، فهو شبه معدوم، لانه إذا ما وجد في فترة من الفترات فقد تم محاربته و إدانته. و قد حاول هذا الاتجاه توضيح ماهية المشكلة و مناقشتها. و للأسف لم تصل الينا نتاجاتهم و التي كانت ستكون مفتاح الكثير من الاشكاليات التي تواجهنا في مثل هذه المواضيع.

للاسف الشديد فإن الكثير من مؤرخينا و باحثينا الان يحاولون تقليد الاتجاهيين الاوليين، حتى تركوا الساحة خالية أمام باحثين آخرين، لا يعرفوا الشيء الكثير عن هذه الديانة و اللغة و المنطقة، و بالتالي كان و ما يزال هَمْ الكثير من هؤلاء فقط مهاجمة القرآن و التشكيك فيه.

فبين هذا و ذاك ضاعت الحقيقة و اصبح المشوار طويلاً أمامنا لرسم الصورة الحقيقية للتأريخ. و بأعتقادنا إن هذا الشيء يحتاج لتكاتف الجهود العلمية للبدء بإعادة دراسة التأريخ الاسلامي على اسس علمية تأريخية حقيقيــــة.

ولابد من الاشارة أخيرا ، إلى أن هذا الموضوع لا يقف عند هذا الحد، ولا عند هذا المستوى من الطرح والتناول بالاضافة الى أن موضوع البحث هو من المواضيع التأريخية المهمة والتي تحتاج الى دراسة معمقة ومركزة بقدر أهميته، ونحن لاندّعي بأننا استوفينا كل جوانبه، بل هناك إشكاليات أخرى ولربما جوانب أخرى ترتبط بموضوع الدراسة لما له من تشعبات وفروع عدة لا يمكن تغطيتها من خلال رسالة او اطروحة او دراسة بحثية او كتاب. لذا نعتقد أن الدراسة في هذا المجال تطرح نفسها على حاضرنا ومستقبلنا، فتكون آفاقا مفتوحة لأبحاث لاحقة لجميع زملائي من الباحثين ، ولي الفخر أن اكون واحدا منهم .

وبهذا نتمنى أن نكون قد وفقنا في اختيار الموضوع ومعالجته .

المصادر والمراجع

أولا: المصادر

1) القران الكريم.

2) أبن أبي شيبة، أبو بكر عبدالله بن محمد العبسي الكوفي، مصنف اِبن أبي شيبة، تحقيق محمد عوامة، ج5، الاجزاء والصفحات تتوافق وطبعة الدار السلفية الهندية القديمة وترقيم الاحاديث تتوافق وطبعة دار القبلة، بلا.ت.

3) ابن اسحاق، محمد، سيرة رسول الله، تحرير الملك بن هشام، نشره د.فردينائد ويستفلد، ج2، مطبعة زويتر، كوتينكن، 1860م.

4) ابن الاثير، محمدالدين ابو العادات المبارك بن محمد الجزري، جامع الاصول في احاديث الرسول، حققه عبدالقادر الارنؤوط، أضيف أليه تعليقات أيمن صالح شعبان، ج2، الناشرون: مكتبة الحلواني، مطبعة الملاح. مكتبة دار البيان، تم طبع كل اجزائه ما بين عامي 1969 وحتى 1972م.

5) ابن الجوزي، أبو الفرج عبدالرحمن بن علي بن محمد، زاد المسير في علم التفسير، ط3، ج1، المكتب الاسلامي، بيروت، 1404هـ.

6) أبن الجوزي، أبو الفرج عبدالرحمن بن علي بن محمد، فنون الافنان في عيون علوم القران، حققه واخرج أحاديثه وأكمل فوائده د.حسن ضياءالدين عتر، دار البشائر الاسلامية، بيروت، 1987م.

7) ابـن حبـان، محمـد بـن أحمد ابـو حاتم التميمـي، صحيح ابـن حبـان بترتيب ابـن بلبان، تحقيـق شعيب الارناؤوط، ج10، ط2، مؤسسة الرسـالة، بيـروت، 1414هـ ـ 1993م.

8) ابـن حجـر العسـقلاني، ابـو الفضـل احمـد بـن علـي بـن محمـد بـن احمـد ، الاصابة فـي تمييز الصحابة، حققـه علـي محمـد البجـاوي، ج2، دار الجبـل، بيـروت، 1412هـ ـ 1992م.

9) ابـن حجـر العسـقلاني، ابـو الفضـل احمـد بـن علـي بـن محمـد بـن احمـد، اطـراف المسند المعتلـي بـأطراف المسـند الحنبلـي، ج1، دار ابـن كثيـر ـ دار الكلـم العربـي، دمشـق ـ بيروت، بلا.ت.

10) ابـن حجـر العسـقلاني، ابـو الفضـل احمـد بـن علـي بـن محمـد بـن احمـد، فتح البـاري فـي شـرح صحيـح البخـاري، حققـه عبـدالعزيز بـن عبـدالله بـن بـاز ومحـب الـدين الخطيـب، ج9، مصـور عـن الطبعـة السـلفية، دار الفكـر، بلا.ت.

11) ابـن سـلامة، ابـو القاسـم هبـة الله ابـي النصـر، الناسـخ والمنسـوخ، هـامش فـي كتـاب اسـباب النـزول للواحـدي، عالم الكتب، بيروت، بلا.ت.

12) ابـن كثيـر، ابـو الفـداء اسماعيل، السـيرة النبويـة، حققـه مصـطفى عبدالواحـد، ج1 ، بـلا م، 1396هــ ـ1976م .

13) ابـن كثيـر، ابـو الفـداء اسـماعيل، تفسـير القـرآن العظيـم، حققـه سـامي بـن محمـد سـلامة، ج1، ط2، دار طيبـة، بلا.م، 1420هـ ـ 1999م.

14) أبـن هشـام، السـيرة النبويـة، حققـه وضـبطه مصـطفى السـقا وأخرون،4أجزاء، ط2، القاهرة، بلا.ت.

15) ابو حزم الاندلسي، ابو محمد علي بن احمد بن سعيد، المحلي، ج1، دار الفكر، بلا.م، بلا.ت.
16) أبو خيثمة ، ابو بكر احمد بن زهير بن حرب، التاريخ الكبير، ج1، دار الفاروق، القاهرة، بلا ت.
17) الاشعري،ابي الحسن علي بن اسماعيل، مقالات الاسلاميين واختلاف المصلين، حققه محمد محي الدين عبدالحميد، ج2، مطبعة السعادة، مكتبة النهضة المصرية، القاهرة، 1373هـ - 1954م.
18) الاندلسي، ابي عبيدالله محمد بن شريح الرعيني، الكافي في القراءات السبع، حققه احمد محمود عبدالسميع الشافعي، دار الكتب العلمية، بيروت، 1421هـ- 2000م.
19) البخاري، محمد بن اسماعيل بن ابراهيم بن المغيرة، الجامع المسند الصحيح المختصر من امور رسول الله صلى الله عليه و سلم وسننه وايامه، حققه محمد زهير بن ناصر الناصر، ج3، دار طوق النجاة، بلا.م، 1422هـ.
20) البغدادي، أبو منصور عبدالقاهر بن طاهر بن محمد، الناسخ والمنسوخ، حققه د.حلمي كامل أسعد عبدالهادي، دار العدوي، عمان، بلا.ت.
21) بن حنبل، احمد بن حنبل ابو عبدالله الشيباني، مسند الامام احمد بن حنبل، حققه شعيب الارنؤوط، ج1، مؤسسة القرطبة، القاهرة، بلا.ت.
22) بن قتيبة الدينوري، أبو محمد عبدالله بن مسلم، تأويل مشكل القرأن، حققه ابراهيم شمس الدين، دار الكتب العلمية، بيروت،2007م.
23) الترمذي، محمد بن عيسى ابو عيسى السلمي، الجامع الصحيح سنن الترمذي، حققه احمد محمد شاكر

واخــــرون، ج5، دار احيـــــاء التــــراث العربــــي، بيــروت، بلا.ت.

24) الجـــاحظ، عثمـــان بـــن عمـــرو بـــن بحـــر، كتـــاب البلـــدان، نشـــره وعلـــق عليـــه د. صـالح أحمـــد العلـي، مطبعـــة الحكومة، بغداد، 1970م.

25) الجـــاحظ، عثمـــان بـــن عمـــرو بـــن بحر، البيـــان والتبيـــان، تحقيـــق وشـــرح عبدالسلام محمـــد هـــارون، ج2، ط7، مكتبة الخانجي، القاهرة، 1418هـ - 1998م.

26) الحـــاكم النيسـابوري، محمـــد بـــن عبدالله، المستدرك علـى الصــحيحين، تحقيـــق مصطفى عبدالقادر عطـا، ج2، دار الكتب العلمية، بيروت، 1411هـ 1990م.

27) خــرازي، أيـة الله سيد محسـن ، ترجمـة بدايـة المعـارف الالهيـة فـي عقايـد الاماميـة، ترجمة مرتضى متقـي نـزاد، م2، أنتشارات عصر غيبت، قم، 1383هـ.

28) الخطيـب البغـدادي، أحمـد بـن علي أبـو بكـر، تـأريخ بغـداد، ج14، دار الكتب العلمية، بيروت، بلا.ت.

29) الـدارمي، ابـو محمـد عبدالله ابـن عبدالرحمن بـن الفضـل بـن بهـرام بـن عبدالصمد التميمي، سـنن الـدارمي، مطبعـة النظام، نسخة مستنسخة، بلا.م، 1293هـ .

30) الـداني، ابـو عمـر عثمـان بـن سعيد الاموي، البيـان فـي عـد آى القـران، حققـه غـانم قـدوري الحمـد، مركـز المخطوطات والتراث، الكويت، 1414هـ 1994م.

31) الـذهبي، شمس الـدين محمـد بـن احمد بـن عثمـان، تـأريخ الاسـلام و وفيـات المشـاهير والاعـلام، تحقيـق د.عمـر عبدالسلام التـدمري، ج1، دار الكتـاب العربــي، بيـروت، 1407هـ-1987م.

243

32) الرازي، احمد بن علي ابو بكر الجصاص الحنفي، احكام القران، حققه عبدالسلام محمد علي شاهين، ج2، دار الكتب العلمية، بيروت، 1415هـ -1994م.
33) الزركشي، بدرالدين محمد بن عبدالله بن بهادر، البرهان في علوم القرآن، حققه محمد ابو الفضل ابراهيم، ج1، دار المعرفة، بيروت ، بلا.ت.
34) السجستاني، ابي بكر عبدالله بن ابي داود سليمان بن الاشعث، المصاحف، ج1، دار الكتب العلمية،بيروت، بلا.ت.
35) السجستاني، ابي بكر عبدالله بن ابي داود سليمان بن الاشعث، سنن ابي داود، حققه محمد محي الدين عبدالحميد، مع الكتابة تعليقات لكمال يوسف الحوت والاحاديث مذيلة باحكام الالباني، ج1، دار الفكر،بلا.م، بلا.ت.
36) السهيلي، ابو القاسم عبدالرحمن بن عبدالله بن احمد، الروض الانف في شرح السيرة النبوية لابن هشام، حققه عمر عبدالسلام السلامي، ج2، دار احياء التراث العربي، بيروت، 1421هـ- 2000م.
37) السيوطي، جلال الدين عبدالرحمن بن ابي بكر ، الاتقان فى علوم القرآن، تحقيق سعيد مندوب، ج1، دار الفكر، بيروت،1996م.
38) السيوطي، جلالالدين عبدالرحمن بن أبي بكر، تأريخ الخلفاء، أتنى به وأخرج أحاديثه ياسر رمضان ومحمد يوسف، دار أبن الهيثم، عمان،1427هـ- 2006م.
39) السيوطي، جلال الدين عبدالرحمن بن ابي بكر، الفتح الكبير في ضم الزيادة الى الجامع الصغير، حققه يوسف النبهاني، ج1، دار الفكر، بيروت، 1423هـ- 2003م.

40) الشافعي، محمد بن أدريس، الام، ج7، دار المعرفة، بيروت، 1393هـ .
41) الشافعي، محمد بن ادريس، الرسالة، درسه وحققه احمد شاكر، ج1، مكتبة الحلبي، مصر، 1358هـ-1940م.
42) شيخ زاده، محمد بن مصلح الدين مصطفى القوجوي محي الدين الحنفي، حاشية شيخ زاده على تفسير القاضي البيضاوي، ج1-ج2، مكتبة الحقيقة، استانبول، 1419هـ - 1998م .
43) شيرازي، صدر الدين محمد بن ابراهيم، شرح اصول الكافي، صححه محمد خواجوي، م2، ط2، طهران، 1383هـ.
44) الطبراني، سليمان بن احمد بن ايوب ابو القاسم، المعجم الكبير، حققه حمدي بن عبدالمجيد السلفي، ج1، مكتبة العلوم والحكم، الموصل، 1404هـ-1983م.
45) الطبري، ابو جعفر محمد بن جرير بن يزيد بن كثير بن غالب الاملي، جامع البيان في تاويل القران، حققه احمد محمد شاكر، ج1، مؤسسة الرسالة، بلا.م، 1420هـ- 2000م.
46) العراقي، عبدالرحيم، الفية السيرة، مخطوط مستنسخ الكترونيا، بلا.م، بلا.ت.
47) الغزالي، أبو حامد محمد بن محمد، جواهر القرأن ودرره، ط2، دار الكتب العلمية، بيروت، 2005م.
48) فخر الرازي، محمد فخرالدين ضياء الدين عمر، التفسير الكبير، ج11، ط1، دار الفكر، بيروت،1401هـ - 1981م.

49) القاضي أبو بكر الباقلاني، محمد بن الطيب، أعجاز القرأن،حققه صلاح محمد عويضة، ط2، دار الكتب العلمية، بيروت، 2008م.

50) القرطبي، ابو عبدالله محمد بن احمد بن ابي بكر بن فرج الخزرجي شمس الدين، الجامع لاحكام القران، حققه هشام سمير البخاري، ج1، دار عالم الكتب، الرياض، 1423هـ- 2003م.

51) القرطبي، ابو عمر يوسف بن عبدالله بن محمد بن عبدالسر بن عاصم النمري، الاستيعاب في معرفة الاصحاب، حققه علي البهاوي، ج1، دار الجيل، بيروت، 1412 هـ.

52) القزويني، محمد بن يزيد ابو عبدالله، سنن ابن ماجة، حققه محمد فؤاد عبدالباقي، ج1، دار الفكر، بيروت، بلا.ت.

53) الكتاني، أبو الحسن عبدالعزيز بن يحيى بن عبدالعزيز أبن مسلم بن ميمون المكي، الحيرة والاعتذار في الرد على من قال بخلق القرآن، حققه وعلق عليه د.علي بن محمد بن ناصر الفقهي، سلسلة عقائد السلف (9) ، مكتبة العلوم، الميدنة المنورة، 1191هـ.

54) الكليني، ابو جعفر محمد بن يعقوب بن أسحاق الرازي، أصول الكافي، ترجمة وشرح سيد هاشم رسولي، ج4، انتشارات علمية اسلامية، شيراز، بلات.

55) مالك بن أنس، أبو عبدالله الاصبحي، موطأ الامام مالك، ج1،حققه محمد فؤاد عبدالباقي، دار أحياء التراث العربي، مصر، بلا.ت.

56) المتقي الهندي، علاءالدين علي بن حسام الدين، كنز العمال في سنن الاقوال والافعال، ضبطه بكري

الحيـــاني، صـــححه صـــفوة الســقا، ج1، ط5، مؤسســة الرسالة، بيروت،1405 هـ-1985م.

(57) المحروفي، محمـد احمـد، المنتخـب المسـتطاب مـن مناقـب عمـر بـن الخطـاب، كتـاب مخطـوط ومصـور، بـلا.م، 1228هـ.

(58) المـروزي، احمـد بـن علـي بـن سـعيد الامـوي ابـو بكـرا، مسـند ابـي بكـر الصـديق، حققـه شـعيب الارنـاؤوط، المكتب الاسلامي، بيروت، بلا.ت.

(59) مسـلم ، بـن حجـاج ابـو الحسـين القشـيري النيسـابوري، صحيح مسـلم، حققـه محمـد فـؤاد عبدالبـاقي، ج1، دار احياء التراث العربي، بيروت، بلا.ت.

(60) النسـائي، احمـد بـن شـعيب ابـو عبدالرحمن، سـنن النسـائي الكبـرى، حققـه د.عبدالغفار سـليمان البنـداري وسـيد كسـروي حسـن، ج3، دار الكتـب العلميـة، بيروت،1411هـ-1991م.

(61) النيسـابوري، نظـام الـدين الحسـن بـن محمـد بـن حسـين القمـي، غرائـب القـرآن ورغائـب الفرقـان، حققـه زكريـا عميـران، ج1، دار الكتـب العلميـة، بيـروت، 1416هـ-1996م.

(62) هـارون، عبدالسـلام، تهـذيب سـيرة ابـن هشـام، ط4، مؤسسـة الرسـالة، دار البحـوث العلميـة، الكويـت، 1406هـ-1985م.

(63) الهمـذاني، ابوبكر محمـد بـن موسـى بـن عثمـان بـن حـازم، الاعتبـار فـي بيـان الناسـخ والمنسـوخ مـن القـرأن، ط2، مطبعة دائرة المعرفة العثمانية، حيدر اباد، 1356هـ.

(64) الواحـدي، ابـو الحسـن علـي بـن احمـد النيسـابوري، اسباب النـزول، وبهامشـه الناسـخ والمنسـوخ لابـي القاسـم، عـالم الكتب، بيروت، بلا.ت.

ثانيا: المراجع

65) ابن قرناس، الحديث والقران؛ منشورات الجمل، بغداد، 2008م.
66) ابو خليل، شوقي (الدكتور)، اطلس القرآن، ط2، دار الفكر، دمشق، 1423هـ -2003م.
67) ابو خليل، شوقي (الدكتور)، اطلس دول العالم الاسلامي، ط2، دار الفكر، دمشق 1424هـ-2003م.
68) أحمد، عاطف (الدكتور)، نقد الفهم العصري للقرآن، دار الطليعة، بيروت، 1972م.
69) أدهم،أسماعيل أحمد (الدكتور)، من مصادر التأريخ ألاسلامي، فصل من كتاب محمد ونشأة الاسلام، مطبعة صلاح الدين الكبرى، الاسكندرية، 1936م.
70) ايدين، حلمي، اثار الرسول في جناح الامانات المقدسة-متحف قصر طوب قاپي باسطنبول، ترجمة محمد صواش، دار النبل، القاهرة ، 2006م.
71) البحراني، عدنان بن السيد علوي آل عبدالجبار الموسوي، مشارف الشموس الدرية في احقية مذهب الاخبارية، المكتبة العدنانية، البحرين، بلا.ت.
72) البدوي، عبدالرحمن (الدكتور)، دفاع عن القرآن ضد منتقديه، ترجمة كمال جادالله، الدار العالمية للكتب والنشر، مصر بلا.ت.
73) البدوي، عبدالرحمن (الدكتور)، من تأريخ الالحاد في الاسلام، ط2، سينا للنشر، القاهرة، 1993م.
74) بوكاي، موريس، التوراة والانجيل والقران والعلم، ترجمة نخبة من الدعاة، بيروت، 1978م.

75) بيرك، جاك، إعادة قرأة القرآن، ترجمة وتعليق د.منذر عياشي، ط2، مركز الآنماء الحضاري، حلب، 2005م.
76) الجابري، محمد عابد (الدكتور)، مدخل الى القران الكريم، ج1، بيروت، 2006م.
77) جولدتسهير، أجنتس، مذاهب التفسير الاسلامي، ترجمة د.عبدالحليم النجار، مطبعة السنة المحمدية، القاهرة، 1374هـ -1955م.
78) حسين طه، الفتنة الكبرى (عثمان)، دائرة المعارف، مصر، بلا.ت.
79) الحفني، عبدلمنعم (الدكتور)، موسوعة ام المؤمنين عائشة بنت ابي بكر، مكتبة مدبولي، القاهرة، 2003م.
80) حقي، محمد صفاء شيخ إبراهيم (الدكتور)، علوم القرآن من خلال مقدمات التفاسير، م2، مؤسسة الرسالة، بيروت، 2004م.
81) الحمد، غانم قدوري (الدكتور)، محاضرات في علوم القرآن، دار عمار، عمان، 2003م.
82) خالد. خالد محمد، خلفاء الرسول، دار المقطم، القاهرة، 1970م.
83) دراز، محمد عبدالله(الدكتور) ، النبأ العظيم، دار الثقافة، الدوحة،1405هـ - 1985م.
84) الدشتي، علي، 23 عاما دراسة في السيرة النبوية المحمدية، ترجمة ثائر ديب، بترا للنشر والتوزيع، دمشق، 2004م.
85) الدليمي، طه حامد (الدكتور)، تحريف القران عند الشيعة تهمة باطلة ام حقيقة ثابتة، الانبار، 2004م.
86) رشدي، سلمان، ايات شيطانية، رواية، بلا.م، بلا.ت.

87) الزرقاني، محمد عبدالعظيم، مناهل العرفان في علوم القران، جزءان، ط2، دار الكتب العلمية، بيروت، 2004م.
88) سال، جرجس، أسرار عن القرآن، مقالة في الاسلام، تعريب وتذييل هاشم العربي، ج3، نور الحياة، النمسا، بلا.ت.
89) سعادة انطوان، انطوان سعادة في مغترية القسري 1940-1942م، الاثار الكاملة، ج9(جنون الخلود)، يسيرون، بلا.ت.
90) السعدي، عبدالعليم عبدالرحمن، قران ربك ايها المسلم، مكتبة دار السلام، الانبار، 1990م.
91) السماوي، محمد تيجاني(الدكتور)، الشيعة هم اهل السنة، مؤسسة الفجر، لندن، بلا ت.
92) الشعراوي، محمد متولي، اسئلة حرجة و أجوبة صريحة، دار النمير، دمشق، 2001 .
93) صالح، فرحات، المادية التأريخية والوعي القومي عند العرب، بيروت، 1979م.
94) عبدالاخر، ابو الوفاء احمد (الدكتور)، المختار من علوم القرآن الكريم، المكتب المصري الحديث، مصر، 1413هـ، 1993م.
95) العقاد، عباس محمود، عثمان بن عفان (ذي النورين)، المكتبة العصرية، بيروت، بلا.ت.
96) العلوي، هادي، شخصيات غير قلقة في الاسلام، ط2، دار الكنوز الادبية، بيروت ،1997م.
97) العلي، أحمد صالح (الدكتور)، محاضرات في تأريخ العرب، ج1، دار الكتب، الموصل، 1981.
98) عوض. ابراهيم (الدكتور)، سورة النورين، دار زهراء الشرق، القاهرة، بلا.ت.

99) فضل الله، عبدالكريم، تهمة التحريف بين المسلمين، دار المدى، بيروت، 1425هـ- 2004م.
100) فوزي، عمر فاروق (الدكتور)، تاريخ العراق في عصور الخلافة العربية الاسلامية، مكتبة النهضة، بغداد، 1988م.
101) القطان، مناع، مباحث في علوم القران، ط35، مؤسسة الرسالة، بيروت، 1418هـ-1998م.
102) القمني، سيد محمود، الاعمال: الاسلاميات: النسخ في الوحي محاولة فهم، ط4، المركز المصري لبحوث الحضارة، القاهرة، 2001م.
103) الكاندهلوري، محمد يوسف، حياة الصحابة، ج1، المكتبة القيمة، القاهرة، بلا.ت.
104) لاشين، موسى شاهين (الدكتور)، اللألىء الحسان في علوم القرآن، دار الشروق، القاهرة، 1423هـ-2002م.
105) المباركفوري، صفي الدين، الرحيق المختوم، ط17، دار الوفاء للطباعة والنشر، مصر، 1426هـ-2005م.
106) المر، الياس، الاسلام بدعة نصرانية،(كتاب مستنسخ)، بلا.م، بلا.ت.
107) موبير، ويليام، القرآن نظمه وتعاليمه وشهادته للكتب المقدسة، ترجمة مالك سلماني، لندن، بلا.ت.
108) نجم الدين، أحمد علم الدين (الدكتور)، من تراث لغوي مفقود لابي زكريا الفراء، معهد البحوث العلمية وأحياء التراث الاسلامي، جامعة أُم القرى، السعودية، 1410هـ.
109) نولدكه، ثيودور، تأريخ القرآن، تعديل فريدريش شيفالي، ترجمة د.جورج تامر وأخرون، 3أجزاء في مجلد واحد، ط2، دار جورج المز، لايبستغ،1909-1938.

110 هيكـل، محمـد حسـين، عثمـان بـن عفـان، دار المعـارف، القاهرة، بلا.ت.

ثالثا: دوائر المعارف والموسوعات العلمية

111 دائـرة المعـارف الاسـلامية، اصـول الفقـه، بقلم يوسـف شـاخت، ترجمـة ابـراهيم خورشـيد واخـرون، دار الكتـاب اللبناني، بيروت، 1981.

112 دائـرة المعـارف الاسـلامية، أصـدرها بالعربيـة أحمـد الشـنتاوي وابـراهيم زكـي وعبدالحميـد يـونس، م7، دار المعرفة، بيروت، بلا.ت.

113 دائـرة المعـارف الاسـلامية، مفتـاح كنـوز السـنة، أ.ي. فنـنك، ترجمـة محمـد فـؤاد عبدالباقي واخـرون، م1، مصر، 1353هـ- 1934م.

114 موسـوعة الاديـان فـي العـالم (الاسـلام)، مجموعـة مـن المؤلفين،، بيروت، 2000م.

رابعا: الرسائل الجامعية والبحوث العلمية

115 ابـو زيـد، محمـد شـرعي، جمـع القـران فـي مراحلـه التاريخيـة مـن العصـر النبـوي الـى العصـر الحـديث، رسالة ماجسـتير مقدمة لكليـة الشـريعة، جامعـة الكويت، 1419هـ.

116 اسـپينداري، عبدالرحمن عمـر محمـد، كتابـة القـران الكـريم فـي العهـد المكـي، بحـث منشـور عـن المنظمـة الاسلامية للتربية والعلوم والثقافة، بلا.م، بلا.ت.

117) حوية، محمد عمر(الدكتور) ، بحث عن نزول القرآن الكريم وتأريخه ومايتعلق به، مركز الملك فهد لطباعة المصحف الشريف، المدينة المنورة، 1421هـ.
118) الشايع، محمد بن عبدالرحمن (الدكتور)، بحث عن نزول القران الكريم والعناية به في عهد الرسول صلى الله عليه وسلم، المدينة المنورة، بلا.ت.
119) الشهري، عوض احمد الناشري، المصحف العثماني، بحث منشور، كلية الشريعة، جامعة الملك خالد، ابها، بلا.ت.
120) القحطاني، محمد بن عبدالله جابر، علوم القرآن عند ابن عبدالبر، رسالة ماجستير مقدمة لكلية اصول الدين قسم القران وعلومه، الرياض، 1419هـ.

خامسا: المنشورات والجرائد والمجلات

121) بحث الجنس البشري عن الله، منشورات برج المراقبة، بنسلفانيا، 1990م.
122) تعليقات على القرآن، سلسلة الهداية، العدد الرابع، نور الحياة، النمسا، بلا.ت.
123) جدول ترقيم آيات القرآن وفق طبعتي فلوغل 1834 والقاهرة،1925، مارس 2007م.
www.muhammodanism.org
124) الشرق الاوسط، لكاتبه احمد عثمان، عدد 8503، الاحد 25، ذو الحجة. 1422هـ- 10 مارس 2002.

، what is the Koran، Toby Lester،The Atlantic (125
1999 January.
www.theatlantic.com/doc/199901/koran

126) الاخبـــار المصـــرية، بقلـــم الفــت الخشـــاب، السـنة 55 ،
العدد 17586 ، 2007/1/24م.

سادسا: المراجع الاجنبية

127) Asmussen، Jes Peter and Jørgen Læssøe، I
Llustreret Religionshistorie، Bind 3 ،Berlingske
Bog trykkeri، København، 1968.

128) Bergen Horn، Mats og andre، 99 Spørsmål om
Islam، Redigering av jan Hjarpe، oversatte av å
kåre A.Lie، Humanist Forlag، Oslo،2005

129) Claus Krog (prof.)، Verdens historie 500-1000،
Bind 4، Nordahls trykkeri، Oslo، 2000.

130) Eggen، Noras، Koranen، Solum Forlag، Oslo،
2007.

131) Esat Uras، The Armenians in history and the
Armenian question، Translation Dr. Suheyla
Artemel، Documentary publications ،Istanbul،
1988.

132) Gilhus، Ingvild Saalid and Mikalsson، Lisbeth،
verdens Levende Religioner، Valderes trykkeri،
Norway، 2007.

133) Historiens folk og Riker، Islam Fremmarsj 600-800 E. Kr، Oversatt av Kolbein Brede، Gyldendal Norsk forlag، Oslo ،1988.

134) Jensen، Tim and Rothstein، Mikael and sørensen، Jørgen، Glydendals Religions historie، Nordisk bog prudktion AB، Danmark، 1997.

135) Lehmann Henning، Armenierne kultur og historie، Ny indsigt Centrum، Kobenhagen، 1984.

136) Lunde، Paul، Islam، oversatt k. Hoff og Rune R. Moen، Dorling Kinders bok، 20 opplag، London/ 2004.

137) Markus Hattstein and others، Verdens historie، Oversatt av Bjarte Kaldhol and others، Spektrum forlag، Kina، 2006.

138) Nils Petter Thuesan، Verdens historie i årstall، Orion forlag، Oslo، 2002.

139) Ronald Grigor Sunny، Transcaucasia-Nationalism and social change، University of Michigan press، 1996.

المحتويـــــــــــــات